Friederike Alle

Kindeswohlgefährdung

Das Praxishandbuch

Bibliographische Information der Deutschen Nationalbibliothek

Die Deutsche Nationalbibliothek verzeichnet diese Publikation in der Deutschen Nationalbibliographie; detaillierte bibliographische Daten sind im Internet über http://dnb.d-nb.de abrufbar.

Umschlaggestaltung: Nathalie Kupfermann, Bollschweil
Herstellung: Franz X. Stückle, Druck und Verlag, Ettenheim
ISBN 978-3-7841-1961-8

Inhalt

Vorwort

„Kinder müssen geschützt werden!" – Ein Satz in aller Munde. Doch was steht dahinter? Was bedeutet es, Kinder zu schützen?

Da sind Dennis, drei Jahre und seine Schwester Jennifer ein Jahr alt, die mit ihrer ungeduldigen Mutter, sieben Hunden und vielen Kleintieren in einer engen, unsauberen Wohnung leben und schon lange keine Sonne mehr gesehen haben, oder Benjamin, der mit seinen fünf Jahren auf dem Entwicklungsstand eines Zweieinhalbjährigen ist und bei einer geistig behinderten Mutter und einem psychisch schwer kranken Vater aufwächst, oder die traurige Zita, die von Schlägen zuhause berichtet und sich die Nachmittage mutterseelenallein in der Stadt herumtreibt, darauf wartend, dass es Abend wird und ihr alleinerziehender Vater von der Arbeit nach Hause kommt.

Dann ist da Alina, neun Jahre alt und ihr Bruder Can mit sieben Jahren, deren verzweifelte Mutter sich beim Jugendamt meldet und dringend Hilfe sucht; sie fühle sich völlig hilflos und habe Angst davor, ihre Kinder einmal noch tot zu schlagen. Und Marko, der unregelmäßig in den Kindergarten kommt, angeschimmeltes Vesper dabei hat und von den anderen Kindern wegen seines schlechten Geruchs, seiner verschmutzten Kleidung und seiner Aggressivität gemieden wird.

Meine eigene Betroffenheit und der fachliche Anspruch nachhaltigen Kinderschutz zu betreiben haben mich dazu herausgefordert dieses Buch zu schreiben. In Gesprächen mit Studierenden der Sozialen Arbeit, Erzieherinnen und Kolleginnen und Kollegen zeigen sich das Bedürfnis, mehr Sicherheit in der Kinderschutzarbeit zu erlangen und die Notwendigkeit, diese Arbeit immer wieder zu reflektieren und gemeinsam nach gangbaren Wegen zu suchen.

Persönliches Anliegen war mir, einen Handwerkskoffer für die Kinderschutzarbeit aus der Praxis für die Praxis zusammen zu stellen. Das Buch erhebt keinesfalls einen Anspruch auf Vollständigkeit oder eine abschließende Betrachtung. Es ist vielmehr das Ziel, Grundlagen zu vermitteln, zur Diskussion und Weiterentwicklung anzuregen und Impulse für diese anspruchsvolle, wichtige Arbeit zu setzen.

Die systemische Beratung sowie systemische Denkansätze sind wertvolle Grundlagen für die Arbeit mit Familien und Kindern. Für das vorliegende Buch dienen sie als Basis.

Bausteine sind die Auseinandersetzung mit den Bedürfnissen von Kindern und dem was sie widerstandsfähig macht. Überdies findet die frühe Kindheit als sensible Lebensphase mit ihren Empfindlichkeiten und Empfänglichkeiten besondere Beachtung. Forschung und Praxis haben in den letzten Jahren auf die Risiken von Kindern psychisch kranker Eltern hingewiesen, so dass sich hierzu Anregungen im Buch finden. Da Netzwerkarbeit und gelingende Kooperation zwingend zu einem umfassenden Kinderschutz gehören, befasst sich auch damit ein Kapitel. Einen Schwerpunkt bilden Risiko- und Schutzfaktoren für eine gedeihliche Entwicklung von Kindern und Kriterien für eine Gefährdungsrisikoeinschätzung.

Ein besonderes Anliegen ist mir, Fachkräfte dazu anzuregen, darüber nachzudenken, was die eigenen Einschätzungen, Werthaltungen und die eigene Sozialisation mit dieser Arbeit zu tun haben und welche Wirkungen sie darauf haben. Je bewusster und selbstbewusster wir uns in unserer Rolle als Verantwortliche im Kinderschutz sehen, desto besser wird uns diese Arbeit gelingen. Deswegen finden sich nach jedem Kapitel Anregungen für die eigene Reflexion. Wichtig sind mir auch die im Anhang angeführten Lesetipps zu Fachliteratur oder auch Belletristik und Internetadressen, die zur weiteren Beschäftigung anregen oder der Vertiefung dienen.

Zu guter Letzt liegt mein Interesse und Bemühen darin, dass wir – alle Beteiligten im Kinderschutz – uns in einem Miteinander der Kinderschutzarbeit widmen und nicht nur die Belastungen, sondern auch Erfolge, Zufriedenheit und Befriedigung sehen können.

Ulm, Januar 2010   Friederike Alle

1
Grundlagen

1.1 Definition Kindeswohlgefährdung

Wie kann „Kindeswohl", ein Rechtsbegriff aus dem Bürgerlichen Gesetzbuch (BGB), definiert werden? In der Literatur liegen zahlreiche Versuche und Annäherungen an eine Definition vor, es gibt allerdings keine allgemeinverbindliche Einigung. „Kindeswohl" ist ein unbestimmter Rechtsbegriff, der unter verschiedenen Kriterien immer am Einzelfall gemessen werden muss. Trotzdem können einige Gesichtspunkte genannt werden, die bei der Beschreibung von dem, was das Kindeswohl ist, zu berücksichtigen sind.

Diese Gesichtspunkte sind unter anderem:

- Berücksichtigung der Bedürfnisse des Kindes nach der Bedürfnispyramide nach Schmidtchen (1989), zum Beispiel angemessene Versorgung, Geborgenheit, Liebe, Unterstützung, Förderung, Unversehrtheit, Orientierung, Zuverlässigkeit, Kontinuität in den Beziehungen, Grenzen, Kontinuität, Möglichkeiten sich zu binden, soziale Kontakte und Einbindung in ein soziales Netz, Schulbesuch.
- Die Lebenslage der Familie muss die Befriedigung dieser Bedürfnisse möglich machen und kindgerecht sein.
- Die Erziehung sollte die Entwicklung des Kindes zu einer eigenverantwortlichen und gemeinschaftsfähigen Persönlichkeit unterstützen und fördern.
- Die Rechte des Kindes nach dem BGB (Bürgerliches Gesetzbuch) und nach der UN-Kinderrechtskonvention müssen gewährleistet sein.

Der Begriff „Gefährdung des Kindeswohls" stammt ursprünglich aus dem Kindschaftsrecht des BGB. In § 1666 BGB wird das „Wohl des Kindes" differenziert in körperliches, geistiges und seelisches Wohl. In dieser Differenzierung finden sich die verschiedenen Formen von Misshandlung, wie körperliche, seelische, sexuelle Misshandlung als auch die Vernachlässigung und das Münchhausen-by-proxy-Syndrom (Münchhausen-Stellvertreter-Syndrom) wieder. Zu den genannten Wohlgefährdungen muss nach § 1666 BGB dazu kommen, dass die Eltern nicht gewillt oder nicht in der Lage sind, diese Gefahr abzuwenden. In diesem Fall muss das Familiengericht Maßnahmen zur Abwendung der Gefahr treffen. Jedoch liegt es vorrangig in der Verantwortung der Eltern, die Gefahr abzuwenden.

Nach der Rechtsprechung des Bundesgerichtshofes (BGH) liegt eine Kindeswohlgefährdung im Sinne des § 1666 BGB – in der Formulierung vor dem Juli 2008 – vor, „wenn

- eine *gegenwärtige oder zumindest unmittelbar bevorstehende Gefahr* für die Kindesentwicklung abzusehen ist,
- die bei ihrer *Fortdauer eine erhebliche Schädigung* des körperlichen, geistigen oder seelischen Wohls des Kindes
- mit *ziemlicher Sicherheit voraussehen* lässt."

Diese Definition ist besonders hilfreich, wenn es darum geht eine Gefährdung zu beschreiben und zu begründen. Die darin genannten Aspekte dürfen in keiner Risikoabschätzung oder Stellungnahme an das Familiengericht fehlen. Deutlich gemacht werden muss, um welche Gefahr es sich genau handelt, wie sich die Schädigung gestaltet und wie sie sich auf die Entwicklung und die Zukunft des Kindes oder des Jugendlichen auswirken kann.

Das Kinderschutzzentrum Berlin definiert:

„Kindesmisshandlung ist eine nicht zufällige bewusste/unbewusste gewaltsame psychische/physische Schädigung, die in Familien/Institutionen geschieht und die zu Verletzungen, Entwicklungshemmungen oder sogar zum Tod führt und die das Wohl und die Rechte eines Kindes beeinträchtigt oder bedroht" (Bundesministerium für Familie und Senioren 1993).

Ziegenhain weist vor dem Hintergrund der Systemtheorie auf die systemischen Zusammenhänge in einer Familie hin und benennt nachdrücklich das Unvermögen der Eltern, das im familiären Prozess bis zu einer Kindeswohlgefährdung führen kann.

„Kindeswohlgefährdung und Vernachlässigung lässt sich also als Ergebnis eines vielschichtigen Prozesses beschreiben und als eine komplexe Wechselwirkung von Faktoren bei dem Kind, den Eltern und dem familiären Kontext. Misshandlung und Vernachlässigung ist eine extreme Manifestation elterlicher Probleme. Misshandlung und Vernachlässigung zeigt sich in der Entgleisung und im Versagen adäquaten elterlichen Verhaltens" (Ziegenhain 2007).

1.2 Gesetze zum Kinderschutz und ihre Bedeutung[1]

Die Gesetze zum Kinderschutz bilden den Rahmen für das Handeln, auch dem sozialpädagogischen Handeln, wenn es um den Schutz von Kindern geht. Dieser Rahmen bietet konkrete Anhaltspunkte und gibt ein standardisiertes Vorgehen vor. Vor allem § 8a SGB (Sozialgesetzbuch) VIII weist eine abgestufte Vorgehensweise an – der Auftrag an freie und öffentliche Jugendhilfeträger ist hierbei sehr klar definiert. Damit wird das Handeln im Rahmen dieses Gesetzes messbar und transparent. Eine Überprüfung, ob die angeführten Schritte verantwortungsbewusst durchgeführt wurden, ist dadurch möglich. § 1666 BGB (Bürgerliches Gesetzbuch), der seit Juli 2008 neu gefasst ist, benennt in Artikel 3 konkrete Maßnahmen, die das Familiengericht anordnen kann. Die in den Formulierungen vorgenommene Konkretisierung des § 1666 BGB und des § 8a VIII macht es leichter, Eltern die rechtlichen Rahmenbedingungen offen zu legen. Die sozialpädagogischen Handlungsweisen können besser begründet werden und sind für Eltern nachvollziehbar. In der Praxis hat sich gezeigt, dass viele Eltern durch die öffentliche Diskussion zu Kindeswohlgefährdungen offener und sensibler geworden sind und Verständnis dafür haben, wenn die Jugendämter aufgrund von Hinweisen zu ihnen Kontakt aufnehmen und eine Gefährdungsabschätzung vornehmen müssen. „Es passiert so viel Schlimmes mit Kindern. Da verstehe ich, dass Sie Hinweisen nachgehen müssen."

Nicht vergessen werden darf jedoch, dass im Grundgesetz Artikel 6 (2) deutlich das Recht und die Pflicht der Eltern benannt wird, an erster Stelle für ihr Kind zu sorgen. Den Eltern wird damit die grundsätzliche Elternverantwortung eingeräumt. Der Artikel 6 geht davon aus, dass niemand ein größeres Interesse an den eigenen Kindern hat als ihre Eltern. In der Zusammenarbeit mit Sozialarbeiterinnen, Erzieherinnen und Lehrerinnen fühlen sich Eltern ernst genommen, wenn sie auf dieses gesetzlich benannte Elternrecht und die daraus resultierende Elternverantwortung hingewiesen werden. Dies kann eine Stärkung in ihrer Elternschaft und Verantwortung bewirken und sie gleichzeitig beruhigen.

Insofern ist es gut, Eltern auch mit rechtlichen Gegebenheiten bekannt zu machen und damit unser Handeln und unsere Verantwortung zu begründen. Das Herstellen von Transparenz ermöglicht es Eltern sich nicht einer Beliebigkeit ausgeliefert zu sehen.

---

[1] Die entsprechenden Gesetze befinden sich im Anhang des Buches

Im § 8a SGB VIII benannte Vorgehensweise:

- Definition gewichtiger Anhaltspunkte für die Gefährdung,
- Gefährdungsabschätzung mit mehreren Fachkräften – d.h. mit mindestens zwei, freie Träger mit einer insoweit erfahrenen Fachkraft;
- *Einbeziehung der Eltern, Jugendlichen und Kinder* in die Risikoeinschätzung für eine Gefährdung, soweit das Wohl des Kindes oder des Jugendlichen dadurch nicht einer Gefährdung ausgesetzt wird;
- *geeignete Hilfen anbieten und auf deren Inanspruchnahme hinwirken*;
- wenn diese Hilfen nicht angenommen werden und die Gefährdung nicht abgewendet werden kann, müssen *freie Träger das Jugendamt informieren. Das Jugendamt informiert das Familiengericht*, wenn die Eltern nicht gewillt oder in der Lage sind die Gefährdung abzuwenden.

Nach § 1666 BGB kann das Familiengericht insbesondere folgende Maßnahmen anordnen:

- Öffentliche Hilfen, Leistungen der Kinder- und Jugendhilfe nach SGB VIII und der Gesundheitsfürsorge anzunehmen;
- Einhaltung der Schulpflicht;
- Verbote, die Familienwohnung oder eine andere Wohnung zu nutzen, sich in einem bestimmten Abstand zur Wohnung aufzuhalten oder bestimmte Orte, an denen sich das Kind aufhält, aufzusuchen;
- Verbote, Kontakt mit dem Kind aufzunehmen;
- die Ersetzung von Erklärungen des Inhabers der elterlichen Sorge;
- teilweise oder vollständige Entziehung der elterlichen Sorge.

Das so genannte „staatliche Wächteramt" begründet sich in Artikel 6 (2) Satz 2 des Grundgesetzes. Über die Ausübung des Elternrechts „wacht die staatliche Gemeinschaft". Mit „staatlicher Gemeinschaft" ist nicht jeder Einzelne im Staat gemeint, sondern der Staat mit seinen Institutionen (Wiesner 2008). Betroffen sind hiervon das Jugendamt, das Familiengericht und alle Partner der Jugendhilfe. Die Jugendämter als Erbringer von Leistungen der Kinder- und Jugendhilfe nach dem SGB VIII informieren und beziehen Stellung gegenüber dem Familiengericht im Sinne des § 8a SGB VIII. Nach § 162 FamFG (Gesetz über das Verfahren in Familiensachen und in den Angelegenheiten der freiwilligen Gerichtsbarkeit) hat das Gericht das Jugendamt in Verfahren, die ein Kind betreffen, zu hören. In § 157 FamFG wird benannt, dass das Gericht „mit den Eltern und in geeigneten Fällen auch mit dem Kind erörtern soll, wie einer möglichen Gefährdung des Kindeswohls insbesondere durch öffentliche Hilfen begegnet werden kann". Des Weiteren soll dabei besprochen werden, welche Folgen die Nichtannahme notwendiger Hilfen haben kann. Die Entscheidung, ob Maßnahmen zur Abwendung der Kindeswohlgefährdung angeordnet oder Eingriffe in die elterliche Sorge vorgenommen werden, liegt einzig beim Familiengericht.

Um dem Kinderschutz besser gerecht zu werden, wurden in den letzten Jahren neue gesetzliche Regelungen eingeführt:

- Oktober 2005, § 8a SGB (Sozialgesetzbuch) VIII,
- Juli 2008, Neuformulierung des § 1666 BGB,
- September 2009, das FGG (Gesetz der freiwilligen Gerichtsbarkeit) wird durch das FamFG (Gesetz über das Verfahren in Familiensachen und in den Angelegenheiten der freiwilligen Gerichtsbarkeit) abgelöst.

Chancen und Risiken der Gesetze zum Kinderschutz (Röchling 2008; Meysen 2008):

- Die *frühzeitige Einschaltung* des Familiengerichtes kann dazu dienen, das Wohl des Kindes rechtzeitig wieder herzustellen und Eskalationen zu verhindern. Andererseits kann dies die Arbeit des Jugendamtes schwächen, wenn anstelle sozialpädagogischer Methoden zur Motivation der Eltern, Hilfe anzunehmen, zu schnell mit der eigentlich nächsten Eskalationsstufe reagiert wird. Oder das Jugendamt ruft stellvertretend für die nicht immer leichte Arbeit mit den Eltern zu schnell die Autorität des Familiengerichtes an. Eltern können dabei in ihrer Verantwortung geschwächt, anstatt gestärkt werden.
- *Maßnahmen* können zunächst durch das Familiengericht angeordnet werden und einen eventuellen Entzug beziehungsweise teilweisen Entzug des Sorgerechts verhindern. Allerdings stellt sich die Frage, für wen diese in § 1666 BGB genannten Maßnahmen niederschwellig sind – die Eltern oder die Sozialarbeiterinnen? Eltern werden wohl kaum einen Eingriff in ihre Elternverantwortung als niederschwellig erleben.
- Angeordnete Maßnahmen können manchmal den Zugang zu einer Familie erleichtern. Fraglich ist jedoch, ob damit das Potenzial von Eltern zu einer funktionalen Zusammenarbeit mit dem Jugendamt noch ausreichend für den Hilfeprozess genutzt werden kann. Freiwillig angenommene Hilfen erleichtern die Zusammenarbeit und sind effektiver.

- Im Sinne des § 8a SGB VIII intervenieren freie Träger zunächst ohne Einschaltung des Jugendamtes und bieten Hilfen an. Familien bleibt folglich, wenn die Gefährdung abgewendet werden kann, der für viele mit Misstrauen und Angst verbundene Kontakt mit dem Jugendamt erspart.
- Die heftigen Diskussionen der letzten Jahre zum Kinderschutz, die neuen Gesetze sowie die immer wieder aufgeworfene Frage, was denn bei der Arbeit des Jugendamtes und anderer Beteiligten bei Misshandlungsfällen mit schwerwiegenden Folgen schief gelaufen ist, regt zu vielfältigen Überlegungen an. Reichen die Kompetenzen und Ressourcen der Jugendämter aus? Wie und wo ist Prävention, primär und sekundär notwendig und möglich? Wie kann das Image der Jugendämter verändert, verbessert werden? Diese Diskussion ist durchaus positiv zu sehen, regt zur gründlichen Reflexion an und zeigt, dass die Entwicklung und Verwirklichung eines zuverlässigen Kinderschutzes ein laufender Prozess ist. Dieser Prozess muss einer kontinuierlichen Evaluation und Qualitätssicherung unterworfen werden.

Die Kooperation von Jugendämtern, Familiengericht, freien Trägern und anderen im Kinderschutz Beteiligten setzt voraus, dass alle dasselbe Verständnis und Wissen zum Kinderschutz haben. Es ist wichtig, „dieselbe Sprache" zu sprechen.

1.3 Formen und Folgen von Kindesmisshandlung

Unterschieden werden die Misshandlungsformen Vernachlässigung, psychische, körperliche und sexuelle Misshandlung sowie das Münchhausen-by-proxy-Syndrom. Diese Formen lassen sich zwar im Einzelnen beschreiben und klassifizieren, überlagern sich jedoch oft. Die Auswirkungen sind bei allen Misshandlungsformen multidimensional und können Schädigungen und Traumatisierungen in allen Ausprägungen zur Folge haben.

Zu beachten sind dabei folgende Parameter

- Ausmaß der Misshandlung,
- Alter des Kindes,
- Alter in dem die Misshandlung begonnen hat,
- Dauer der Misshandlung,
- Häufigkeit der Misshandlung.

Wie die Geschichte der Kindheit zeigt, hat es schon immer Gewalt gegen Kinder, Missachtung ihrer persönlichen Integrität und andere Formen von Misshandlung gegeben. Wichtige Beiträge zur Geschichte der Kindheit finden sich bei Philipp Ariès (1975) und Lloyd deMause (1980). Als Historiker stellt Ariès den Zusammenhang zwischen gesellschaftlichen und familiären Entwicklungen und der Bedeutung der Kindheit dar. DeMause hingegen, der psychoanalytisch geprägt ist, betrachtet die Geschichte der Kindheit psychogenetisch. Er stellt die These auf, dass die Beziehungen zwischen Kindern und Eltern im Verlauf der Geschichte immer enger werden. Durch die Verringerung der Distanz zwischen Kindern und Eltern würden immer neue Quellen der Angst auftreten, die dann bewältigt werden müssten. Er geht davon aus, dass die Fürsorge der Eltern im Verlauf der Geschichte zunimmt. „Die Geschichte der Kindheit ist ein Alptraum, aus dem wir gerade erst erwachen" (deMause 1982). Demnach ist die Geschichte der Kindheit eng mit der Geschichte von Gewalt an Kindern verbunden.

Die Kinderschutzarbeit ist noch recht jung, sie beginnt ab 1956 in den USA mit dem Kinderarzt C. Henry Kempe. In Deutschland entwickelt sich die Arbeit mit misshandelten Kindern erst in den Jahren nach 1970 (Fürniss 2005). Im Jahr 2000 wurde das Gesetz zur Ächtung der Gewalt in der Erziehung ins Bürgerliche Gesetzbuch aufgenommen: „Kinder haben ein Recht auf gewaltfreie Erziehung. Körperliche Bestrafungen, seelische Verletzungen und andere entwürdigende Maßnahmen sind unzulässig" (§ 1631 Abs. 2 BGB).

Die fachliche und gesellschaftliche Beachtung und Bewertung von Misshandlungsformen war seit Beginn der Kinderschutzarbeit unterschiedlichen Schwerpunkten unterworfen. Zunächst lag größere Beachtung auf der körperlichen Misshandlung und der „Verwahrlosung". In den 1980er Jahren rückte die sexuelle Misshandlung in den Fokus der Fachleute. Dabei leistete die Frauenbewegung mit ihren feministischen Erklärungsansätzen zur sexuellen Misshandlung einen wichtigen Beitrag. In den letzten Jahren wird deutlich verstärkt die Vernachlässigung vor allem im frühkindlichen Bereich beachtet. Mit dieser Sichtweise und den in den Medien publizierten gravierenden Fällen von Kindesmisshandlung hat sich eine intensive Diskussion um rechtliche Grundlagen, Kinderschutzarbeit und Prävention entwickelt.

Vernachlässigung

Obwohl noch keine zuverlässigen Aussagen über die Häufigkeit der jeweiligen Misshandlungsformen vorliegen, wird in der Literatur in aller Regel die Vernachlässigung als die häufigste Form benannt. Sozialarbeiterinnen der Allgemeinen Sozialen Dienste in den Jugendämtern werden dies aus ihren Erfahrungen bestätigen.

Vernachlässigung zeigt sich in vielfältiger Ausprägung und ist multidimensional. Es ist noch nicht ausreichend und differenziert genug erforscht, mit welchen konkreten Merkmalen sie definiert werden kann. Gesichert beschrieben wurde auch noch nicht, welche Faktoren in welchem Alter in den Bereich der Kindeswohlgefährdung fallen (Deegener/ Körner 2005).

Die Definition von Schone (Schone u.a. 1997) von Vernachlässigung beinhaltet folgende Punkte:

- *Andauernde oder wiederholte Unterlassung fürsorglichen Handelns* von Personensorgeberechtigten oder Betreuungspersonen,
- das zur Sicherstellung *der physischen und psychischen Versorgung* des Kindes notwendig wäre.
- Diese Unterlassung kann *bewusst oder unbewusst* erfolgen.
- Gründe können *unzureichendes Wissen, Fähigkeiten und Einsichten* sein.
- Die chronische *Unterversorgung, Missachtung und Nichtbefriedigung* der Lebensbedürfnisse des Kindes
- *hemmt oder verhindert seine körperliche, seelische und geistige gesunde Entwicklung.*
- Folgen können *bleibende Schäden* körperlicher oder psychischer Art oder, in gravierenden Fällen, der *Tod* des Kindes sein.

Vernachlässigung kann sich an Situationen festmachen, in denen die Basisbedürfnisse des Kindes nicht oder unzureichend befriedigt werden. Wenn das Bedürfnis nach Nahrung, Körperkontakt, Schlaf, Wachen, Schutz vor Kälte, Hitze nicht ausreichend gestillt wird, kann es je nach Alter des Kindes sehr schnell zu einer akuten Gefährdung von Leib und Leben kommen. Wenn die Gesundheitsfürsorge von Eltern vernachlässigt wird, kann dies ebenfalls fatale Folgen haben. In diesen Formen ist Vernachlässigung oft gut zu erkennen und es können schnell Hilfen und Unterstützung oder andere Maßnahmen wie die Herausnahme des Kindes über das Jugendamt und/oder ein familiengerichtlicher Beschluss erfolgen.

Des Weiteren kann sich Vernachlässigung auf emotionaler Ebene, wie dem Mangel an Wärme und Zuneigung sowie auch der Missachtung von Bedürfnissen des Kindes (Deprivation) zeigen. Auch wenn Kinder nicht ausreichend in ihren Fähigkeiten, aber auch in der Behebung von Defiziten, gefördert und unterstützt werden oder Eltern ihre Kinder nicht ausreichend beaufsichtigen, ist dies Ausdruck von Vernachlässigung.

Die Folgen sind vielfältig: Seelische und körperliche Erkrankungen, Gedeihstörungen, sozialer Minderwuchs, psychosoziale Entwicklungsstörungen in Bereichen der Kognition und der Emotionen, Lebensgefahr. Vernachlässigte Kinder werden aufgrund von Störungen, wegen vernachlässigter Körperpflege oder unsauberem Erscheinungsbild häufig ausgegrenzt und sind in ihrer Teilhabe an der Gemeinschaft beeinträchtigt.

Häufig jedoch ist Vernachlässigung ein Prozess, den zu erkennen und genau zu beschreiben einen längeren Kontakt mit den Sorgeberechtigten erfordert. Dabei müssen die Bedürfnisse des Kindes je nach Alter und entwicklungspsychologischen Voraussetzungen berücksichtigt werden. Je jünger das Kind ist, desto gefährdeter ist es für Vernachlässigung. Zu bedenken ist, dass Kinder im frühkindlichen Alter meist wenig unter sozialer Kontrolle stehen und auch meist noch nicht in Institutionen wie Kinderkrippe o.Ä. eingebunden sind. Hier können Angebote – auch präventive – für das frühe Alter hilfreich sein.

Seelische Misshandlung

In der Fachliteratur wird vielfach darauf hingewiesen, dass alle Misshandlungsformen immer auch seelische Misshandlungen sind (Kindler u.a. 2006).

Seelische Misshandlung kann verursacht werden

- durch Haltungen, Gefühle, Aktionen von Eltern und Betreuungspersonen gegenüber dem Kind, die es *herabsetzen, ihm Angst machen, es isolieren, ihm vermitteln, es sei wertlos, ungeliebt, fehlerhaft,* etc.;
- wenn Kinder *nicht* mit ihren Bedürfnissen und Lebensäußerungen *wertgeschätzt* werden;
- wenn Kinder durch *verachtende Haltungen* der Eltern daran gehindert werden, sich geistig-seelisch gesund und dem Leben positiv zugewandt zu entwickeln;

- wenn Kinder durch die Haltung der Eltern *parentifiziert*[2] werden oder ihnen Verantwortung übertragen wird, die ihrer Rolle nicht gemäß ist;
- wenn das Kind oder der Jugendliche in seinem *Bedürfnis nach Exploration behindert* wird oder Eltern eine massiv *überbehütende Erziehungshaltung* haben.

Das Kind erlebt einen permanenten Eingriff in seine persönliche Integrität und kann durch die seelische Misshandlung schwere seelisch-geistige Schäden erleiden. Psychische Misshandlung ist, wie auch andere Misshandlungsformen, Ausdruck einer schweren Beziehungsstörung zwischen Eltern und Kind und damit auch im gesamten Familiensystem verankert.

Als eine Form der psychischen Misshandlung sei *häusliche Gewalt*, auch Gewalt unter Partnern genannt. Gemeint ist Gewalt innerhalb der Familie, zwischen Eltern oder Erwachsenen, die in naher Beziehung zueinander stehen oder standen. Darunter zu zählen ist physische Gewalt und psychische Gewalt wie zum Beispiel Drohungen, Erniedrigungen, Einsperren, Kontaktverbote, Isolierung, massives Ausüben von Druck. Ebenso dazu gehören sexuelle Gewalt, wie Nötigung zu sexuellen Handlungen, Vergewaltigung, sexualisierte Sprache. Kinder sind davon tief betroffen und auf Schutz und Hilfe von außen angewiesen. Sie entwickeln häufig Schuldgefühle, übernehmen Verantwortung für einen Elternteil, erleben Ambivalenzen in ihren Gefühlen zu den Eltern und massive Angst in und vor der häuslichen Gewaltsituationen.

Körperliche Misshandlung

Alle *körperlichen Gewaltanwendungen* wie zum Beispiel Prügel, Schläge mit Gegenständen, Treten, Kneifen, Verbrennen, Verbrühen, Vergiften, Würgen, Ersticken und Schütteln sind Formen der körperlichen Misshandlung. Das Kind kann dadurch Verletzungen wie Kratzer, Platzwunden, Prellungen, Knochenbrüche, Hämatome und bleibende Schäden auf körperlicher, seelischer und geistiger Ebene erleiden. Im schlimmsten Fall führt die Gewalt zum Tod.

Im frühkindlichen Bereich sollte vor allem das *Schütteln des Säuglings* beachtet werden. Heftiges Schütteln kann zu schwersten Verletzungen im

---

[2] Parentifizierung: Kinder übernehmen für ihre Eltern elterliche Haltungen wie Fürsorge, Verantwortung und Aufgaben.

Gehirn, inneren Blutungen und zum Tode führen. Folgen der Verletzungen sind immer wieder Behinderungen – lebenslang, auch in massiver Form.

Die Folgen von körperlicher Misshandlung zeigen sich nicht nur körperlich, möglich sind auch

- *Beeinträchtigungen der Leistungsfähigkeit* im kognitiven und sprachlichen Bereich, schulische Leistungen lassen nach;
- *Mangel an Konzentration*;
- *Verhaltensauffälligkeiten*, unangemessene Konfliktverarbeitung, Gewalt- und Aggressionsbereitschaft, Gewaltanwendung im Konfliktfall;
- *Störungen des Sozialverhaltens und der Emotionen, fehlende Sozialkompetenz*;
- *Störungen im Selbstvertrauen und Selbstbild*;
- *Beziehungs- und Bindungsschwierigkeiten*, Bindungsstörungen (die Eltern, von denen das Kind abhängig ist und denen es vertraut, verletzen es absichtlich – Erschütterung des Vertrauens);
- *Delinquenz, Alkohol- und Suchtmittelgebrauch* (Kindler 2006, Kap.5 und Engfer 2005).

Sexuelle Misshandlung (Sexueller Missbrauch)

Eine in der Literatur immer wieder zu findende Definition geht auf Bange und Deegener (1996) zurück und enthält folgende Kriterien:

- Sexuelle Misshandlungen sind *sexuelle Handlungen vor oder an Kindern*,
- die *gegen den Willen des Kindes* vorgenommen werden oder
- denen das Kind aufgrund seiner Unterlegenheit im körperlichen, psychischen, kognitiven oder sprachlichen Bereich *nicht bewusst zustimmen kann*.
- Der Täter oder die Täterin *nutzt die eigene Überlegenheit oder seine/ihre Macht- und Autoritätsposition aus*,
- *um eigene Bedürfnisse zu befriedigen*.

Häufig werden die Kinder oder Jugendlichen mithilfe von Drohungen, auch Gewalt- und Strafandrohungen, unter *massiven Druck* gesetzt, das Erlebte *geheim zu halten*. Vor allem ältere Kinder und Jugendliche schämen sich ihrer Erniedrigung und Demütigung so sehr, dass sie nicht darüber sprechen können und sich nicht trauen Hilfe zu holen. Viele Betroffene fühlen sich angesichts des Erlebten schuldig. In Familien wird sexuelle Misshandlung oft totgeschwiegen oder „übersehen". Dies sind wichtige Aspekte, die unbedingt beachtet werden müssen, auch vor dem Hintergrund des § 8a GSB VIII, wenn es um die Beteiligung der Eltern bei der Risikoeinschätzung geht. Personensorgeberechtigte, Kinder und Jugendliche sind in die Abschätzung des Gefährdungsrisikos einzubeziehen „soweit hierdurch der wirksame Schutz des Kindes oder Jugendlichen nicht in Frage gestellt wird."

Die Folgen von sexueller Misshandlung sind vielfältig und können viele und sehr *weit reichende Störungen in der psychischen Gesundheit* nach sich ziehen:

Beeinträchtigung der Gefühle und der Eigenwahrnehmung, gestörtes Selbstkonzept, Ängste, Depressionen, posttraumatische Belastungsstörung, aggressives und delinquentes Verhalten, selbstverletzendes Verhalten, Suchtverhalten etc. (Unterstaller 2006; Schmidt 2005).

Münchhausen-by-proxy-Syndrom

Diese Misshandlungsform ist noch nicht lange im Bewusstsein der Fachleute und im Blick der Forschung. Eine erste Veröffentlichung dazu findet sich bei Roy Meadow im Jahre 1977.

Rosenberg (1987) benennt vier Merkmale:

- Beim Kind werden durch eine nahe Betreuungsperson, zumeist durch die Mutter, *Krankheitsbeschwerden vorgetäuscht* und/oder erzeugt.
- Das Kind wird immer wieder zu medizinischen Untersuchungen und Behandlungen vorgestellt.
- Die Mutter beziehungsweise die Bezugsperson *verneinen das Wissen über die Ursache* oder Zusammenhänge der Beschwerden des Kindes.
- Wenn das Kind konsequent von der verursachenden Person getrennt wird, bilden sich die Beschwerden wieder zurück.

Verursacht sein können die Beschwerden über Zufuhr von Medikamenten oder flüssigen Substanzen, aber auch durch absichtlich herbeigeführte Knochenbrüche. Auffallend ist, dass sich die Verursachenden mit dem Kind in ungewöhnlich häufige medizinische Behandlung begeben, und sich selbst als besonders fürsorglich und besorgt darstellen. Zunächst erscheint die Mutter als gut kooperierende Person. Als Ursache für dieses

Verhalten wird eine psychiatrische Störung der Mutter angenommen, zum Beispiel autoaggressives Verhalten, Depressionen, Minderwertigkeitsgefühle, Isolation, Mangel an Anerkennung und Unterstützung (Nawarra 2005).

Unter Umständen ist es schwierig, das Münchhausen-by-proxy-Syndrom zu erkennen. In diesen Fällen kann Klärung nur über ein gerichtlich angeordnetes Gutachten über die Erziehungsfähigkeit der Mutter erfolgen.

Fallbeispiel

Frau Z. lebt alleine mit ihrem fünfjährigen Sohn Robin. Seit einem Jahr ist sie von ihrem Ehemann getrennt. Beide hatten einen ausgeprägten Kinderwunsch und mussten viele Jahre darauf warten, bis Frau Z. schließlich im Alter von 39 Jahre schwanger wurde. Der Kindergarten meldet sich beim Jugendamt, da Robin nur selten anwesend ist. Die Mutter entschuldigte Robin wegen der unterschiedlichsten, meist recht langwierigen Krankheiten oder Arztbesuchen. Einmal habe Robin über Wochen hinweg ein schwere Grippe, die viel Schonung verlange, dann liege ein Verdacht auf Leukämie vor und Robin dürfe keinesfalls mit anderen Kindern in Kontakt kommen, ein anderes Mal berichtet die Mutter, Robin habe Probleme mit der Verdauung und dem Magen und könne nicht normal essen. Die Sozialarbeiterin lernt beim Hausbesuch eine überaus besorgte und fürsorgliche Mutter kennen. In einem Buchregal sind zwei Regalböden ausschließlich mit Büchern zu Kinderkrankheiten und pädiatrischen Fachbüchern gefüllt. Die Mutter führt an, Robin solle alle seine Krankheiten gut auskurieren, da er seine Kräfte später für den Schulbesuch benötige. Sie könne ihn zuhause am besten vor Viren und Bakterien schützen. Mit einem Anruf beim derzeitigen Kinderarzt ist sie einverstanden. Dieser beschreibt Robin als einen gesunden Jungen mit Entwicklungsdefiziten im sprachlichen und kognitiven Bereich. Er kenne Frau Z. erst seit kurzem, da sie vorher bei einem anderen Kinderarzt gewesen sei. Arzt und Sozialarbeiterin sprechen ihren Verdacht auf ein Münchhausen-Stellverteter-Syndrom aus. In der Folge lädt er die Mutter zu einem Gespräch in die Praxis, die Sozialarbeiterin und die Erzieherin machen einen weiteren Hausbesuch bei der Familie. Schließlich erklärt sich die Mutter bereit, für einen regelmäßigen Kindergartenbesuch zu sorgen und Beratung in einer psychologischen Beratungsstelle anzunehmen. Der Kontakt der Sozialarbeiterin zur Mutter, zum Kindergarten und zum Kinderarzt bleibt noch einige Zeit bestehen. Frau Z. bringt Robin inzwischen zuverlässig in den Kindergarten, die Mutter hat mit einer Psychotherapie begonnen.

Dies ist ein Beispiel mit positivem Ausgang. Die Mutter konnte einen eigenen Leidensdruck formulieren, dass sie schon immer überängstlich gewesen sei und große Angst vor dem Alleinsein habe.

In den letzten Jahren hat sich die *neurobiologische Forschung* damit auseinandersetzt, wie sich frühe Stresserfahrungen auf die Entwicklung des Kindes auswirken. Das frühkindliche Gehirn ist in hohem Maße verletzbar (vulnerabel) und sehr lernfähig. Misshandlung in jeder Form, Deprivation, dysfunktionale Beziehungen und emotionale Unsicherheiten in der Familie sind maßgebliche Stressfaktoren für das Kind. Je jünger das Kind, desto gravierender und nachhaltiger sind sie. Diskutiert wird, inwieweit diese frühen Erfahrungen Spuren im Leben des Kindes hinterlassen, und wie sie sich genau auf die weitere Entwicklung auswirken. Dass es Folgen gibt und Stresserfahrungen sich auf das Stressreaktionssystem auswirken, scheint gesichert. Eine Folge kann ein erhöhtes Risiko für Fehlanpassungen im späteren Leben sein (Heim 2005; Braun/Helmeke 2005). Kindesmisshandlung beeinflusst die verschiedenen Neurotransmittersysteme beim Kind und bewirkt biochemische, funktionale und strukturelle Veränderungen im Gehirn (Lösel/Bender 2008, S. 68).

Forschungsergebnisse aus der Neurobiologie und die weitere Entwicklung in dieser Disziplin sollten von Helfern, die mit Kindern, Jugendlichen und Familien professionell zu tun haben, verfolgt werden. Es muss immer wieder interdisziplinär mit den verschiedenen betroffenen Berufsgruppen diskutiert und reflektiert werden, was die neuen Erkenntnisse für die Soziale Arbeit bedeuten, und welche Handlungserfordernisse und -möglichkeiten sich daraus ergeben. Erste Konsequenz ist bereits, für die Phase der frühen Kindheit mehr Angebote für Familien und Kinder zu schaffen. Beispiele dafür sind die videogestützte entwicklungspsychologische Beratung sowie viele andere Projekte und Angebote, die präventiv und unterstützend für die Zeit der frühen Kindheit angeboten werden. Zugleich ist eine deutlich erhöhte Sensibilität und Aufmerksamkeit in der Sozialarbeit für diese Altersspanne und ihre besondere Empfindlichkeit und Bedeutung eingetreten.

1.4 Grundhaltungen und Menschenbild in der Sozialen Arbeit

„Es gibt nichts, was es nicht gibt" – mit dieser Feststellung sehen sich in sozialen Berufen Tätige immer wieder konfrontiert. Es treten Situationen, Konstellationen auf, die überraschend ungewöhnlich sind, und vor allem auch im Kinderschutz das bisher Gekannte und Erlebte sprengen. Gerade in diesem Bereich geraten wir an Grenzen – an persönliche wie auch an berufliche. Persönlich müssen wir aushalten, was wir erleben. Es können dabei Gefühle des Entsetzens, der Entrüstung, der Hilflosigkeit, aber auch des Unverständnisses und des Mitleids aufkommen. Diese Gefühle gilt es wahrzunehmen und ihnen einen Platz einzuräumen. Wenn wir ihnen jedoch freien Raum lassen, werden sie nicht dazu dienlich sein, die Erwartungen, die an uns gestellt werden, zu erfüllen. So ist Hilfe und professionelles Tun nicht möglich. An Grenzen in unserer beruflichen Kompetenz kommen wir spätestens dann, wenn wir unsere Methodenkompetenz, Geduld und unser Bemühen eingebracht haben, in der Arbeit mit der Familie doch nicht weiterkommen und vielleicht das Familiengericht bemühen müssen.

Wie gehen wir damit um? Wie bleiben wir trotz eigener Betroffenheit professionell? Wie können wir hilfreich sein, wenn wir uns an den Grenzen unserer ethischen und moralischen Überzeugungen befinden? Was ist Richtig und Falsch – wer beurteilt dies?

Voraussetzung für den Umgang mit diesen Fragen ist die Reflexion über uns selbst, unsere Vorstellungen vom Menschen, unseren Haltungen zum Leben an sich, unserer Idee vom Sinn des Lebens. Hilfreich ist das Nachdenken darüber, welche Grundhaltungen uns geprägt haben und welche Überzeugungen für die Soziale Arbeit leitend sein können.

Geprägt sind diese Vorstellungen durch die eigene Sozialisation, unsere Lebensgeschichte sowie den zeitgeschichtlichen, kulturellen und politischen Kontext. Boszormenyi-Nagy/Spark (2001) weisen darauf hin, dass in der Dynamik familiärer Systeme Erwartungen und Loyalitäten zu Grundhaltungen innerhalb der Familie über Generationen hinweg weitergegeben werden. Auch diese unsichtbaren Bindungen prägen unser Bild vom Menschen. Handlungsleitend in der Arbeit mit Menschen ist, welche Grundhaltungen wir haben. Sie sind grundlegend für unser Handeln und unser berufliches Rollenverständnis.

Der humanistische Blickwinkel geht von den Überzeugungen aus, dass der Mensch an sich gut ist, dass er fähig und bestrebt ist, sein Leben selbst zu gestalten und ihm Sinn und Ziel zu geben. Der Mensch ist für den Humanismus ein soziales Wesen und damit auf Gesellschaft und Gemeinschaft bezogen. Er wird als Ganzheit aus Körper, Geist und Seele gesehen.

Der Existenzialismus richtet seinen Fokus auf die Verantwortung des Menschen für sich und sein Tun. Entscheidungen des Individuums sind zu respektieren und wertzuschätzen, jedoch immer unter der Maßgabe, dass er auch die Verantwortung dafür zu tragen hat.

Der Mensch ist demzufolge Akteur seiner Entwicklung, er bestimmt und entscheidet autonom. Sein Erleben und seine Weltsicht konstruiert er eigenständig. Er ist auf die Beziehung zu anderen Menschen angewiesen und kann diese selbstbestimmt gestalten. Als Individuum ist der Mensch in der Lage seine Erfahrungen zu reflektieren und zu lernen.

Berufliches Rollenverständnis

Zu den Überlegungen von welcher Berufsethik[3] die Sozialarbeit geprägt ist, gehören nicht nur das Menschenbild, sondern auch eine Reflexion der Berufsrolle. Wer hat welche Erwartungen an uns und wie werden wir diesen gerecht? Zum einen gehört dazu, das einzusetzen, was wir gelernt haben, was wir als sozialarbeiterische Methoden und sozialarbeiterische Tugenden verstehen. Zum anderen werden uns vom eigenen Arbeitgeber, von Institutionen und den Menschen, mit denen wir zu tun haben, bestimmte Rollen zugeschrieben. Diese Rollenzuschreibungen korrelieren auch mit den unterschiedlichen Aufträgen der verschiedenen Auftraggeber an uns. Gerade wenn wir in der Arbeit an unsere Grenzen kommen und im vielfach vorliegenden Durcheinander nicht mehr weiter wissen, ist es notwendig, immer wieder zu differenzieren: Was ist allgemein meine berufliche Rolle? Welches Rollenverständnis habe ich? Wer schreibt mir welche Rolle zu? Welche Erwartungen hat wer an mich? Kann ich diese Erwartungen erfüllen?

---

[3] Berufsethik: „Die Gesamtheit der Wertvorstellungen und Erwartungen, mit denen die Angehörigen eines Berufes ihr berufliches Verhalten kontrollieren" Fuchs-Heinritz, Werner/Lautmann, Rüdiger u.a. (1994).

Bewusst sollte sein, dass nicht nur wir eine Rolle innehaben, sondern auch unsere Kunden.[4] Diese Rollen stehen sich, besonders wenn es um Kinderschutz geht, häufig diametral gegenüber. Die Sozialarbeiterin ist aufgrund ihres gesetzlichen Auftrages in der Rolle, das Kind zu schützen, evtl. aus der Familie herauszunehmen – die Eltern wollen ihr Kind vor der Sozialarbeiterin schützen und es in der Familie belassen. Die Berufsrolle der Sozialarbeiterin impliziert ein Machtgefälle. Sie ist nicht mit den Eltern „auf einer Augenhöhe". Dies kann nur möglich sein, wenn es sich nicht um einen Kinderschutzauftrag handelt. Die Sozialarbeiterin ist qua Gesetz verpflichtet, das Familiengericht anzurufen, wenn die Familie nicht an der Einschätzung zum Gefährdungsrisiko mitarbeitet und nicht in der Lage oder dazu gewillt ist, die Gefährdung abzuwenden. Familien wissen dies und stellen sich darauf ein. Da sie vom Machtinstrumentarium der Sozialarbeiterin Kenntnis haben, lassen sie sich auf die an sie gerichteten Erwartungen ein oder gehen in eine Abwehrhaltung. Unterschlagen werden soll hier nicht, dass in anderen Fällen – auch in Kinderschutzfällen – Eltern neue Blickwinkel einnehmen und gerne Unterstützung annehmen.

In der Zusammenarbeit mit Familien ist es unabdingbar, die unterschiedlichen Rollen und das Komplementäre in den Rollen transparent zu machen und deutlich zu benennen. Die Familie muss darüber und über das berufliche Verständnis, die Aufträge und Rollen der Sozialarbeiterin gut informiert sein. Dann kann in der Regel eine Form der Zusammenarbeit gefunden werden. Unsinnig ist, als Sozialarbeiterin dieses Machtgefälle zu negieren und es selbst nicht wahrhaben zu wollen, da dies einen Rollenkonflikt auslösen könnte.

---

[4] Ich verwende immer wieder auch den Begriff des Kunden und nicht Klienten, da dies dem Verständnis der Dienstleistung entspricht. In Jugendämtern hat sich der Begriff des Kunden schon länger etabliert.

1.5 Systemtheorie im Zusammenhang mit Kinderschutzarbeit

In der Sozialen Arbeit haben sich weitgehend systemische Beratungsansätze durchgesetzt. Da wir es in der Kinderschutzarbeit mit Familiensystemen, aber auch mit unterschiedlichen Helfersystemen zu tun haben, eignet sich diese Sichtweise ganz besonders. Diese Methode bietet das notwendige Handwerkszeug, um Wechselbeziehungen und deren Wechselwirkungen mit Familien zu reflektieren und Perspektivenwechsel anzuregen. Dies sind in der Regel die Voraussetzungen, um mit der Familie gemeinsam Lösungen für Krisensituationen zu erarbeiten und Lösungswege nachhaltig beschreiten zu können. In der systemischen Beratung geht es nicht um eine kausale Erklärung von Ursache und Wirkung, sondern um die Wechselbeziehungen und Wechselwirkungen in der Familie. Es wird nach Zusammenhängen und Bedingungen in der Interaktion miteinander gesucht. Jedes Systemmitglied findet gleichermaßen Beachtung und hat einen eigenen Stellenwert mit seinen eigenen Bedürfnissen und Eigenheiten.

Um die Dynamik in Familien, in denen Misshandlung stattfindet, erkennen und adäquat intervenieren zu können, ist es zwingend, sich mit der Bedeutung und den Merkmalen von sozialen Systemen auseinander zu setzen. Mit sozialen Systemen sind hier nicht nur Familiensysteme, sondern auch Helfersysteme gemeint. Der Kinderschutzauftrag kann nur in Kooperation mit verschiedenen Helfersystemen, häufig mit interdisziplinärer Besetzung, ausreichend und nach dem Willen des Gesetzgebers – § 8a SGB VIII – erfüllt werden. Um eine gelingende Kooperation zu erreichen, ist es notwendig zu verstehen wie Systeme „ticken", und welche Handlungs- beziehungsweise Gestaltungshinweise sich daraus ergeben.

Was sind soziale Systeme?

Luhmann (1995) definiert soziale Systeme wie folgt: „Von sozialen Systemen kann man immer dann sprechen, wenn Handlungen mehrerer Personen sinnhaft aufeinander bezogen werden und dadurch in ihrem Zusammenhang abgrenzbar sind von einer nicht dazugehörenden Umwelt." Es gibt also Grenzen und nach innen und nach außen – es wird von den einzelnen Systemmitgliedern ein Unterschied zu anderen Systemen wahrgenommen. Dies wiederum bedeutet, dass jedes System ein eigenes, ihm innewohnendes Selbstverständnis hat. Die Mitglieder eines Systems bleiben

Individuen, die innerhalb des einen Systems durch ein bestimmtes Ziel, durch einen bestimmten Zusammenhang miteinander verbunden sind. Innerhalb dieses Systems spielen sie eine ihnen zugeordnete oder zugeschriebene Rolle, was jedoch auch heißt, dass sie durchaus auch zu anderen Systemen gehören können und dort eine jeweils andere Rolle innehaben.

Merkmale sozialer Systeme

- Soziale Systeme entwickeln eine *Eigendynamik*, durch die sie sich aufrechterhalten. Familiensysteme und ihre einzelnen Mitglieder setzen Ressourcen und Kräfte dafür ein, im *Gleichgewicht* (Homöostase) zu bleiben oder bei einer Störung wieder ins Gleichgewicht, in Stabilität zu kommen. Diese Bewältigungsmechanismen können durchaus Sinn machen und sich stabilisierend oder gesundend auswirken. Im Falle einer Familie mit Kindesmisshandlung kann die Misshandlung der missglückte Versuch gewesen sein, die Familie wieder ins Gleichgewicht zu bringen. Es wird zum Beispiel das Kind zum Sündenbock abgestempelt, um von den Eheproblemen abzulenken, oder das Kind wird immer restriktiver behandelt und bestraft, um Ruhe in die Familie zu bringen. Diese Korrekturprozesse sind den Familienmitgliedern nicht bewusst, sondern verlaufen affektiv. Erst die Reflexion und der Wille diese Prozesse bewusst zu machen lassen es zu, dass die Familie zu anderen Haltungen kommt und ihr Verhalten modifiziert.
- Soziale Systeme sind *autopoietische* – sich selbst organisierende, sich reproduzierende Systeme. Verschiedene Systeme können sich zwar anstoßen, anregen, sich jedoch *nicht gezielt beeinflussen* oder ändern lassen, solange sie dies nicht selbst wollen. Das heißt, wir können ein Familiensystem nicht von außen ändern, wenn die Familie dies nicht möchte und die Veränderung nicht mitträgt. Wenn zum Beispiel von einem Helfersystem der Anstoß kommt, dass die Familie ihr Erziehungsverhalten ändern und das Kind nicht mehr einsperren soll, um eine Kindeswohlgefährdung abzuwenden, die Familie dies aber nicht mit ihren Erziehungsvorstellungen vereinbaren kann oder möchte, wird sich nichts zugunsten des Kindes ändern. Die Familie wird als System Widerstände entwickeln, Anregungen und Beratung ablehnen und sich enger schließen (im Sinne eines geschlossenen Systems). Hier sind die *Grenzen der systemischen Sozialarbeit* erreicht und es müssen von der Sozialarbeiterin klare Grenzen, Regeln und bei Verstoß die Konsequenzen benannt werden, um die Kindeswohlgefährdung abzuwenden.

- Soziale Systeme zeichnen sich durch *Grenzen* aus. Die Abgrenzung zu anderen Systemen kann unterschiedliche Qualitäten haben. Differenziert werden kann in klare, starre und diffuse Grenzen. Klare Grenzen sind von außen in der Regel gut erkennbar und können vom Helfersystem gegenüber der Familie benannt werden. In diesem Fall kann üblicherweise zwischen Familien- und Helfersystem verhandelt werden. Welche Wirkungen – erwünschte oder unerwünschte – sie haben und inwieweit eine Veränderung der Grenzen notwendig ist, kann erörtert werden. Starre Grenzen sind nicht ohne weiteres zu öffnen oder zu lockern, das Familiensystem wird alle Kräfte dafür einsetzen und eine Eigendynamik entwickeln, um eine Veränderung der Situation zu verhindern. Starre Grenzen erschweren die Kommunikation und eine Arbeit mit der Familie auf der Beziehungsebene. Diffuse Grenzen sind unklar, verschwommen, wenig durchgängig und wenig verbindlich. Im Kinderschutzfall müssen dann je nach Brisanz Kontrollmechanismen oder Eingriffe wie Inobhutnahme oder Anrufung des Familiengerichtes eingesetzt werden, um das Wohl des Kindes zu sichern. Wenn es möglich ist und es die Situation des Kindes zulässt helfen Geduld, das wiederholte Gespräch mit den Eltern und viel Motivationsarbeit einen Zugang zur Familie zu finden.

- In sozialen Systemen gibt es *Regeln*. Diese können offen und vereinbart, aber auch unausgesprochen sein. Gerade unausgesprochene Regeln können zu einer Familiendynamik führen, die das gemeinsame Arbeiten mit der Familie erschweren oder verhindern. Erst wenn diese unausgesprochenen Regeln der Familie und den Helfern bewusst werden, können Lösungs- und Veränderungsstrategien besprochen werden.

- Soziale Systeme sind *interdependent* – es gibt Wechselwirkungen und möglicherweise auch Abhängigkeiten unter den einzelnen Systemmitgliedern. Die Regung oder der Anstoß eines Mitglieds löst in den anderen Bewegung aus. Entweder entstehen in der Wechselwirkung Veränderungen oder das System entwickelt Strategien, um den bisherigen Zustand zu stabilisieren. Die Systemmitglieder stehen in einer unablässigen Interaktion – jeder ist immer wieder gezwungen auf die anderen zu reagieren.

- Soziale Systeme sind *kommunikativ*. Die Kommunikation, der Austausch kann verbal oder auch nonverbal erfolgen. Es findet permanent Kommunikation statt. „Man kann nicht *nicht* kommunizieren" (Paul Watzlawick).

„Wie wirklich ist die Wirklichkeit?"[5]

Eine zentrale These im systemischen Denken und Handeln ist, dass wir subjektiv unsere eigene Wirklichkeit konstruieren. Jeder konstruiert sich seine Wirklichkeit selbst. Eine Beobachtung kann demnach nie objektiv sein, sie ist immer in Berührung mit der Beobachterin, ihren eigenen Werthaltungen, ihrer Lebensgeschichte, ihren verinnerlichten Normen, Glaubensmustern, Vorurteilen etc. zu verstehen. Somit ist jede Beobachtung in ihrer Wahrnehmung dadurch gefärbt. Wir sehen immer mit unseren „eigenen Augen". Als Sozialarbeiterin müssen wir uns stets bewusst sein, dass wir unserer Beobachtung einen eigenen Charakter geben, der sowohl mit dem, was wir beobachten, als auch mit dem, was wir persönlich sind, zu tun hat. Professionelle Arbeit, Beratung ist nur dann möglich, wenn wir uns unsere eigenen Prägungen und Muster – man spricht auch von den eigenen „inneren Landkarten" – bewusst sind und darüber reflektieren können. Unser Gegenüber konstruiert ebenfalls seine eigene Wirklichkeit. Gerade in der Kinderschutzarbeit sind wir häufig mit sehr unterschiedlichen Einschätzungen zu einer Situation konfrontiert. Die Eltern vertreten eine Wahrnehmung, die in ihren Augen Gültigkeit hat und wahr ist. Wir haben möglicherweise wiederum andere Sichtweisen, andere Wahrnehmungen und Einschätzungen. Das heißt, dass wir mit der Familie gemeinsam, also auch mit uns selbst in einen Prozess der Klärung gehen müssen, um im besten Fall einen Konsens zu finden oder auszuhandeln. In der Praxis zeigt sich, dass in der Regel gut eine Einigung darüber herzustellen ist, was die Bedürfnisse des Kindes sind. Dies kann der Ausgangspunkt weiterer Klärungs- und Aushandlungsprozesse mit der Familie sein. Wenn es uns bewusst ist, dass jeder seine eigene Wirklichkeit konstruiert, können wir, wenn wir das den Eltern gegenüber benennen, eine Brücke zu ihnen schlagen und zu einem gemeinsamen Verständnis kommen.

---

[5] Paul Watzlawick (2010): Wie wirklich ist die Wirklichkeit? Wahn, Täuschung, Verstehen.

1.6 Hilfe und Kontrolle – ein Spagat?

Im Zusammenhang mit dem Kinderschutzauftrag muss das Doppelmandat – das Spannungsfeld zwischen Hilfe und Kontrolle – die Sozialarbeit intensiv beschäftigen. Sehr deutlich werden diese beiden Aspekte im § 8a SGB VIII formuliert. Wenn die Hilfe nicht angenommen wird oder die Personensorgeberechtigten nicht zur Risikoabschätzung beitragen, muss das Familiengericht angerufen werden. Spätestens hier wird der Kontrollauftrag des Jugendamtes deutlich.

Sozialarbeiterinnen fällt es manchmal schwer, sich selbst in einer kontrollierenden, normativen Rolle[6] zu sehen oder sich gar damit zu identifizieren. Befürchtet wird der Konflikt mit der Familie, Ablehnung durch die Familie und Schwierigkeiten in der weiteren Zusammenarbeit. Dem gegenüber steht der Anspruch der Sozialarbeit, Vertrauen zu den Kunden aufzubauen, um zur Annahme von Hilfen zu motivieren und um eine erfolgreiche Zusammenarbeit zu entwickeln. Sozialarbeit ist immer auch eine Arbeit auf der Beziehungsebene. Ohne professionelle und auch persönliche Wirkung der Sozialarbeiterin werden ein Hilfeangebot und die Zusammenarbeit wohl kaum die Akzeptanz einer Familie finden.

Paradigmen in der Sozialarbeit

Lange Zeit war Sozialarbeit von Vorstellungen der obrigkeitsstaatlichen Eingriffsverwaltung geprägt. Sozialarbeit arbeitete vor allem reaktiv, kontrollierend und kompensatorisch (vgl. Happe/Sengling, 1986). Sozialpädagogische Handlungsweisen unterlagen bis Mitte der 1960er Jahre deutlich normativen Haltungen. Mit den gesellschaftlichen Bewegungen, die als Folge der Studentenbewegung um 1968 initiiert wurden, kam es zur kritischen Reflexion von normativen Einstellungen. Traditionelle Werte, auch die der Familie und der Geschlechterrollen, wurden in Frage gestellt. Die damaligen Zustände in den Heimen wurden angeprangert und es kamen Forderungen nach einer Reformierung der Jugendhilfe auf.

Ende der 1970er Jahre bis Anfang der 1980er Jahre entwickelte sich ein ressourcenorientiertes Paradigma der Sozialarbeit in Deutschland. Ausdruck davon ist auch die zunehmend systemische Denk- und Handlungs-

---

[6] Normativ: Bezeichnung für Aussagen, in denen eine Bewertung ausgedrückt wird (z.B. richtig, gut), verbunden mit der Forderung, sich dieser Bewertung anzuschließen (Fuchs-Heinritz Hg. 1994).

haltung in der Sozialarbeit und die Entwicklung und Verbreitung der systemischen Familientherapie. Spätestens seit den 1990er Jahren verstehen sich Jugendämter und Verwaltungen allgemein als kundenorientierte Dienstleister. Das Kinder- und Jugendhilferecht, das SGB VIII, das 1991 das Jugendwohlfahrtsgesetz (JWG) ablöste, welches in seinen Grundzügen auf das Reichswohlfahrtsgesetz zurückgeht, betont ausdrücklich die Rechte der Klienten, einen Rechtsanspruch auf Hilfen, die Partizipation und die Mitwirkung von Eltern, Kindern und Jugendlichen im Hilfeprozess.

Zur Philosophie des ressourcenorientrierten Paradigmas und Arbeitsansatzes gehört es, den Menschen in seiner Eigenverantwortung und mit seinen Stärken zu sehen. Die Eltern werden als Profis für ihre Kinder und ihre Lebenswelt anerkannt. Normen und Werte werden nicht per se durch die Sozialarbeit übergestülpt. Eltern und Kinder sollen in und mit ihren Fähigkeiten gestärkt und Ressourcen aus dem Umfeld der Familie in den Unterstützungsprozess mit einbezogen werden. Ausgangspunkt dabei ist, dass die Familie über die notwendigen Kompetenzen und Ressourcen verfügt, um eine schwierige Lebenssituation oder eine Krise positiv zu bewältigen (Egidi/Boxbücher, 1996).

Was aber, wenn es um eine Familie geht, in der das Wohl der Kinder gefährdet ist oder sich Risikofaktoren häufen und in tiefer Ausprägung vorliegen? Ganz sicher müssen auch dann die Ressourcen der Familie mit in den Hilfeprozess einbezogen werden. Der Schutz der Kinder bleibt jedoch oberstes Gebot. Wenn der Schutz des Kindes verlangt, dass es aus der Familie herausgenommen wird, hat dies auch in der gebotenen Zeit oder unverzüglich erfolgen. Und wenn es der Schutz des Kindes verlangt, dass in der Familie kontrolliert wird, so muss diese Kontrolle auch stattfinden. „Die geforderte Ressourcenorientierung darf indes nicht als Verharmlosung oder Leugnung von Problemlagen verstanden werden und der Übernahme von Verantwortung entgegenstehen" (Salgo 2007). In vielen Fällen ist und bleibt es eine Gratwanderung: Wann und wie lange kann man die Stärken und Fähigkeiten der Familie – durch Unterstützung zum Beispiel einer Sozialpädagogischen Familienhilfe – nutzen, und wann und in welcher Form muss Kontrolle ausgeübt werden. Ist vielleicht sogar ein Eingriff in das elterliche Sorgerecht notwendig? Dies bedeutet jedoch nicht, dass dieses Abwägen ein Entweder-oder ist, sondern es kann beides gleichzeitig möglich sein oder auch in wechselnder Folge: Zum Beispiel, dass zunächst vorrangig Hilfe notwendig ist und dann Kontrolle Priorität hat oder umgekehrt. Dringend nahe gelegt sei es allen sozialarbeiterisch Tätigen sich mit diesem Spannungsfeld immer wieder gründlich auseinanderzusetzen, zu reflektieren und andere Fachkräfte dabei mit einzubeziehen (siehe auch § 8a SBG VIII). Dies muss auf der professionellen als auch auf der eigenen individuellen Ebene erfolgen.

Fragestellungen zur Professionalität sind:

- Wie kann mit diesem Spannungsfeld umgangen werden?
- Welche sozialpädagogischen Handlungsmethoden sind mir im Kontakt mit einer betroffenen Familie hilf- und erfolgreich?
- Welche normativen Grundsätze müssen professionellem Handeln zugrunde gelegt werden?
- Auf der persönlichen Ebene müssen wir uns fragen: Was ist es genau, was mich hindert restriktiv und kontrollierend zu agieren?
- Sind meine Vorbehalte fachlich haltbar?
- Gibt es Befürchtungen, die mich einschränken?

Notwendig ist es in diesen Punkten Teamkollegen einzubeziehen und die Supervision zu konsultieren. Im Zusammenhang mit dem Kinderschutz muss sich die Soziale Arbeit in der Ausbildung (Salgo 2007) und in der Praxis den vorstehenden Fragen und Themen kritisch stellen. Sozialarbeit muss zu diesen Gesichtspunkten ein neues Selbstbewusstsein entwickeln und klare Position beziehen.

Wie vermitteln wir Eltern die Notwendigkeit von Kontrolle und Eingriffen?

- Den Eltern muss *ehrlich, transparent und respektvoll* begegnet werden.
- *Eingriffe und Kontrolle* müssen den Eltern *klar und unmissverständlich* transportiert und erklärt werden.
- *Rechtliche Rahmenbedingungen* müssen den Eltern *offengelegt werden.* „Wir haben die Pflicht zur Wahrnehmung des Schutzauftrages." Wichtig ist dabei als Beraterin kongruent zu bleiben.
- Den Eltern muss erklärt werden, was von ihnen genau an Mitarbeit *erwartet wird, um die Kindeswohlgefährdung abzuwenden.* Bei Eingriffen in das Personensorgerecht, muss offen gelegt werden wie es danach weiter geht.

- Schließlich müssen wir uns sowohl *eindeutig zu den beiden Polen Hilfe und Kontrolle positionieren und bekennen*, vor den Eltern, als auch vor uns selbst. Je besser uns dies gelingt, desto leichter ist der Umgang damit.

In der Arbeit mit Familien zeigt sich, dass Eltern durchaus mit Kontrolle und Eingriffen umgehen können, wenn die obigen Grundsätze berücksichtigt werden. Es können ihnen gegenüber auch Differenzen und unterschiedliche Wahrnehmungen benannt werden. „Aus Ihrer Sicht als Mutter/Vater haben Sie diese Einschätzung, aus meiner fachlichen Sicht muss ich eine andere Haltung einnehmen."

Fragen zur eigenen Reflexion

- Was hat mein Menschenbild geprägt? Gab es Schlüsselerlebnisse oder Menschen, die dafür entscheidend waren?
- Wie hat sich mein Menschenbild im Laufe meiner Ausbildung, meines Berufslebens verändert? Was war dafür maßgeblich?
- Welche Haltung habe ich zum Kontrollaspekt in einer Familie, deren Kinder in ihrem Wohl beeinträchtigt sind? Wie würde ich auf Kontrolle in meiner Familie/Wohnung reagieren? Was wäre mir hilfreich im Gespräch mit der Beraterin? Wie müsste sie auf mich zugehen?
- Zur Diskussion mit Kollegen oder mit fachfremden Freunden: Was bedeutet Hilfe? Was Kontrolle? Schließen sich Hilfe und Kontrolle grundsätzlich aus?
- Wie stehe ich zum Phänomen des Helfersyndroms? Was hat das mit mir zu tun? Wie ist meine Haltung zum „Helfen"? (Schmidbauer, Die hilflosen Helfer, 1998)

2
Umgang mit Krisen

2.1 Was ist eine Krise?

„Krise" – ein Wort, das wir im Alltag schnell anführen um einen bestimmten Zustand zu beschreiben. Alltagssprachlich „bekommen wir eine Krise", wenn wir uns über etwas aufregen oder ärgern und keinen Einfluss auf das Ärgernis haben; oder wenn wir nicht mehr weiter wissen und ratlos sind. Ebenfalls von Krise sprechen wir zum Beispiel beim Tod eines uns nahe stehenden Menschen, bei einer Trennung, in der Pubertät, bei Übergängen im Leben, bei traumatischen Erlebnissen. Diese Krisen sind ernst, schwerwiegend und nicht mehr alltagsüblich. Sie sind mit massiven Affekten verbunden, wollen „überwunden" werden und führen zu einem neuen Weg in die Zukunft. Hinterher ist manches anders als vorher. Das Wort Krise kommt aus dem Griechischen und heißt ursprünglich Entscheidung, entscheidende Wendung. Im Sprachgebrauch ist eine Krise „eine schwierige Situation, Zeit die den Höhe- und Wendepunkt einer gefährlichen Entwicklung darstellt" (Duden 1989). Definitionen von „Krise" sind vielschichtig und schwierig, da sie immer auch davon abhängig sind, aus welchem Kontext heraus sie genannt werden. Brauchbar für unseren Zusammenhang ist die Definition: „Krise – allgemeine Bezeichnung für die plötzliche Zuspitzung oder das plötzliche Auftreten einer Problemsituation, die mit den herkömmlichen Problemlösungstechniken nicht bewältigt werden kann" (Fuchs-Heinritz/Lautmann, 1994). Gerne deuten wir den Umstand der Krise um *(Reframing)* und sehen darin Chancen zur Entwicklung und Veränderung zum Positiven – der Höhepunkt ist erreicht, „es kann nur besser werden". Dies mag zum einen sinnvoll sein und Mut machen, zum anderen kann dies einer Bagatellisierung und der Verdrängung dienen. Insoo Kim Berg weist darauf hin, dass Krise in der Familie gleichzeitig Chance und Gefahr ist, und sie als Hinweis darauf verstanden werden kann, dass sich ein Problem verschlimmern wird, wenn keine Änderung eintritt oder eine Chance mit sich bringt, mit den notwendigen Änderungen zu beginnen (Berg 1999).

2.2 Symptome einer Krise

Krisen kennzeichnen einen Ausnahmezustand und sind mit gravierenden und belastenden Gefühlen verbunden. Aufgrund der Wechselbeziehungen und Wechselwirkungen in einem Familiensystem lösen sie in der Familie eine Dynamik im systemischen Sinne aus. Die einzelnen Familienmitglieder reagieren auf die Krise und streben danach, wieder ihr Gleichgewicht zu finden. Diese Familiendynamik kann dem Hilfeprozess förderlich sein und eine adäquate Kooperation hervorrufen. Sie kann jedoch auch blockieren und mit massiver Abwehr einhergehen.

Scheuermann (auch Ciompi in Scheuermann, 2007) nennt u.a. folgende mögliche Symptome: erhöhte Spannung, Unsicherheit, Angst, Hilflosigkeit, Irritation, Aggressivität, Hoffnungslosigkeit, Trauer, Scham- und Schuldgefühle, Einsamkeitsgefühle, Ärger, Verzweiflung und ein beeinträchtigtes Selbstwertgefühl.

Um mit Familien in Krisen, in unserem Zusammenhang bei Kindeswohlgefährdung oder einem Verdacht darauf, befriedigend zu arbeiten und Kooperation zu erreichen, ist es von maßgeblicher Bedeutung, diese Gefühle wahrzunehmen, mit der Familie zu thematisieren und ihnen respektierend gegenüberzustehen.

2.3 Wer hat welche Krise?

Diese Fragestellung ist angelehnt an Burkhard Müller, der im Zusammenhang mit der sozialpädagogischen Diagnose fragt „Wer hat welches Problem?" (Müller 1993).

Wenn im Jugendamt eine Sozialarbeiterin ihrer Kollegin eilenden Schrittes auf dem Flur begegnet und ruft „Ich habe eine Krise!", liegt die Frage „Wer hat hier was für eine Krise?" auf der Hand. In dieser Szene wird unmittelbar deutlich, was eine Meldung, ein Verdacht auf eine Kindeswohlgefährdung auslöst. Beteiligt sind zwei Systeme – das Helfersystem mit seiner Institution im Rücken und das Familiensystem. Das Helfersystem mit all den fachlichen Anforderungen, dem Druck möglichst schnell und adäquat zu reagieren. Besonders hoch und belastend ist die Erwartung „richtig" zu reagieren, nichts zu übersehen, das Kind angemessen und ausreichend zu schützen. Subtiler, jedoch nicht unbedeutend, sind die Gefühle, die bei Helfern mit der Krise ausgelöst werden: Schrecken, Angst, Hilflosigkeit, Unsicherheit, Wut, Ärger, Fassungslosigkeit, aber auch Mitleid und tiefe Betroffenheit. Diese Gefühle gilt es wahrzunehmen und zu reflektieren, da sie einen nicht unerheblichen Einfluss auf unsere sozialpädagogische Intervention und die weitere Zusammenarbeit mit der Familie haben können. Wenn diese Gefühle nicht beachtet werden, können sie sich verselbstständigen, eine heimliche Größe in der Arbeit mit der Familie werden und auch blockierend wirken. Schrapper führt an, dass sich Probleme und Ursachen von Krisen oft in Helfer- und Familiensystem gegenseitig spiegeln (Schrapper 2008). Sowohl in der kollegialen Beratung wie auch in der Supervision sollten die uns begleitenden Gefühle thematisiert werden, um eine förderliche Haltung für eine professionelle Arbeit zu entwickeln und unseren Qualifizierungsprozess für die Arbeit stets zu überprüfen und gegebenenfalls weiterzuentwickeln.

Das betroffene Familiensystem befindet sich in der Regel schon vor der Kontaktaufnahme durch die sozialpädagogischen Fachkräfte in einer Krise oder schon länger in einer psycho-sozialen Notlage. Dies kann der Familie bewusst sein und sich in Leidensdruck äußern. Manchmal jedoch nimmt die Familie die ihre Kinder gefährdende Familiensituation nicht wahr oder wehrt das Wissen darum mit Hilfe von Abwehrmechanismen mehr oder weniger erfolgreich ab. Spätestens dann, wenn die Familie mit dem Verdacht der Gefährdung konfrontiert wird, gerät sie in der Regel in eine Krise. Dabei werden – wie auch bei den agierenden Fachkräften – Gefühle aktiviert. Familien zeigen Angst vor einer Herausnahme der Kinder aus der Familie, sie fühlen sich bedroht und hilflos, beschuldigt und verurteilt als schlechte Eltern. Einige entwickeln Wut und Zorn, wobei sie in eine massive Abwehrhaltung geraten können und das Gefühl der Kränkung ihr Handeln lenkt, statt die Sorge um das Kindeswohl. Sobald Kontakt zur Familie aufgenommen wird, hat dies bereits eine Wirkung auf die Familiendynamik und kann Veränderungen oder Entwicklungen anstoßen.

An dieser Stelle werden wir wieder erinnert an die *systemische Haltung*, dass sich jeder Mensch seine Wirklichkeit selbst konstruiert. Aus Sicht der Familie stellt sich die Situation so dar wie sie diese wahrnehmen. Grundsätzlich ist davon auszugehen, dass Eltern bemüht sind, ihr aus ihrer Sicht Bestes für die Kinder zu geben. Es gilt die Eltern in ihrer Wahrnehmung der Dinge ernst zu nehmen. Jedoch muss man sie mit den Anforderungen an eine geschützte und das Wohl des Kindes fördernde Lebenswelt konfrontieren. Bei Vorliegen einer akuten Kindeswohlgefährdung muss immer sofort gehandelt werden. Es ist dann nicht indiziert mit den Eltern in langwierige Aushandlungsprozesse zu treten. Die sozialpädagogischen Fachleute müssen die Verantwortung wahrnehmen, die gegebene Situation zu erkennen und zu bewerten. Dies ist eine schwierige Aufgabe, da es sich nicht um objektive Tatsachen oder objektivierbare

Umstände handelt, sondern um subjektive Zuschreibungen (Müller 1993). Im Rahmen von Kinderschutzbögen, pädagogischen, psychologischen und sozialpädagogischen Erkenntnissen gibt es Grundsätze, auch normative, mit denen Leitlinien und Standards beschrieben werden, die für die Gewährleistung des Kindeswohls gültig sind. Angemerkt werden muss hier, dass diese Standards immer nur Anhaltspunkte sind und in das Verhältnis zu den vorgefunden Umständen gesetzt werden müssen. Diese Einschätzung obliegt letztlich jedoch immer mit einem großen Anteil der Subjektivität der einschätzenden, beschreibenden und beobachtenden Fachkräfte.

2.4 Krisenintervention

Eine Krisenintervention muss immer unter Berücksichtigung rechtlicher Voraussetzungen geschehen und gut vorbereitet sein.

Dazu gehört es auch, sich auf unerwartete Entwicklungen einzustellen und Kenntnis darüber zu haben, welche anderen Leistungsträger im Bedarfsfall hinzugezogen werden können und wie diese erreichbar sind. Der § 8a SGB VIII benennt hier ausdrücklich, dass das Jugendamt verpflichtet ist, andere Leistungsträger einzuschalten, wenn „sofortiges Tätigwerden erforderlich ist und die Personensorgeberechtigten nicht mitwirken". Mit den „anderen Leistungsträgern" sind vornehmlich Einrichtungen der Gesundheitshilfe und die Polizei gemeint.

In unserem Kontext geht es um Kinderschutz, so dass sich eine Intervention klar, deutlich und für die Eltern transparent am Kindeswohl orientieren muss. Der Fokus liegt ganz auf der Sicherung des Kindeswohls und auf der Abwendung von Gefährdung.

Wenn es aufgrund der Gefährdungseinschätzung (siehe Kap. 3) möglich ist, sollten Fähigkeiten und Ressourcen der Eltern und der Familie in das *Interventionskonzept* einbezogen werden. Voraussetzung sind das Einverständnis und die Kooperationsbereitschaft der Eltern zur Veränderung und Entwicklung. Die Sozialarbeiterin kann diesen Prozess anstoßen, indem sie eine Beziehung zur Familie eingeht und diese der Familie anbietet, um dadurch eine Grundlage für die weitere Zusammenarbeit zu schaffen. Erst dann können Blick- und Perspektivenwechsel vorgenommen werden. Entscheidend ist, dass die Familie sich nicht nur überzeugen lassen muss, sondern vor allem sich selbst überzeugt – Erinnerung: Familiensysteme sind autopoietisch. Durch systemische Fragen (siehe Kap. 4) und einen zirkulären Blick kann die Familie angestoßen, „verstört" werden und sich dann willentlich und bewusst auf Veränderung einlassen. Boxbücher und Egidi weisen darauf hin, dass ausgewählte neue Aspekte oder angebotene Ideen sich von den bisherigen der Familie so stark unterscheiden müssen, dass sie sich tatsächlich deutlich davon abgrenzen. Ansonsten sind sie nicht interessant genug für die Familie und werden nicht ausreichend wahrgenommen. Wenn diese Unterschiede allerdings zu groß sind, würde sich die Familie abwenden und möglicherweise in Abwehr gehen (Egidi/Boxbücher 1996).

Wenn Sorgeberechtigte nicht an der Abwendung einer unmittelbar bevorstehenden oder drohenden Gefährdung der Kinder mitwirken, nicht zur Zusammenarbeit bereit sind oder keinerlei Einsicht in die Notwendigkeit einer Intervention haben, muss das Jugendamt laut § 8a SGB VIII das Kind nach § 42 SGB VIII in Obhut nehmen. Das heißt, dass das Kind zu seinem Schutz und seiner Sicherheit zunächst vorläufig in einer Bereitschaftspflegefamilie oder der Inobhutnahmestelle einer Jugendhilfeeinrichtung untergebracht werden muss. Die Eltern müssen, wenn sie von der Inobhutnahme keine Kenntnis haben, umgehend über die Inobhutnahme informiert werden. Dies ist zum Beispiel der Fall, wenn das Kind nicht bei der Familie direkt in Obhut genommen wird. Wenn die Sorgeberechtigten nicht zustimmen, muss das Jugendamt das Familiengericht anrufen oder das Kind an die Familie herausgeben. Das Jugendamt begründet in seiner Stellungnahme an das Familiengericht gewichtige Anhaltspunkte für die Gefährdung. Das Familiengericht kann dann eine einstweilige Verfügung über den Aufenthalt des Kindes erlassen. Im weiteren Verlauf kann es einen Verfahrenspfleger für das Kind einsetzen und/ oder ein Sachverständigengutachten einholen, um die Gefährdung noch weiter einschätzen zu können und über notwendige Unterstützungsmaßnahmen entscheiden zu können.

Kriseninterventionen finden in vielfältiger Ausprägung statt, immer jedoch müssen sie passgenau auf die vorliegende Situation, auf die Sicherung des Kindeswohls und auf die Bedürfnisse der betroffenen Kinder im speziellen Fall abgestimmt sein. Eine Krisenintervention zum Schutz des Kindes muss nicht zwangsläufig die Herausnahme des Kindes bedeuten. Interventionen können auch sein, dass der Familie eine ambulante Jugendhilfemaßnahme zur Unterstützung zur Seite gestellt wird mit oder ohne Kontrollauftrag, oder dass verbindliche Vereinbarungen zur Abwendung der Gefährdung getroffen werden. Diese Vereinbarungen müssen in einem vereinbarten Zeitraum überprüft werden, in dem weitere Kontakte/Hausbesuche o.Ä. stattfinden. Beachtet werden muss, dass Vereinbarungen zum Schutze der Kinder immer einen Höchstgrad an Ernsthaftigkeit und Verbindlichkeit haben und für die Nichteinhaltung klare Konsequenzen benannt werden müssen.

Handlungsmodelle zur Krisenintervention

In der Fachliteratur finden sich verschiedene Ansätze zu Handlungskonzepten in der Krisenintervention. Hingewiesen wird immer wieder auf Ciompi und Caplan. Sonneck hat das *Konzept BELLA* entwickelt (Sonneck 2000). Besonders der systemischen Krisenintervention widmen sich Müller und Egidi/Boxbücher (1996).

Hier möchte ich in einer stark verkürzten Rezeption das *Konzept BELLA* von Sonneck vorstellen, da es viele Aspekte aus anderen Modellen enthält, gut nachvollziehbar ist und in seinen Grundsätzen in der Praxis der Krisenintervention eine klare handlungsleitende Struktur gibt.

B – Beziehung aufbauen
E – Erfassen der Situation
L – Linderung der Symptomatik
L – Leute einbeziehen, die unterstützen
A – Ansatz der Problembewältigung

Im Zusammenhang mit dem Kinderschutzauftrag müssen wir uns darüber im Klaren sein, dass wir in der Regel nicht von den Eltern zur Zusammenarbeit gebeten werden, wir uns folglich mit unserem „Auftritt" bereits in einem Zwangskontext befinden. Sobald wir aus unserer Sicht gewichtige Anhaltspunkte für eine Gefährdung der Kinder haben, müssen wir reagieren und die Familie und die betroffenen Kinder in die Risikoabschätzung einbeziehen. Wenn die Eltern nicht bereit sind, gemeinsam diese Risikoabschätzung mit uns vorzunehmen oder die weitere Zusammenarbeit zur Abwendung der Kindeswohlgefährdung ablehnen, ist das Jugendamt nach § 8a SGB VIII verpflichtet das Familiengericht anzurufen. Im Folgenden entwickle ich ein systemisch orientiertes Handlungsmodell in sechs Schritten für die Krisenintervention in Familien bei einem Verdacht auf Kindeswohlgefährdung beziehungsweise einer tatsächlich existierenden Gefährdung.

Schritt 1: Kontaktaufnahme und Kontextklärung

Die Kontaktaufnahme geschieht über die Anmeldung zum Hausbesuch per Brief oder per Telefonat. In begründeten Fällen ist der Hausbesuch unangemeldet. Nach der namentlichen Vorstellung sollten wir es würdigen, dass Eltern erschrocken, beunruhigt oder verärgert sind. „Vermutlich sind Sie erschrocken/verärgert/verunsichert über meinen Besuch", „Mit welchen Gefühlen haben Sie auf mich gewartet?". Es muss aufgeklärt werden, in welchem Zusammenhang wir den Kontakt aufgenommen haben, was uns genau zur Familie führt, welche Sorgen uns genannt wurden. Ebenso müssen Eltern erfahren, woher wir kommen, und welche Aufgaben wir in unserer Institution oder über die rechtlichen Gegebenheiten haben.

Schritt 2: Auftragsklärung

Zunächst muss den Eltern deutlich unser Anliegen und auch unser gesetzlicher und institutioneller Auftrag beschrieben werden. Auch Erklärungen über unsere Arbeitsmethoden sind oft hilfreich, um Klarheit in der Beziehung zu unseren Kunden herzustellen. Die Anliegen der betreffenden Familie müssen abgefragt und ernst genommen. „Wenn Sie schon einmal Kontakt mit dem Jugendamt hatten, welche Erfahrungen haben Sie gemacht?", „Was befürchten Sie jetzt?", „Was meinen Sie was ich tun werde?", „Was kann ich dafür tun, dass es ein gutes Gespräch wird?", „Woran würden Sie merken, dass das Gespräch sinnvoll/hilfreich war?", „Welche Erwartungen haben Sie an mich?".
(Siehe auch Kap. 3)

Schritt 3: Erfassung und Einschätzung der Situation

Hier geht es darum, sich von der gesamten Situation ein Bild zu machen. Dies bezieht sich auf die Gefährdungslage der Kinder und auf die gesamte Lebenslage der Familie (siehe ausführlich Kap. 3). Es gilt im Gespräch mit den Eltern und den Kindern herauszufinden, welche Schwierigkeiten und welche Notlagen vorliegen und wer welche Wahrnehmungen hat. Damit gemeint sind die unterschiedlichen Wahrnehmungen einzelner Familienmitglieder und die, die wir als sozialpädagogische Fachkraft haben. Diese müssen erkannt und benannt werden. Unterschiedliche Sichtweisen sollen in ihrer jeweiligen Bedeutung anerkannt werden. Ebenso ist es notwendig übereinstimmende Wahrnehmungen zu finden oder zu erarbeiten. Um zu einer „gemeinsamen Krisendefinition" zu gelangen, ist es Voraussetzung, dass sich die gesprächsführende Fachkraft auf die Familie einstellt, einen Perspektivenwechsel einnimmt und sich auf die Welt der Familie einlässt. Hilfreich ist, wenn sich die Beraterin als Forschende, als jemanden, der etwas erfahren und lernen möchte, sieht. Für die weitere Zusammenarbeit und für die gemeinsame Suche nach Lösungen ist es notwendig, die Wirklichkeitskonstruktion der Familie zu verstehen.

„Wie erklären Sie sich, dass Sie und Ihre Familie in diese schwierige Situation geraten sind?", „Wie erklären Sie sich diese Schwierigkeiten?", „Was würden Sie sich wie anders wünschen?", „Wie geht Ihr Kind damit um?", „Was meinen Sie wie Ihre Eltern/ die Lehrer Ihrer Kinder/ Ihre Nachbarn die Situation einschätzen würden?", „Was müsste passieren, dass es schlimmer/besser wird?," „Was meinen Sie, was die wichtigsten Bedürfnisse Ihrer Kinder sind?", „Wer oder was übt Druck auf Ihre Familie aus?".

Schritt 4: Eindrücke spiegeln und reflektieren

In diesem nächsten Schritt sollte der Familie gegenüber ganz klar, ehrlich und transparent gemacht werden, welchen Eindruck wir gewonnen haben. Dazu gehört es ebenfalls, inwieweit wir Schwierigkeiten oder auch Gefährdungen sehen und begründen. Es muss darauf geachtet werden, dass die Familie unsere Sprache versteht und unsere Argumente nachvollziehen kann. Die Familie muss spüren, dass es uns ein ehrliches Anliegen ist, uns verständlich zu machen und mit der Familie gemeinsam an einer positiven Entwicklung zu arbeiten. Es soll durchaus auch thematisiert werden, wenn die Wahrnehmungen unterschiedlich sind. Dann kann über das Wahrnehmen der Unterschiede an einer gemeinsamen Sicht einzelner Aspekte gearbeitet werden, oder die Unterschiede bleiben als solche stehen. Unser weiteres Handeln orientiert sich jedoch immer am Wohle des Kindes. Wenn zur Gefahrenabwendung unserer Einschätzung nach die Herausnahme des Kindes notwendig ist, so müssen wir dies auch tun. Trotzdem können unterschiedliche Sichtweisen zwischen Eltern und uns als Fachkraft bestehen bleiben – das Gericht, welches bei Uneinigkeit über die Intervention angerufen wird, kann dann eine Entscheidung treffen.

Schritt 5: Bewältigungsstrategien und Lösungswege entwickeln

Priorität hat immer, diese Schritte mit den Eltern gemeinsam zu entwickeln und unter Einbeziehung ihrer Bedürfnisse und der jeweiligen Lebenslage zu realisieren. Dies ist allerdings erst dann möglich, wenn vorher eine Ebene des gegenseitigen Verstehens erarbeitet wurde und die Bereitschaft da ist, diese Kultur auch im weiteren Verlauf zu pflegen. Eine erfolgreiche Zusammenarbeit ist nur möglich, wenn die Bereitschaft zur Kooperation und eine Paktfähigkeit überzeugend vorhanden sind. Ansonsten fehlt die sichere Basis für das gemeinsame an „einem Strang" ziehen.

„Wie können Sie es schaffen, die Situation für die Kinder sofort zu entspannen?", „Was braucht Ihr Kind jetzt?", „Wer/was könnte Sie entlasten oder Ihnen helfen?", „An was würde ich erkennen, dass es den Kindern nun besser geht/dass die Lebensbedingungen nun kindgerechter sind?", „Welche Erwartungen haben Sie im weiteren Hilfeprozess an mich?", „Was haben Sie bisher zur Lösung unternommen?", „Welche Lösungsmöglichkeiten sehen die verschiedenen Familienmitglieder?"

Schritt 6: Vereinbarungen treffen und Verbindlichkeit herstellen

In einem letzten Schritt müssen in der Krisenintervention zum Abschluss immer genaue Absprachen und Vereinbarungen für den weiteren Prozess getroffen werden. Es muss genau definiert werden, wer, was bis wann erledigt und wann wieder ein Hausbesuch oder ein Gespräch stattfindet. Weitere Handlungsschritte müssen verständlich und detailliert abgesprochen werden, dabei darf es keine Unklarheiten geben. Die Erwartungen der Fachkräfte an die Eltern zur Sicherung des Kindeswohls bedürfen genauer Benennung. Falls Kontrolle zur Abwendung der Kindeswohlgefährdung notwendig ist, muss genau besprochen werden, wie diese erfolgt und wo diese ihre Grenzen hat. Wenn das Familiengericht angerufen werden muss, ist es notwendig, die Eltern darüber aufzuklären, wie sich das Verfahren gestaltet und welche Aufgaben das Jugendamt und welche das Familiengericht dabei haben. Auch dass sie als Personensorgeberechtigte beim Gericht gehört werden und durchaus ihre Sichtweise einbringen oder sich zur Wahrnehmung ihrer rechtlichen Interessen einen Rechtsbeistand beauftragen können, muss mitgeteilt werden.

2.5 Grundsätze im Umgang mit Krisen und bei der Krisenintervention

Gerade beim Umgang mit Krisen wird zügiges Handeln erwartet und ist oft auch notwendig. Es ist gut, wenn wir einige Grundsätze präsent haben, die helfen unsere Intervention zu strukturieren und nicht den „Kopf zu verlieren".

- Ruhe, Ruhe und nochmals Ruhe bewahren. Nicht in Panik ausbrechen. Nichts überstürzen.
- Überlegen, wer hinzuzuziehen ist. Bei einem gemeldeten Verdacht auf eine Kindeswohlgefährdung müssen immer weitere Fachkolleginnen zu einer ersten Beratung hinzugezogen werden. Der Hausbesuch soll regelmäßig zu zweit stattfinden.
- Wie viel Zeit für die Planung und Vorbereitung der Intervention möglich bleibt, hängt von der Dringlichkeit des Handelns ab.
- Eine genaue Planung der Intervention muss getroffen werden, man muss sich gut auf die Intervention vorbereiten.
- Sich auf Unerwartetes einstellen. Telefonnummern von Polizei, Gesundheitsamt, Kinderarzt dabei haben. Ist ein Kindersitz für eine eventuelle Inobhutnahme nötig?
- Im Falle einer Inobhutnahme sollte bereits vorher überlegt und abgefragt werden, wo das Kind schnell vorübergehend untergebracht werden kann. Telefonnummern von Bereitschaftspflegefamilie oder Inobhutnahmestelle mitnehmen.
- Wer oder was kann mir helfen und mich entlasten?

Auch der längste Weg beginnt mit einem Schritt (Konfuzius)

Wie können wir eine Krise bewältigen? Was hilft uns dabei? Die Metapher vom Bergsteigen beinhaltet vieles, was uns und unseren Kunden hilft und sie lässt sich fast beliebig erweitern und spielerisch ausbauen.

Der Bergsteiger sieht in großer Höhe den Gipfel, den er bezwingen möchte und plant die Besteigung des Berges. Dazu studiert er die Lage des Berges und schätzt die Anforderungen, auf die er sich einstellen muss, ein. Er zieht eine Wanderkarte hinzu, um die Tour zu planen und um bei Verirrungen wieder den richtigen Weg zu finden. Vergleichbar müssen wir die Krisenintervention, unsere Handlungsschritte sorgfältig planen und abwägen. Im nächsten Schritt überlegen wir uns was wir brauchen, um durchhalten zu können. Das könnten Menschen sein, die uns helfen, Gedanken, die uns ermutigen, Methoden, die uns beruhigen, oder auch einfach das Wissen darum, dass es anstrengend ist eine Krise zu meistern und wir einen langen Atem dafür benötigen. Der Bergsteiger packt sich eine nährende Mahlzeit, etwas zu trinken und oft auch etwas Süßes wie etwa eine Tafel Schokolade in den Rucksack. Ohne einen langen Atem und Geduld kommt auch ein Bergsteiger nicht aus, deswegen unterteilt er seine Tour in verschiedene Etappen. Erst wenn er eine Etappe erreicht hat, kann er weiter zur nächsten Etappe aufbrechen. Je steiler das Gelände, desto sicherer muss der Tritt sein. Er kann erst dann den nächsten Schritt tun, wenn er sicher steht. Manchmal muss er sich dabei auch absichern und hat ein dickes Seil im Gepäck. Zwischendurch kommt es auch beim Bergsteigen zu Zweifeln oder einem Tiefpunkt. „Schaffe ich das wirklich?", „Muss ich wirklich bis zum Gipfel hoch?", „Am liebsten würde ich jetzt aufhören und mich wieder zurück ins Tal zaubern lassen.", „Jetzt bekomme ich aber Angst – so steil wie es da oben wird." In diesen Situationen hält der Bergsteiger inne, macht eine Pause und sieht ins Tal hinab um zu staunen, welche Strecke er schon zurückgelegt hat. Nach einer erholsamen Pause sieht er wieder zum Gipfel hinauf und denkt: „Ja, da will ich hoch. Ich freue mich schon auf den tollen Blick von dort oben!", „Wenn ich oben angekommen bin, fühle ich mich bestimmt sehr erschöpft, aber auch sehr froh darüber, diese Tour geschafft zu haben. Dann kann ich mächtig stolz auf mich sein!"

Diese Geschichte, an passender Stelle in die Beratung eingebracht und mit unseren Klienten entsprechend entwickelt, kann beruhigen, ermutigen und einen Perspektivenwechsel auslösen. Meist sehen Menschen in einer Krise nur noch die Fülle der Schwierigkeiten und fühlen sich hilflos und ausgeliefert. Durch die Bergsteigergeschichte verlieren die Angst und das Erschrecken vor den Schwierigkeiten oft an Brisanz, weil sie dazu auffordert, Bewältigung in Etappen zu sehen. Oft entsteht ein entlastendes Staunen im Sinne von „ich muss nicht alles auf einmal schaffen – eins nach dem anderen". In der Gesprächsführungspraxis zeigt sich immer wieder, dass Eltern, mit denen wir im Gespräch sind, auf diese Geschichte positiv reagieren, sie selbst auf sich anwenden und in ihrer Fortentwicklung kreativ werden. Das Bild vom Bergsteigen kann auch in weiteren Gesprächen aufgenommen und weiter gesponnen werden. Somit können sich Strategien zur Bewältigung von Schwierigkeiten und Krisen verankern.

Fragen zur eigenen Reflexion

- Welche Gefühle werden bei mir ausgelöst, wenn mein eigenes Kind eine Krise hat, wenn mein Partner/ Partnerin eine Krise hat, wenn meine Freundin/ mein Freund eine Krise hat?
- Was war für mich eine Krise? Welche Gefühle hatte ich?
- Was hat mich dabei ermutigt, was hat mir dabei geholfen?
- Wann war ich selbst tief berührt, als eine Familie im beruflichen Kontext eine Krise hatte? Gab es dabei eine emotionale Verbindung zu meinen eigenen Lebenserfahrungen oder Gefühlen? Welche?
- Welche Bedeutung hatten Krisen in meinem Leben?

3
Risikoeinschätzung

Eine Einschätzung der Frage, ob und inwieweit eine Kindeswohlgefährdung vorliegt, ist eine äußerst komplexe und diffizile Aufgabe. Sie ist multidimensional und eine Gefährdung ist kaum durch eine einzige Ursache begründet. Meist spielen mehrere Faktoren (multifaktoriell) eine Rolle. Zudem bedarf die Abschätzung hoher fachlicher Kompetenz, Sicherheit und Erfahrung. Nicht umsonst ist im § 8a SGB VIII verankert, dass mehrere Fachkräfte beziehungsweise eine insoweit erfahrene Fachkraft hinzugezogen werden sollen. Einer Risikoabschätzung in Sachen Kindeswohl ist eine begleitende Unsicherheit immanent, weswegen es notwendig ist, sich damit gründlich auseinanderzusetzen, eine fundierte und immer weiterentwickelte Fachkenntnis zu erarbeiten, um eine möglichst große Sicherheit zu erlangen. Von der Einschätzung des Gefährdungsrisikos hängt es ab, welche Intervention notwendig und angemessen ist. Eine Intervention im Zusammenhang mit einer Kindeswohlgefährdung kann für das Kind und auch für die Familie sehr einschneidend sein und mit langfristigen Folgen wie zum Beispiel der Fremdplatzierung des Kindes, verbunden sein.

3.1 Stufen der Risikoeinschätzung

Erste Gefährdungseinschätzung

Sobald bei einer Fachkraft eine Mitteilung über einen Verdacht auf Kindeswohlgefährdung eingeht, muss eine erste Gefährdungseinschätzung im Zusammenwirken mehrerer Fachkräfte vorgenommen werden. Dabei geht es darum, sich gemeinsam ein zunächst möglichst umfangreiches Bild der vorliegenden Situation zu machen. In der Praxis bedeutet dies in der Regel, dass der mitteilenden Person direkt persönlich oder am Telefon detaillierte Fragen zur beobachteten Situation gestellt werden. „Was haben Sie genau beobachtet?", „Was ist der Grund, warum Sie sich gerade jetzt melden?", „Was befürchten Sie für das Kind?", „An was genau können Sie Ihre Sorgen um das Kind festmachen?", „Was denken Sie, was ich tun sollte?", „Wie groß ist die Dringlichkeit?", „Wie schnell muss ich Ihrer Meinung nach reagieren?" Die Fachkräfte müssen auf der Grundlage der Hinweise die Gefährdung des Kindes einschätzen – wie gravierend, wie akut sie ist und wie schnell und in welcher Form darauf reagiert werden muss. Ebenso muss darüber beraten werden, was für die Intervention an Vorbereitungen getroffen werden muss und wer daran beteiligt sein soll.

Sicherheitseinschätzung

Meysen und Kindler beschreiben diese Stufe als zwischen der ersten und einer weiteren umfassenden Risikoeinschätzung liegend. Die Sicherheitseinschätzung berücksichtigt, im Unterschied zur ersten Gefährdungseinschätzung, die akute Situation beim Hausbesuch und soll zur Entscheidung beitragen, ob das Kind in der Obhut der Eltern gelassen werden kann und welche Sicherheitsmaßnahmen sofort notwendig sind um die akute Gefährdung abzuwenden (Meysen in ISS 2008, Kindler 2005). Sie kann Zeit überbrücken, die notwendig ist, um eine differenzierte Gefährdungsabschätzung zu erlangen und die geeigneten Hilfemaßnahmen vorzubereiten. Es ist aber auch möglich, dass die Sicherheitseinschätzung zum Ergebnis führt, dass das Kind zunächst in Obhut genommen werden muss um es zu schützen. Die Sicherheitseinschätzung kann immer nur ein Schritt im gesamten Verlauf sein, eine umfangreiche Risikoeinschätzung (siehe Elemente der Risikoeinschätzung) bleibt jedoch notwendig.

In die Einschätzung einbezogen werden müssen immer sowohl die Personensorgeberechtigten als auch die Kinder und Jugendlichen, es sei denn der wirksame Schutz dieser wäre dadurch in Frage gestellt – § 8a SGB VIII.

Mehrdimensionale Risikoeinschätzung

Diese Einschätzung ist erst dann möglich, wenn wir schon einige Kontakte mit der Familie hatten und auch Einschätzungen von beteiligten Helfern, wie Kindergarten, Schule, Kinderarzt, Frühförderstelle, Beratungsstelle etc. einholen konnten. Bei dieser Risikoeinschätzung kommen die unten stehenden Elemente zum tragen. Im Anschluss daran sollte eine Entscheidung stehen, ob und in welchem Ausmaß das Kind in seinem Wohl gefährdet ist.

Eine Risikoeinschätzung bei Kindeswohlgefährdung ist kein linearer Prozess. Je nach der Entwicklung von Dynamiken im Familien- als auch im Helfersystem kann es zu kurzfristigen Veränderungen und neuen Sichtweisen kommen. Diese können sich sprunghaft und überraschend einstellen, was jedoch nicht heißt, dass es deswegen nicht zu einer abschließenden Bewertung kommt, um Interventionen veranlassen zu können. Interventionen müssen dann Kontinuität aufweisen und dürfen nicht kurzfristigen Schwankungen in der Familiendynamik zum Opfer fallen. Die Kinder sind auf Geradlinigkeit, Zuverlässigkeit und Kontinuität gerade in brisanten Situationen angewiesen.

Eine Risikoeinschätzung sollte immer folgende Elemente beinhalten:

1. *Risiko- und Schutzfaktoren* in der Familie mit Benennung der zeitlichen Dimension: kurzzeitig – länger dauernd – andauernd.
2. Ausführliche Beschreibung und Definition der Lebenslage der Familie und ihrer Kinder. Welcher Umstand hat welche Auswirkung auf das Kindeswohl?
3. *Bedürfnisse der Kinder* – welche und wie sind befriedigt in Abhängigkeit vom Lebensalter, welche Wirkungen ergeben sich daraus?
4. Über welche und in welcher Qualität verfügen die Eltern über *Erziehungsfähigkeit*? Wo gibt es Defizite?
5. *Entwicklungsstand der Kinder* vor dem Hintergrund von entwicklungspsychologischen Erkenntnissen. Gibt es Defizite?
6. Über welche *Ressourcen* verfügt die Familie? Welche Ressourcen können genutzt und ausgebaut werden?
7. Inwieweit weisen die Eltern *Kooperationsbereitschaft* und *Paktfähigkeit* auf?
8. Ein *prognostischer Blick* sollte benennen, welche Entwicklungen zu erwarten sind, im Falle, dass keine Hilfe angenommen wird und im Falle, dass adäquate Hilfe angenommen wird. Wie könnte welche Intervention wirken?

Zu einer Risikoeinschätzung gehören auch die Beachtung und Benennung folgender Merkmale:

- Art der Misshandlung, Misshandlungsform,
- Häufigkeit der Misshandlung,
- Dauer der Misshandlung,
- Schweregrad, Ausprägung und Folgen der Misshandlung,
- Alter des Kindes.

3.2 Die sozialpädagogische Diagnose

Bisher gibt es keine einheitliche Meinung zur Frage der Diagnostik in der Sozialen Arbeit. Kritiker der Diagnose in der Sozialen Arbeit befürchten, dass damit Klienten nicht mehr als selbstbestimmt und als partizipierende Partner in Hilfeprozessen anerkannt sein würden. Außerdem würden durch Diagnostik Stigmatisierungsprozesse und Zuschreibungen ausgelöst, welche Veränderung und Entwicklung verhindern können und somit Zustände festschreiben. Auch würde Diagnostik einen ressourcenorientierten Blick verstellen und verhindern, dass Entwicklungspotenziale einer Familie gefördert und geweckt werden können (siehe auch Adler 2004).

Aus meiner Sicht hat die sozialpädagogische Diagnostik gerade in der Kinderschutzarbeit einen hohen Stellenwert. Sozialpädagogisches Handeln, insbesondere wenn es um Eingriffe bei der Abwendung von Kindeswohlgefährdung geht, muss sich positionieren, fachlich nachvollziehbar und begründet sein. Es muss klare, eindeutige Anhaltspunkte und Standards geben, wie es zu Beschreibungen, Feststellungen und Beurteilungen im Rahmen einer sozialpädagogischen Diagnose kommt. Nur dann kann gegenüber dem Familiengericht professionell begründet und argumentiert werden, welche Maßnahmen zum Schutze des Kindes notwendig sind. Die Stellungnahme an das Familiengericht durch das Jugendamt muss nachvollziehbar sein und einer gerichtlichen Überprüfung standhalten können. Normative Anhaltspunkte[7] und Haltungen sind mitunter notwendig, um Abgrenzungen zwischen einer vorliegenden Kindeswohlgefährdung und zwischen einer nicht vorliegenden Gefährdung vornehmen zu können. Dass dies nicht immer eindeutig möglich ist und es in der schlussendlichen Positionierung durch die Fachkräfte immer auch Unsicherheiten geben wird, muss angenommen werden. Dem prognostischen Blick, der immer zu einer Risikoabschätzung gehört als auch zu einer zielführenden Planung mit dem Angebot der geeigneten Jugendhilfemaßnahme, muss eine fundierte sozialpädagogische Diagnose zugrunde liegen.

Gerade im Zusammenhang mit der Kinderschutzarbeit wurden in den letzten Jahren zahlreiche diagnostische Instrumente wie *Kinderschutzbögen* und diagnostische Fragebögen entwickelt. Gesundheitshilfe, vor allem die Kinder- und Jugendpsychiatrie und die Jugendhilfe, arbeiten mit hohem Einsatz an Diagnosestandards, um für die Kinderschutzarbeit praxisrelevante und hilfreiche Instrumente zu entwickeln. Dies beinhaltet einen anspruchsvollen interdisziplinären Entwicklungsprozess, der auch weiterhin im Fluss bleiben muss und laufender Diskussionen, der Praxiserprobung und einer begleitenden Evaluation bedarf.

---

[7] Pointiert: „Wo es um den Schutz von Kindern oder die Durchsetzung von Rechtsansprüchen geht, darf das ‚Reich des Normativen' nicht mit dem ‚Reich des Bösen' gleichgesetzt werden" (Hillmeier, 2004).

Was ist eine sozialpädagogische Diagnose?

Schrapper (2004) weist darauf hin, dass Soziale Arbeit immer sowohl auf die Diagnose als auch den Dialog angewiesen ist und bezeichnet dies als „doppelte Aufgabe". Diagnose verstanden als „unterscheidende Beurteilung und Erkenntnis" (Duden 1989) und Dialog verstanden als „von zwei oder mehreren Personen abwechselnd geführte Rede und Gegenrede" (Duden 1989). Diagnose muss im Dialog mit den Klienten gemeinsam erarbeitet werden. Informationen, die zu Erkenntnissen führen und schließlich eine abwägende Beurteilung zum Beispiel im Bericht an das Familiengericht nach § 1666 BGB erlauben, müssen gemeinsam mit der Familie im Gespräch und Austausch gewonnen werden.

Sozialpädagogische Diagnose muss als laufender Prozess verstanden werden, Familiensysteme haben eine ihr eigene, in Krisensituationen oft hohe Dynamik, was bedeutet, dass diese immer auch eine Wechselwirkung auf den diagnostischen Prozess hat. Somit ist es für die Soziale Arbeit eine immerwährende Schwierigkeit, in der Zusammenarbeit mit Familien zu einer abschließenden Beurteilung und einer Prognose zum weiteren Verlauf zu kommen. Gerade in der Kinderschutzarbeit müssen wir jedoch zu klaren und konsequenten Entscheidungen kommen, wenn es um den Schutz von Kindern geht. Im Schutzauftrag müssen wir uns deutlich und aussagekräftig positionieren.

Sozialpädagogische Diagnose ist bereits Teil der Intervention, es findet ein Gespräch, eine Verständigung über die vorliegende Situation statt. Gemeinsam mit der professionellen Helferin soll herausgefunden werden, worin genau das Problem besteht, welche Wechselwirkungen und welche Folgen sich daraus ergeben. Auch das Wahrnehmen und Benennen von Unterschieden gehört zum diagnostischen Prozess, dies kann Entwicklungsprozesse bei einer Familie auslösen und eine Wirkung auf die Familiendynamik haben.

Sozialpädagogische Diagnose ist immer sehr komplex, es müssen alle Aspekte zur Lebenslage, wie Sozialbeziehungen, Umfeld, materielle Versorgung, Wohnen, Ressourcen etc. mit einbezogen werden. Im Weiteren geht es um das Erkennen und Verstehen von Erziehungshaltungen und -kompetenzen der Eltern, um die Entwicklung der Kinder, um Grenzen und Möglichkeiten innerhalb der Familie und für die Versorgung der Kinder als auch um familiäre Strukturen, Interaktionen und die Wirkung auf die emotionale Befindlichkeit der Systemmitglieder – vor allem der Kinder.

Sozialpädagogische Diagnose ist nicht nur im Dialog mit der Familie zu sehen, sondern immer auch im interaktiven Prozess mit anderen Helfersystemen und weiteren Fachkräften. Das SGB VIII sieht nicht nur die Partizipation der Personensorgeberechtigten, Jugendlichen und Kindern vor, sondern auch die Einbindung von mehreren Fachkräften in Entscheidungs- und Hilfeprozessen. Dies erfordert von den beteiligten Professionen eine laufende Reflexion welche Rolle sie im Klienten- als auch im Helfersystem einnehmen.

Sozialpädagogische Diagnose ist nicht objektiv. Es gibt keine völlig eindeutig definierten Maßstäbe, die uns sichere Messdaten ermöglichen, so wie der Arzt nach einer Laboruntersuchung des Blutes zum Beispiel genau sagen kann wie hoch unser Cholesterinwert ist. Die sozialpädagogische Diagnose unterliegt normativen Haltungen. Unterschiedliche Sichtweisen aller Beteiligten müssen ihren Platz in einer sozialpädagogischen Diagnose bekommen und in ihrer Bedeutung anerkannt werden.

Sozialpädagogische Diagnostik ist ein Instrument von Professionalität, wobei nicht vergessen werden darf, dass sie ein Teil des Machtgefälles zwischen Kunden/Klienten und den professionellen Helfern ist. Im Kinderschutz wird dies besonders deutlich, hinter der Sozialarbeiterin steht eine Institution die über „Mächte" verfügt, die von vielen Menschen als nicht transparent erlebt werden. Ihren offensichtlichen Ausdruck findet dies in der oft spürbaren Angst vor dem Jugendamt. Auch im Wissensvorsprung in den professionellen Kenntnissen und im professionellen Handeln zeigt sich dieses Gefälle, das sich als Spannungsfeld zwischen Macht und Ohnmacht zeigt. Dieses Spannungsfeld muss allen Fachkräften bewusst sein und es muss gegenüber den betroffenen Familien ehrlich und transparent damit umgangen werden (Heiner 2004).

3.3 Risiko- und Schutzfaktoren

Was ist ein Risiko? Risiko ist eine Gefahr, ein Wagnis für das Eintreten eine möglichen Schadens beziehungsweise Verlustes. Im soziologischen Sinne (N. Luhmann) hauptsächlich dann, wenn die eigene Entscheidung eine Ursache des möglichen Eintritts des Schadens ist. Eine Risikoabschätzung ist der Versuch einer kalkulierten Prognose, einer in die Zukunft schauenden (prospektiven) Analyse, mit dem Zweck, eine Wahrscheinlichkeit für das Eintreten des Ereignisses anzugeben (Fuchs-Heinritz Hg. 1998).

Häufig wird die Frage gestellt, ob es zuverlässige Merkmale gibt, die mit Sicherheit auf eine Kindeswohlgefährdung oder eine bedrohliche Lebenslage des Kindes hinweisen. Bisher liegen solche Indikatoren noch nicht in empirisch gesicherter Form vor (Schrapper 2008 in: ISS, S. 61). Wissenschaftlich fundiert können Risiko- und Schutzfaktoren für die gesunde Entwicklung von Kindern beschrieben werden. In verschiedenen Untersuchungen (Deegner/Körner 2008 und Egle/Hardt 2005) werden die entsprechenden – auch langfristigen – Folgen dieser Faktoren bis ins Erwachsenenalter hinein belegt. Die Wechselbeziehungen und Wechselwirkungen von Risiko- und Schutzfaktoren sind hoch komplex und bedürfen der Berücksichtigung verschiedener Dimensionen. Die zeitliche Dimension sagt etwas über die Dauer des Schutz- beziehungsweise Risikofaktors aus, die räumliche Dimension wie zentral oder wie entfernt ein Risiko- beziehungsweise Schutzfaktor gelegen ist. Dazu gibt es kindbezogene wie umgebungsbezogene Faktoren. Daraus können unterschiedliche Kombinationen entstehen, die sich in ihrer Unterschiedlichkeit Risiko mildernd oder Risiko erhöhend auswirken können (Deegner/Körner 2008). Schutzfaktoren können Risikofaktoren abmildern und in ihrer Wirkung deutlich schmälern oder auch aufheben. Je mehr Risikofaktoren für eine gesunde Entwicklung vorliegen, desto mehr Schutzfaktoren müssen vorliegen, um trotzdem eine positive Entwicklung zu ermöglichen. Es muss immer sorgfältig zwischen fördernden und hemmenden Faktoren abgewogen, Risiko- und Schutzfaktoren müssen immer in ein Verhältnis zueinander gebracht werden.

Risiko- und Schutzfaktoren für eine gesunde Entwicklung von Kindern

Zusammengefasste Ergebnisse aus verschiedenen Studien bis 1988 zitiert nach Ulich (1988) in Egle/Ulrich Tiber/Hardt (2005):

- „Hauptrisiken für die kindliche Entwicklung sind chronische Disharmonie in der Familie, niedriger sozioökonomischer Status, große Familien und sehr wenig Wohnraum, Kriminalität eines Elternteils, psychische Störungen der Mutter, Kontakte mit Einrichtungen sozialer Kontrolle."
- „Entscheidend sind Wechselwirkungen und kumulative Wirkung verschiedener Stressoren. Ein Risikofaktor allein erhöht noch nicht die Wahrscheinlichkeit des Auftretens von Entwicklungsstörungen, während bereits zwei Risikofaktoren die Wahrscheinlichkeit um das Vierfache erhöhen."

- „Erfahrungen haben auf alle Altersstufen Auswirkungen und nicht nur in der frühen Kindheit; frühkindliche Belastungen und Störungen können durch spätere positive Erfahrungen ausgeglichen beziehungsweise korrigiert werden."
- „Das Kind beeinflusst aufgrund von bestimmten Eigenschaften und Temperamentsmerkmalen seine Umwelt und die Stressoren. So können zum Beispiel temperamentsmäßig ‚einfache' und sozial responsive Kinder eher Familienstreitigkeiten aus dem Weg gehen und sind robuster; Kinder männlichen Geschlechts sind verwundbarer gegenüber physischen und psychosozialen Belastungen."
- „Eine positive Qualität der Schule als soziale Institution ist ein entwicklungsfördernder Faktor, der zum Beispiel ein ungünstiges Familienklima ausgleichen kann."

Risiko- und Schutzfaktoren bei Kindesmisshandlung

Risikofaktoren

Alle im Folgenden benannten Faktoren können, müssen aber nicht zwangsläufig zu einer Belastung der Eltern und der gesamten Familie, zu einer Überlastung, zu einer Überforderung und schließlich zum Risiko für eine Gefährdung des Kindes werden. Die Gefährdung kann sich in allen Formen der Misshandlung ausdrücken oder ein deutliches Risiko für eine gesunde Entwicklung werden. In der Literatur werden übereinstimmend Risikofaktoren und deren Wechselwirkungen untereinander auf verschiedenen Ebenen beschrieben. Sie können im Mikro- (innerhalb des Kleinkosmos der Familie) und Makrosystem (soziales Umfeld, Gesellschaft) der Familie liegen, ebenso wie auf der Ebene des Individuums und auf der ökonomischen Ebene (Bender/Lösel 2005).

Wir wollen hier folgender Einteilung folgen:

- Ökonomische Situation
- Soziale Situation der Familien
- Familiäre Situation
- Persönliche Faktoren bei den Eltern
- Faktoren beim Kind

1. Ökonomische Situation der Familie
   Armut, Arbeitslosigkeit, Arbeitsunfähigkeit, geringes Einkommen, Verschuldung, Schwierigkeiten im Umgang mit Geld, Obdachlosigkeit;

Folgen: unzureichende Ernährung, mangelhafte Ausstattung der Wohnung, problematisches Wohngebiet, schlechte Wohnqualität, Strom- und Gaslieferung werden eingestellt, Mängel in der Bekleidung, eingeschränkte gesellschaftliche Partizipationsmöglichkeiten, Ausgrenzung, Stigmatisierung, eingeschränkte Bildungschancen, gemindertes Selbstwertgefühl, Resignation, Hoffnungslosigkeit.

2. Soziale Situation der Familie
schwieriges Wohnumfeld, unzureichende Infrastruktur, Randständigkeit, Isolation, wenig Unterstützungsangebote im Umfeld, schlechte oder von Ablehnung geprägte Kooperation mit Kindergarten/Schule, schlechter oder schwieriger Zugang zu helfenden Institutionen;
Folgen: wenig soziale Kontakte, wenig förderliche Begegnungen, soziales Korrektiv fehlt, Einsamkeitsgefühle, geschlossenes Familiensystem, Gefühl Opfer zu sein, Misstrauen in andere Menschen.

3. Familiäre Situation
Trennung und Scheidung der Eltern, Alleinerziehung[8], wenig Ressourcen in Großeltern, Verwandten und Freunden, Beziehungsstörungen, Störungen in der Interaktion zwischen Eltern und Umfeld wie auch zwischen Eltern und Kindern, emotionale Spannungen innerhalb der Familie, häusliche Gewalt, aggressives Klima, soziale Desintegration in der Herkunftsfamilie der Eltern;
Folgen: fehlendes Vorbild für die Kinder, kaum Klima für gedeihliche Entwicklung, emotionale Verunsicherung, fehlende Verlässlichkeit, mangelnde Strukturen in der Familie, emotionale Ambivalenzen, Loyalitätskonflikte, unzureichender Halt und wenig Sicherheit für die Kinder, Ängste.

4. Persönliche Faktoren bei den Eltern
Eigene Deprivationserfahrungen (Mangel/Entbehrung) der Eltern in der Herkunftsfamilie, eigene Gewalterfahrungen,[9] traumatische Erlebnisse (Gewalt, sexuelle Misshandlung, Kriegserlebnisse etc.) in der Vergangenheit, unangemessener/unreflektierter Erziehungsstil, Krankheit/Behinderung, psychische Krankheit, Sucht, sehr junge Eltern,

---

[8] Alleinerziehende Mütter sind vielfachen Belastungen ausgesetzt. Studien belegen ein deutlich höheres Auftreten, im Vergleich zu verheirateten Müttern, von Armut, sozialer Randständigkeit, Rollenbrüchen, beeinträchtigten Bildungs- und Berufschancen (Franz, 2005).

[9] Es gibt einen in mehreren Studien nachgewiesenen signifikanten Zusammenhang zwischen eigener erlebter Gewaltanwendung in der Kindheit von Eltern und in der Misshandlung der Kinder in der eigenen Familie (Franz, 2005).

unerwünschte Schwangerschaft, mangelnde Leistungsfähigkeit, Intelligenzminderung, geringe Belastbarkeit der Eltern;
Folgen: mangelnde emotionale Versorgung der Kinder, fehlende Feinfühligkeit – auch im Sinne der Bindungsforschung (Eltern können die Signale des Säuglings nicht beantworten), Bindungsstörungen bei den Kindern, ablehnende Haltung gegenüber dem Kind, wenig Aufmerksamkeit für das Kind, unklare Tagesstruktur, verzerrte Wahrnehmung vom Verhalten des Kindes, inadäquate Sanktionen, Beziehungsstörungen, mangelnde Förderung der Kinder.

5. Faktoren beim Kind
Frühgeburt, Krankheit, geistige oder körperliche Behinderung, „Schreikind" – (Kinder, die in ihren ersten Lebensmonaten aus häufig unerklärlichen Gründen sehr viel schreien und sich nur schlecht beruhigen lassen), schwieriges Sozialverhalten des Kindes (aufgrund inadäquaten Erziehungsverhaltens der Eltern), Säuglinge, die passiv sind und Signale der Eltern nicht beantworten (Entwicklungsstörung oder Eltern, die nicht feinfühlig mit dem Kind umgehen oder es liegt bei den Eltern eine Bindungsstörung vor).
Verhaltensauffälligkeiten müssen als Folge von unangemessenem Erziehungsverhalten der Eltern gesehen werden und nicht als ursächlich bei den Kindern angesiedelt (Bender/Lösel 2005).
Folgen: Entwicklungsstörungen, Sprachentwicklungsstörung, Bindungsstörungen, problematisches Sozialverhalten, Beziehungsstörungen, resignierendes Kind.

Fallbeispiel
Familie U. hat fünf Kinder im Alter von drei bis 15 Jahren. Die dreijährige Eva besucht den Kindergarten, die anderen Kinder, bis auf den elfjährigen Moritz, der in die Hauptschule geht, besuchen die Förderschule. Nachdem die Familie vor neun Jahren wegen Mietschulden ihre Wohnung verloren hat, leben sie in der Obdachlosenunterkunft, in die sie von der Gemeinde eingewiesen wurde. Frau und Herr U. sind beide nicht berufstätig und beziehen Hilfe zum Lebensunterhalt nach dem SGB II. Beide sind trotz vielfacher Bemühungen der Agentur für Arbeit nicht in den Arbeitsmarkt zu integrieren. Sie lehnen eine Berufstätigkeit ab. Herr U. ist gelernter Elektriker, Frau U. hat die Förderschule besucht und nie eine Ausbildung gemacht. Das erste Kind hat sie im Alter von 17 Jahren be-

kommen. Die Familie lebt isoliert am Rande einer mittelgroßen Stadt, es gibt keine Freunde oder engere Bekanntschaften. Als Herr U. noch in erster Ehe verheiratet war, sorgte Frau U. alleine für ihre damals schon geborenen drei Kinder. Vom Umfeld wird die Familie abgelehnt. Zwei der Kinder, Moritz und die 14-jährige Lili, gehen immer wieder zu einer Nachbarin, von der sie sich mit Essen verwöhnen lassen.

Das Jugendamt wurde vor zehn Jahren auf die Familie durch Hinweise aus der Nachbarschaft und dem Kindergarten aufmerksam. Aufgefallen war, dass die Kinder ungepflegte Kleidung trugen, schmutzig wirkten und häufig unbeaufsichtigt draußen spielten. Damals wurde eine Sozialpädagogische Familienhelferin in der Familie eingesetzt. Nach drei Jahren wurde diese Maßnahme beendet, da sich die Familie stabilisiert hatte und nicht mehr mit dieser Hilfe einverstanden war. Einige Zeit später häuften sich wieder die Hinweise aus dem Umfeld. Die Schule berichtete dem Jugendamt von fehlenden Hausaufgaben, von mangelnder Mitarbeit der Kinder, von fehlender Unterstützung durch die Eltern – auch, dass diese notwendiges Schulmaterial nicht besorgten, von Diebstählen der Kinder und dass sie Schwierigkeiten hätten, Regeln einzuhalten und Grenzen anzuerkennen. Aus der Nachbarschaft kam die Meldung, die Kinder würden sich bis spät in den Abend im Stadtteil herumtreiben. Nach Hausbesuchen der Sozialarbeiterin des Jugendamtes zeigte sich, dass sich in der Wohnung der Familie überall der Müll stapelte, die Möbel in den Kinderzimmern zum großen Teil kaputt waren, und es kaum eine Tagesstruktur in der Familie gab. Die Kinder fielen durch ihre Unruhe und ihre Streitigkeiten während der Hausbesuche auf. Die Sozialarbeiterin stellte eine Vernachlässigung der Kinder fest, die Eltern räumten ein, sie seien mit den Kindern manchmal überfordert. Nachdem wieder eine Sozialpädagogische Familienhelferin eingesetzt wurde, beschrieb diese, dass es vor allem unter den Kindern massive Konflikte, auch aggressiv und tätlich ausgetragene, gebe und in der Familie keine Achtung vor dem Eigentum der anderen Familienmitglieder bestand. Frau U. verfügte über kaum Kenntnisse im Kochen, so dass es nur sehr selten ein warmes Essen gab. Die Kinder hatten jeweils nur ein einziges Paar Schuhe, sobald etwa ein kaputtes Möbelstück ersetzt wurde, war dieses nach nur wenigen Tagen wieder defekt. Die Zusammenarbeit mit den Eltern war schwierig, Herr U. schlief bis in den späten Vormittag, Frau U. zeigte sich häufig resigniert und war nur schwer zu motivieren, an einer Veränderung der chaotischen Familienzustände zu arbeiten.

Schutzfaktoren

Was sind Schutzfaktoren? Was macht Kinder stark? Was macht sie widerstandsfähig?

In den letzten Jahren hat sich die Forschung verstärkt mit Schutzfaktoren für die gesunde Entwicklung von Kindern beschäftigt und damit, was Kinder resilient macht, welche Faktoren für die Ausbildung von Resilienz maßgeblich sind. Kenntnisse darüber sind für eine Risikoabschätzung notwendig, geben jedoch vor allem hilfreiche Hinweise darauf, was im Rahmen der Prävention für eine gesunde Entwicklung von Kindern getan werden könnte und was im Rahmen des Kinderschutzes mit bedacht werden muss.

Schutzfaktoren können

● eine positive Wirkung auf die Entwicklung haben,
● dazu beitragen Risikofaktoren abzumildern oder zu negieren,
● die Resilienz (psychische Widerstandsfähigkeit) stärken,
● Selbstachtung und Selbstzufriedenheit fördern und aufrechterhalten,
● negative Folgereaktionen zum Beispiel bei Misshandlung reduzieren (Egle/Hardt 2005).

Schutzfaktoren des Individuums:

● Sprachliche Kompetenz, gute Ausdrucksfähigkeit, guter Wortschatz,
● motorische Kompetenzen, Beweglichkeit,
● gute Intelligenz,
● Persönlichkeitseigenschaften die positive Reaktionen hervorrufen,
● positive Anmutung, freundlich, fröhlich, kommunikativ, offen,
● Selbstvertrauen, sich der eigenen Fähigkeiten sicher sein, sich etwas zutrauen,
● Selbstwirksamkeitsglaube, „ich kann das", „ich kann etwas bewirken",
● Problembewältigungskompetenzen, eigenes aktives Bemühen, Ideen zur Problemlösung haben,

- Fähigkeit zu planen, Zuversicht haben, voraus schauen können,
- positives Welt- und Menschenbild, „die Welt ist grundsätzlich gut",
- zuversichtlich sein, auch im Schwierigen und Schlechten das Gute sehen.

Schutzfaktoren der Familie und des Umfeldes:

- dauerhafte enge Bindung zu mindestens einer primären Bezugsperson, die sensibel auf die Bedürfnisse des Kindes eingeht,
- gleichgeschlechtliches Vorbild, Möglichkeit zur geschlechtlichen Identifikation, soziale Modelle, außerfamiliäre Vorbilder,
- emotional warmes und wertschätzendes Erziehungsverhalten, Offenheit für die Bedürfnisse und Gefühle des Kindes,
- soziale und emotionale Unterstützung außerhalb des Elternhauses,
- seelisch gesunde Eltern,
- wenig konflikthaftes, auf Selbstständigkeit orientiertes Erziehungsverhalten,
- familiärer Zusammenhalt, wenig Missstimmung innerhalb der Familie

(Deegener/Körner 2008, S. 31; Egle/Hardt 2005, S. 30f).[10]

Im Zusammenhang mit dem Kinderschutz wurde in letzter Zeit verstärkt der Fokus auch auf Erkenntnisse aus der Bindungstheorie gerichtet, vor allem, wenn es um präventive Angebote und um Hilfen im frühkindlichen Alter geht. Eine gute sichere Bindung an die Mutter, den Vater oder eine primäre Bezugsperson ist ein erheblicher Schutzfaktor, der bereits im frühesten Säuglingsalter beginnt sich auszubilden. Ein gut gelungener Bindungsprozess ist von maßgeblicher Bedeutung für die elterliche Beziehungs- und Erziehungskompetenz. Diese wiederum kann ein Schutzfaktor aber auch, bei wenig oder kaum vorhandener Beziehungs- und Erziehungskompetenz, ein hoher Risikofaktor sein (Ausführlich zu Bindung und zu Resilienz und die Bedeutung für den Kinderschutz siehe Kap. 6).

---

[10] Wagenblass, Sabine (2008), Fortbildung: Schutz und Hilfen für Kinder psychisch kranker Eltern, Flehingen

3.4 Elemente der Risikoeinschätzung

Voraussetzung für eine Einschätzung und einer sich darauf stützenden Bewertung ist immer zunächst das Beobachten, das Erfassen und schließlich das Verstehen. Im Falle des Verdachtes oder einer vorliegenden Kindeswohlgefährdung müssen wir zu einer abschließenden Bewertung kommen, um adäquat intervenieren zu können und um – dies gilt für das Jugendamt – eventuell auch fundiert dem Familiengericht berichten zu können. Es gilt möglichst gründlich alle Elemente der Risikoeinschätzung zu berücksichtigen, deren Wechselbeziehungen, ihre Wechselwirkungen als auch ihre Folgen einschätzen und verstehen zu können.

3.5 Lebenslagenkonzept

Das Lebenslagenkonzept beschreibt den Raum, in dem sich eine Familie bewegt. Je nachdem wie sich dieser Spielraum gestaltet, wie eng oder wie weit er ist, hat die Familie Möglichkeiten der Entwicklung, des Handelns und der Gestaltung. Je enger dieser Spielraum ist, desto weniger Möglichkeiten stehen zur Verfügung. Aus diesen eingeschränkten Optionen zur Lebensgestaltung ergeben sich oft auch schwerwiegende Belastungen und Stressoren. Je weiter sich dieser Spielraum darstellt, desto größer die Wahlmöglichkeiten, desto größer die individuell erlebte Freiheit. Die verschiedenen Parameter der Lebenslage stehen in Wechselwirkung zueinander. Sie wirken sich auf das alltägliche Leben der Familie aus, bestimmen den Grad der Selbstbestimmung und können sich darauf auswirken, wie sich die Familie definiert und identifiziert; zum Beispiel „wir sind eine arme Familie", „alle haben etwas gegen uns", „es geht uns gut, wir haben viele Freiheiten".

Zugleich hat die Lebenslage einen bedeutenden Einfluss auf die Erziehungs- und Entwicklungsbedingungen einer Familie.

Parameter der Lebenslage

- *Materiell-finanzielle Situation, Lohnarbeit und soziale Sicherung*
  Reicht das Einkommen aus, wird Hilfe zum Lebensunterhalt nach SGB II bezogen, gibt es Schulden, welchen Spielraum ermöglicht das Einkommen, sind die Eltern berufstätig oder arbeitslos?

- *Wohnen und Wohnumfeld*
  Ist die Wohnung von der Größe der Familie angemessen, wie ist die Infrastruktur im Wohnumfeld, gibt es im Umfeld Angebote für Kinder, können die Kinder draußen spielen, gibt es in der Nähe Einkaufsmöglichkeiten, welchen Ruf hat das Wohngebiet, ist die Wohnung gemietet oder Eigentum?

- *Sozialbeziehungen*
  Haben Kinder und Eltern Freunde, wie sind die Beziehungen zu den Nachbarn, ist die Familie im Umfeld sozial anerkannt, lebt die Familie isoliert, wie sind die Beziehungen innerhalb der Familie, sind die Beziehungen belastet oder frei von Belastung?

- *Randständigkeit, Ausgliederung*
  Wie integriert ist die Familie, ist das Wohnumfeld stigmatisiert, gehen die Kinder in eine Förderschule, sind Eltern psychiatrisch auffällig, ist ein Familienmitglied straffällig/in Haft?

Im Erstkontakt mit der Familie ist es notwendig, sie mitsamt der Lebenslage, in der sie sich befinden, kennen zu lernen und zu verstehen. Wir sollten danach einschätzen können, welchen Einfluss die Lebenslage auf die Familie und ihre Kinder hat und welche Stressoren die Familie in diesem Zusammenhang besonders belasten und woraus sich Gefährdungen für das Kindeswohl ergeben beziehungsweise ergeben können. Belastungsfaktoren geben Hinweise auf einen eventuellen Hilfebedarf und können erste Interventionen auslösen. Sollte eine Familie durch Kündigung vom Verlust der Wohnung bedroht sein, fehlt akut Geld für den Einkauf von Lebensmitteln, ist Strom, Gas oder Wasser abgestellt, weil die Rechnungen nicht bezahlt wurden, muss umgehend gehandelt werden und der Familie entsprechend geholfen werden.

Fragen zur Lebenslage der Familie

- Wie zufrieden sind Sie mit Ihrer materiellen Situation? Inwiefern haben Sie finanzielle Belastungen? Haben Sie Schulden? Wie kommen Sie damit klar? Haben Sie alle notwendigen Anträge für Hilfe zum Lebensunterhalt gestellt? Wie sind die Kinder während Ihrer Berufstätigkeit versorgt? Wie zufrieden sind Sie und die Kinder mit diesen Lösungen?

- Wo können sich Ihre Kinder draußen mit anderen Kindern beschäftigen und spielen? Welche Möglichkeiten gibt es in Ihrem Wohnumfeld, dass sich Ihre Kinder einer Gruppe, einem Verein anschließen? Gibt es aus Ihrer Sicht genug Freiraum für Ihre Kinder sich in Ihrer Wohnung zu beschäftigen und Besuch mitzubringen? Inwieweit können Sie Ihren Kindern Platz für eine eigene Ecke, eine Möglichkeit, persönliche Dinge sicher aufzubewahren, bieten? Welche Vorteile/Nachteile sehen Sie in Ihrer Wohnsituation?

- Welche Kontakte haben Sie in Ihrem Umfeld? Konnten Sie Bekanntschaften/Freundschaften schließen? Wer aus Ihrem Umfeld kann Ihnen auch mal unter die Arme greifen/Ihnen helfen? Wie halten Sie es mit Freundschaften? Gibt es Kontakte zu anderen Eltern? Haben Sie Gelegenheit andere Leute kennen zu lernen? Leben in Ihrer Nähe Verwandte? Welche Kontakte haben Ihre Kinder zu anderen Kindern? Wie gestalten Ihre Kinder ihre Freundschaften? Fühlen sie sich von Kameraden, auch denen in der Schule, angenommen?

- Welche Umstände in Ihrem Leben und dem Ihrer Kinder machen es Ihnen leicht, sich hier wohl zu fühlen? Was für Auswirkungen hat es auf Ihr Kind, dass es die Förderschule besucht? Wie reagieren Ihre Nachbarn auf Ihre Familie? Wie kommen Sie damit zurecht, dass Ihr Partner/Ihre Partner im Umfeld aufgrund seiner/ihrer Erkrankung auffällt? Wie haben Nachbarn, Bekannte, Freunde auf Ihre Arbeitslosigkeit reagiert? Gibt es Entlastungen/Belastungen, die sich aus dem Zusammenleben mit den Nachbarn ergeben?

Diese Fragestellungen sind Anregungen, um mit den Eltern über die Lebenslage ins Gespräch zu kommen und mit ihnen gemeinsam zu erkunden, wo es Ressourcen und wo es Belastungen gibt. Sinnvoll ist dabei immer ein Hausbesuch, da dann vieles davon auch beobachtet und so zwangloser angesprochen werden kann. Die Familie sollte wissen, dass die „Erkundung" der Lebenslage dem besseren Kennen lernen und Verständnis dient. Ebenso sollte der Familie gesagt werden, dass es immer auch darum geht, schwierige Lebensumstände zu erkennen, um dann entsprechende Lösungen zu suchen oder Hilfen anbieten zu können.

Armut, fehlende materielle Versorgung oder auch Schwierigkeiten im Umgang mit dem zur Verfügung stehenden Einkommen kommen häufig vor und können zu einer Gefährdung der Kinder führen oder beitragen. Denken wir an eine Familie mit einem Neugeborenen, bei der im Winter die Heizung abgestellt wurde; oder an eine allein erziehende Mutter, die ab Mitte des Monats fast kein Geld mehr hat und dann selbst nichts mehr isst, um ihrem Kind noch notdürftig etwas zum Essen kaufen zu können; oder an die Familie, deren Kinder im Kindergarten auffallen, da sie immer Hunger haben; oder an die Kinder, die in der Schule sagen, die Mama habe kein Geld für die Schulsachen, für den Ausflug und die wegen ihrer unangemessenen Kleidung immer auffallen und gehänselt werden. Verschiedene Studien konnten zeigen, dass Armut ein erhebliches Risiko für eine gesunde Entwicklung ist und zu gravierenden Defiziten führen kann. Ebenso konnte nachgewiesen werden, dass Armut einen signifikanten Einfluss auf die gesundheitliche Versorgung von Kindern hat und auch ein Risiko für die Gesundheit überhaupt ist (Seus-Seberich 2006). Kaum ist jedoch der Faktor der Armut der einzige Faktor für eine Gefährdung der Kinder, sondern in der Regel die Wechselwirkung mit anderen gefährdenden Faktoren. Offensichtliche Wechselwirkungen gibt es auch zwischen Armut, Bildung, sozialer Ausgrenzung und unzureichenden Partizipationsmöglichkeiten, Unterversorgung und Vernachlässigung von Kindern.

3.6 Bedürfnisse von Kindern

Um erkennen und verstehen zu können, wie es einem Kind geht, ob sein Wohl ausreichend gewährleistet ist, gehört immer auch die Einschätzung, ob seine Basisbedürfnisse ausreichend befriedigt sind. Doch welche Bedürfnisse sind nun grundlegend für das Leben eines Kindes?

Halten wir kurz inne im Lesen und gehen in uns. Stellen wir uns vor: Was braucht das Kind, um überhaupt leben zu können? Was braucht es, um eine gesunde körperliche, geistige und seelische Entwicklung nehmen zu können? Was ist notwendig, um eigenständig und selbstständig zu werden? Was muss es haben, damit es sich als wertvoll, als selbstbewusst erlebt? Was muss befriedigt sein, dass sich das Kind zu einem selbstbestimmten, verantwortungsbewussten Erwachsenen entwickeln kann, der sich zwischen Lust und Last des Lebens zurecht findet?

Maslow hat die Bedürfnisse, die für die gute Entwicklung eines Kindes befriedigt sein müssen, im Rahmen einer Hierarchie in Form einer Pyramide angeordnet (Maslow 1978). Der Kinderpsychotherapeut Schmidtchen veranschaulichte die von Maslow benannten Basisbedürfnisse anhand von Beispielen (Schmidtchen 1989). Die einzelnen Stufen der Bedürfnispyramide sind auf einander aufbauend zu sehen, so dass es prinzipiell erforderlich ist, dass das untere Bedürfnis befriedigt sein muss, um dann die oben stehenden zu befriedigen zu können. Allerdings sind die Übergänge fließend, stehen miteinander in Wechselwirkung und Wechselbeziehung. Je älter das Kind ist, desto mehr Gewicht bekommen die auf den oberen Ebenen benannten Bedürfnisse. Abhängig sind die Bedürfnisse auch vom Entwicklungsstand des Kindes und von seiner Gesamtkonstitution. Ein Kind mit einer geistigen Behinderung hat beispielsweise anders gelagerte Bedürfnisse als ein gleichaltriges Kind ohne Behinderung.

1. *Körperliche Bedürfnisse*
   Essen, Trinken, Schlaf, Wachen – Ruhe, Körperkontakt, Zuwendung, etc.

2. *Schutzbedürfnisse*
   Schutz vor Gefahren, vor Krankheiten vor ungünstigen Wettereinflüssen, Dach über dem Kopf, schützende Kleidung, etc.

3. *Bedürfnisse nach Verständnis*
   Dialog und Verständigung, Zugehörigkeit zu Familie, Gemeinschaft, Angenommen sein, etc.

4. *Bedürfnisse nach Wertschätzung*
   Seelische und körperliche Zuwendung, „ich nehme dich an, so wie du bist", Unterstützung, Anerkennung als wertvoller Mensch, etc.

5. *Bedürfnisse nach Anregung, Spiel und Leistung*
   Förderung der kindlichen Neugierde, dem Wissensdurst, Anregungen, Unterstützung von Exploration, etc.

6. *Bedürfnis nach Selbstverwirklichung*
   Unterstützung eigener Lebensziele und Interessen, Unterstützung im Selbstfindungsprozess und bei der Erprobung von eigenen Vorstellungen und Ideen, etc.

Fragen zu den Primärbedürfnissen

- *Körperliche und seelische Unversehrtheit*
  Gibt es Anzeichen körperlicher oder seelischer Misshandlung? Wenn ja, welche und wo genau? In diesem Fall von einem Kinderarzt oder der Kinderklinik untersuchen lassen. Diagnosen dazu können nur Mediziner erstellen!

- *Körperpflege*
  Wie gepflegt erscheint das Kind? Gibt es Entzündungen/Ekzeme der Haut? Wie sieht der Windelbereich aus? Wie oft wird die Windel gewechselt?

- *Ernährung*
  Ist die Ernährung altersgemäß, regelmäßig und angemessen? Ist das Gewicht des Kindes im Normalbereich? Gibt es warme Mahlzeiten?

- *Schlafplatz*
  Hat das Kind einen geeigneten Schlafplatz? Kann für Ruhe gesorgt werden? Sind Matratze und Zudecke vorhanden? Ist das Bett sauber?

- *Versorgung bei Krankheit und Vorsorge*
  Wird das Kind regelmäßig zu den Vorsorgeuntersuchungen gebracht? Liegt das gelbe Untersuchungsheft vor? Sind die Kinder krankenversichert? Hat die Familie einen konstanten Kinderarzt? Erkennen die Eltern Krankheiten rechtzeitig und behandeln diese angemessen? Wissen die Eltern über den Entwicklungsstand ihres Kindes und eventuelle Rückstände Bescheid? In welchem Zustand sind die Zähne des Kindes?

- *Schutz vor Gefahren*
  Ist das Kind vor potenziellen Gefahren im Haushalt geschützt? Erkennen die Eltern Gefahren für das Kind drinnen und draußen? – Können sie es davor schützen? Sind Zigaretten, Aschenbecher, Putzmittel, Medikamente, Kabel, Messer etc. unerreichbar für das Kind? Ist der Wickeltisch sicher? Sind die Steckdosen geschützt?

- *Kleidung*
  Ist ausreichend Kleidung vorhanden? Ist die Kleidung der Witterung angemessen und passt sie dem Kind? Ist das Kind altersentsprechend angezogen? Zum Beispiel bei Mädchen nicht kürzester Minirock und tiefer Ausschnitt. Ist das Kind praktisch angezogen? Darf die Kleidung auch mal schmutzig werden?

- *Spielmöglichkeiten*
  Ist die Wohnung kindgerecht eingerichtet? Hat das Kind angemessenes Spielzeug? Hat es Platz zum Spielen? Geben die Eltern dem Kind Freiraum zum Spielen? Wird das Fernsehen angemessen zugelassen? Welche Computerspiele darf das Kind spielen? Gibt es dabei Reglementierungen der Eltern, auch bezüglich der Spieldauer?

Fragen zu den emotionalen Bedürfnissen

- *Eltern-Kind-Beziehung*
  Welche Anzeichen gibt es für eine positive Beziehung? Ist Fürsorglichkeit, Feinfühligkeit, Anerkennung im Verhalten der Eltern erkennbar? Wobei genau? Zeigen die Eltern Mitgefühl und Interesse für das Kind? Kann das Kind Geborgenheit erleben? Worin zeigt sich dies? Ist zwischen Eltern und den Kindern Korrespondenz zu beobachten? Erwidern die Eltern Signale des Kindes? Suchen die Kinder Körperkontakt bei den Eltern? Erwidern die Eltern diesen? Wie wird das Kind getröstet? Welche Form von Kontakt gibt es zwischen Eltern und Kind? Blickkontakt? Verbal? Sind Eltern und Kinder auf einander bezogen? Ist das elterliche Verhalten für die Kinder berechen- und nachvollziehbar?

- *Grenzen und Regeln*
  Gibt es angemessene Regeln in der Familie? Sind Grenzen deutlich und werden diese eingehalten? Zeigen die Kinder ein angemessenes Nähe-Distanz Verhalten? Wie verhalten sie sich Fremden gegenüber? Gibt es auf unerwünschtes Verhalten des Kindes angemessene Konsequenzen der Eltern? Wie ist das Disziplinierungsverhalten der Eltern? Über welche Möglichkeiten verfügen sie? Gibt es Rituale in der Familie? Welche Wertmaßstäbe gelten in der Familie? Werden gesellschaftliche Normen und Werte anerkannt und vermittelt? Ist bei den Eltern Verlässlichkeit und Kontinuität vorhanden?

- *Alltagsstruktur*
  Welche Strukturen gibt es in der Familie? Welche Regelmäßigkeiten gibt es? Wann stehen die Kinder auf, wann gehen sie ins Bett? Wann und wie oft gibt es Essen? Gehen die Kinder regelmäßig in Kindergarten und Schule? Sind die Kinder durchgängig und durch geeignete Personen betreut? Besteht eine Konstanz in der Betreuung? Sind die Kinder dort wirklich gut aufgehoben? Ist der Haushalt in Ordnung und angemessen sauber? Sind die Strukturen in der Familie dem Alter der Kinder angepasst? Können sich die Kinder auf Regelmäßigkeiten im Familienleben verlassen?

3.7 Erziehungsfähigkeit der Eltern

Sobald es um die Frage geht, ob das Wohl des Kindes gefährdet ist, müssen wir auch die Frage nach den Erziehungskompetenzen der Eltern stellen. Die Einschätzung der Erziehungsfähigkeit stellt uns vor Schwierigkeiten. In der Fachliteratur finden sich zwar an verschiedenen Stellen Hinweise darauf, jedoch finden sich jedoch keine fundierten Definitionen zum Begriff an sich und zu den beinhaltenden relevanten Parametern. Zudem stellt sich die Frage, wie wir zu einer weitgehend zuverlässigen Einschätzung kommen können. Dazu sind aus meiner Sicht mehrere Kontakte mit den Eltern und den Kindern notwendig, obwohl auch dann die Gefahr bleibt, dass es sich um Momentaufnahmen handelt. Diese müssen über die Anzahl der Kontakte und die Beobachtungen anderer beteiligter Fachleute in einen Zusammenhang gestellt werden, um dann zu einer fundierten Einschätzung kommen zu können.

Was ist Erziehungsfähigkeit?

Die Befähigung Kinder zu erziehen – doch was heißt erziehen?

Erziehung ist ein Prozess im Zusammenleben mit Kindern, der zum Ziel hat, Kinder so zu unterstützen, zu fördern und zu fordern, dass sie zu selbstständigen und gesellschaftlich integrierten Erwachsenen werden: den Rahmen der Erziehung geben, Regeln, Grenzen, Liebe, Wärme, Zuverlässigkeit, Konstanz, Zugehörigkeit und Achtung. Innerhalb dieses Rahmens müssen die Bedürfnisse des Kindes erkannt und befriedigt werden. Diese Gesichtspunkte sind jedoch abhängig vom zeitgeschichtlichen Hintergrund und von den kulturellen Bedingungen, in denen die Erziehung stattfindet. Dies gilt es immer mit in unser sozialpädagogisches Verstehen einzubeziehen, wenn wir mit Familien mit Migrationshintergrund zu tun haben.

Erziehungsunfähigkeit kann unterschiedliche Gründe haben. Es kann ein Wissens- oder Erfahrungsdefizit vorliegen oder die Betreffenden sind aufgrund bestimmter Gegebenheiten dauerhaft nicht erziehungsfähig. Beispiele dazu sind die erhebliche psychische Krankheit, Suchterkrankungen oder deutliche Intelligenzminderung eines Elternteils. Auch die Sozialisation und Erfahrungen in der eigenen Lebensgeschichte von Eltern haben einen Einfluss auf die Erziehungsfähigkeit und manifestieren darin Grenzen. In besonderen Belastungssituationen, Zeiten von

Übergängen, zum Beispiel bei Trennung und Scheidung, Eintritt von Arbeitslosigkeit, Verlust eines Angehörigen kann es zu einer vorübergehenden Einschränkung der Erziehungsfähigkeit kommen.

Bei der Einschätzung von Erziehungsfähigkeit geht es immer um einen Prozess des Abwägens, da es Anteile geben wird, die durchaus auf bestimmte Kompetenzen in der Erziehungsarbeit hinweisen und andere Anteile, die defizitär sind. Hier gilt es abzuwägen, welche Bedeutung die jeweiligen Aspekte für die gegenwärtige Situation als auch für die Zukunft haben; ebenso, ob ein Anteil gegen einen anderen aufgewogen werden kann.

An dieser Stelle ist es mir ein Anliegen zu betonen, dass alle Eltern gute Eltern sein wollen. Eltern können in aller Regel sehr genau die Bedürfnisse ihrer Kinder benennen, was gut für sie ist. Darin gibt es eher weniger Differenzen mit den sozialpädagogischen Fachkräften. Unterschiedliche Sichtweisen zeigen sich meist erst in der Wahrnehmung und Art der Befriedigung dieser Bedürfnisse. Auch über das Erkennen und Anerkennen von gesellschaftlich geltenden und relevanten Regeln und Normen sowie über die Notwendigkeit diese einzuhalten, gibt es immer wieder differierende Positionen.

Wege zu Kenntnissen über die Erziehungsfähigkeit von Eltern

- Gespräche mit den Eltern und den Kindern,
- Beobachtungen beim Hausbesuch,
- Beobachtung der Eltern-Kind-Interaktion,
- Hinweise, die sich aus dem Pflegezustand und Verhalten des Kindes ergeben,
- Einbeziehung (in Absprache mit den Eltern) von Kindergarten, Schule, Sozialpädagogischer Familienhilfe, Arzt/Kinderarzt, Frühförderstelle, Psychologische Beratungsstelle,
- Gutachten oder Helferrunde der Kinder- und Jugendpsychiatrie, Gutachten wird bei Bedarf vom Familiengericht angeordnet.

Fünf Säulen von entwicklungsfördernder und entwicklungshemmender Erziehungsarbeit von Tschöpe-Scheffler (2003, S. 41f):

Im Rahmen eines Forschungsprojektes an der Fachhochschule Köln hat Tschöpe-Scheffler unter anderem Kriterien für Entwicklung förderndes und Entwicklung hemmendes Erziehungsverhalten entwickelt. Die fünf

Säulen einer Entwicklung fördernden Erziehung stellen ein idealtypisches Bild dar, welches der Orientierung dienen soll. Gehen wir davon aus, dass dieses Bild nie gänzlich erfüllt sein kann; dies gilt annähernd auch für die entwicklungshemmenden Aspekte. Die Kriterien von Tschöpe-Scheffler geben Hinweise, wie wir das Erziehungsverhalten von Eltern einordnen können und was förderlich und was hemmend auf eine gute Entwicklung wirkt.

Entwicklungsfördernd wirken

1. Emotionale Wärme
   Anteilnahme, Trost, Zuwendung, Liebe, Körperkontakt, Zuwendung, Fürsorglichkeit, Schutz, Wohlwollen, Lächeln, etc.
2. Achtung und Respekt
   Anerkennung, Wertschätzung, Lob, Selbstbestimmung, Respekt, Bedürfnisse wahrnehmen, positive Rückmeldung, Zugewandtheit, Zeit mit dem Kind, etc.
3. Kooperatives Verhalten
   minimale Lenkung, loslassendes Begleiten, Selbst- und Mitbestimmung, Teilhabe, Förderung der Selbstständigkeit, Akzeptanz von Fehlern, Unterstützung, Förderung der Autonomie, etc.
4. Struktur und Verbindlichkeit
   Konsequenz, Struktur, Grenzen, Rituale, Regeln, Klarheit, Verlässlichkeit, Kontinuität, etc.
5. Allseitige Förderung
   anregungsreiches Umfeld, Unterstützung der Neugier, ernst nehmen von Fragen, Bereitstellung von Wissen, etc.

Entwicklungshemmend wirken

1. Emotionale Kälte
   Ablehnung, Desinteresse, Distanz, Zurückweisung, Vermeidung von Körperkontakt, Unfreundlichkeit, Ignoranz, Besitz ergreifende Liebe, Überbehütung, etc.
2. Missachtung
   Feindseligkeit, Abwehr, Desinteresse, Demütigung, Abwendung, Abwertung, Ablehnung, Geringschätzung, Beschimpfung, etc.

3. Dirigistisches Verhalten
   Maximale Lenkung, Einschränkung der Verantwortung und des Freiraums, Fremdbestimmung, Forderungen, Drohung, Verbote, Befehl, Vorgabe, Anordnung, etc.
4. Chaos/Beliebigkeit
   Inkonsequenz, Chaos, Grenzenlosigkeit, Unberechenbarkeit, Diskontinuität, überforderndes Nichtstun, etc.
5. Zu wenig, zu viel oder zu einseitige Förderung
   anregungsarmes Umfeld, Reduktion der Welt, Lernen und Erfahrung verhindernd, Neugierverhalten dämpfend, ehrgeiziger Drill, übermäßiges Leistungsstreben, etc.[11]

Kriterien zur Einschätzung von Erziehungsfähigkeit

Die Aspekte zur Einschätzung von Erziehungsfähigkeit zeichnen sich auf verschiedenen Ebenen ab und stehen miteinander in Beziehung und sind jeweils in ihrer unterschiedlichen Ausprägung bei den jeweiligen Eltern zu berücksichtigen. Ebenso notwendig ist, eine Einschätzung für jeden Elternteil getrennt vorzunehmen, da sich durchaus Unterschiede und unterschiedliche Gewichtungen ergeben. In der Einschätzung muss auch deutlich werden, inwieweit sich Eltern in ihrer Fähigkeit zu erziehen ergänzen oder Defizite des einen durch den Partner, durch die Partnerin kompensiert werden können.

Zur praktischen Anwendung schlage ich sechs Kriterien der Erziehungsfähigkeit vor:

1. Emotionale Wärme und Empathie
2. Sicherheit und Schutz
3. Kontinuität und Verlässlichkeit
4. Förderung und Reflexion
5. Sozialisation und Werte
6. Soziale Kontakte und Kooperation

---

[11] Tschöpe-Scheffler, Sigrid:http://www./w/.org/ija-download/pdf/kuschenstattkuscheln

Fragenkatalog zu den sechs Kriterien

Kriterium	Fragen
1. Emotionale Wärme und Empathie	• Zeigen sich die Eltern feinfühlig? • Reagieren sie zeitlich angemessen und adäquat auf die Signale des Kindes? • Erkennen sie Bedürfnisse und befriedigen sie? • Wie ist das Bindungsverhalten der Eltern? Wie stellen sie Bindung her? • Wie beruhigen und trösten sie ihr Kind? • Nehmen sie zum Kind Körperkontakt auf? Erwidern sie diesen? • Sind Eltern und Kind aufeinander bezogen? Gibt es Korrespondenz? • Loben sie? Zeigen sie Anerkennung? • Gestalten sie das Zuhause kindgerecht? • Stellen die Eltern Vertraulichkeit zum Kind her? Wie? • Können sie sich in die Perspektive des Kindes versetzen? • Können sie das Kind annehmen wie es ist und ihm das auch vermitteln? • Trauen die Eltern dem Kind etwas zu? • Stärken sie das Selbstbewusstsein? • Gibt es gemeinsame Unternehmungen? Haben die Eltern Zeit für das Kind?

2. Sicherheit und Schutz	• Erkennen die Eltern Gefahren im Haus und außerhalb? Schützen sie das Kind? • Vermitteln sie dem Kind Gefahrenbewusstsein? • Setzen sie Regeln und Grenzen? Sind sie dabei konsequent? • Gibt es schwere Konflikte und Belastungen zwischen den Eltern? • Wissen die Eltern immer, wo sich ihr Kind aufhält? Kennen sie die Freunde? • Gibt es regelmäßig angemessene Mahlzeiten? • Wird der Fernseh- und Computerkonsum reglementiert? • Körperpflege? Vorsorgeuntersuchungen? • Behandeln die Eltern Krankheiten? Wird bei Bedarf der Arzt aufgesucht? • Ist der Haushalt angemessen sauber? • Beaufsichtigen sie ihr Kind angemessen?
3. Kontinuität und Verlässlichkeit	• Ist das Verhalten der Eltern berechenbar, nachvollziehbar für das Kind? • Vermitteln die Eltern emotionale Ambivalenzen? Double-Bind-Beziehung? • Gibt es eine ausreichende Tagesstruktur? Rituale? • Sind die Eltern zuverlässig anwesend, erreichbar? • Gibt es häufige Wohnungswechsel?

	• Sind die Eltern dem Kind gegenüber offen und ehrlich? • Ist die Betreuung sichergestellt?
4. Förderung und Reflexion	• Altersgemäße Förderung? Spiel? • Sprechen die Eltern mit dem Kind? Erklären sie Dinge? Geben sie Anreize? • Unterstützen sie Neugierverhalten? • Werden die Kinder überfordert? • Wissen die Eltern über die Entwicklung ihres Kindes Bescheid? • Können sie ihr Erziehungs-verhalten reflektieren? Erkennen sie ungünstiges Erziehungs-verhalten? • Können sie sich auf Entwicklungs-phasen angemessen einstellen und reagieren? • Kennen sie die Bedürfnisse des Kindes? • Identifizieren sie sich mit ihrer Elternrolle? Eltern- und Kindebene? • Sind Eltern kooperativ? Paktfähig?
5. Sozialisation und Werte	• Wie sind die Eltern sozialisiert? • Haben die Eltern selbst Gewalt-erfahrungen? • Haben sie dies therapeutisch verarbeitet?[12]

---

[12] Wenn Eltern, die in ihrer Kindheit selbst Misshandlung erlebt haben, diese therapeutisch aufgearbeitet und sich davon emotional deutlich distanzieren können, ist dies ein Schutz für die Kinder und kann verhindern, dass es zu Wiederholung von Gewalt in dieser Generation kommt (Bender/Lösel, 2005).

	• Welchen Erziehungsstil befürworten sie? • Wie sanktionieren die Eltern? • Durch welche Werte und Normen sind sie geprägt? • Vermitteln sie gesellschaftlich anerkannte Regeln, Werte und Normen? • Übernehmen die Eltern Verantwortung für ihr Leben und das der Kinder? Fühlen sie sich als Opfer? • Haben die Eltern ihr Leben im Griff? Können sie für sich und andere sorgen?
6. Soziale Kontakte und Kooperation	• Pflegen die Eltern Kontakte zu anderen Menschen? Wie? Welche? • Verfügen die Eltern über ein soziales Netzwerk? • Ist das Familiensystem durchlässig? • Wie gehen sie mit Konflikten um? • Lassen die Eltern Kontakte der Kinder zu Freunden zu? Ermöglichen und fördern sie diese? • Sind die Eltern Vorbild für Beziehungsgestaltung? • Kooperieren die Eltern mit Schule, Kindergarten, Helferinstitutionen? • Wie gehen die Eltern mit Kritik um?

Suchterkrankungen, Einschränkungen in der intellektuellen Leistungsfähigkeit oder auch psychische Erkrankung können ein erheblicher Faktor für eine eingeschränkte Erziehungsfähigkeit sein. Bei der Einschätzung muss genau erfasst werden, wie ausgeprägt die Einschränkung ist, welche Folgen sie für das Kind hat und inwieweit Unterstützung der Eltern, zum Beispiel Therapie, Begleitung durch Sozialpädagogische Familienhilfe, Medikamente etc. wirkt. Ebenso muss bedacht werden, ob die Einschränkung dauerhaft ist oder nur kurzzeitigen Charakter hat. In diesen Fällen ist es notwendig, eine ärztliche Einschätzung über die verfügbaren Fähigkeiten und Möglichkeiten der Eltern hinzuziehen. Bei Sucht ist die Zusammenarbeit mit einer Drogenberatungsstelle und bei psychischer Erkrankung mit dem Sozialpsychiatrischen Dienst und dem Psychiater notwendig.

Fallbeispiel

Frau O., 22 Jahre und Herr O., 24 Jahre, haben gemeinsam die Töchter Alina, drei Jahre und Nicole, ein Jahr. Herr O. hat in einer Jugendhilfeeinrichtung eine Ausbildung zum Maler gemacht und arbeitet nun in diesem Beruf. Im Alter von elf Jahren kam Frau O. in ein Kinderheim, nachdem deutlich geworden war, dass sie von ihrer Mutter vernachlässigt wurde, da diese nicht in der Lage war, angemessen für ihre Tochter zu sorgen. Bis heute hat Frau O. eine äußerst ambivalente Beziehung, zwischen enger Anbindung und ausgeprägter Ablehnung zu ihrer Mutter. Nachdem Frau O. ein Jahr von einer Sozialpädagogischen Familienhelferin begleitet wurde, verstirbt plötzlich Herr O. Auch bisher konnte Frau O. nur mit Hilfe ihres Mannes und intensiver Unterstützung durch die Familienhelferin einigermaßen für den Haushalt, die Versorgung und Erziehung ihrer Kinder sorgen. Nach seinem Tod gerät alles völlig aus den Fugen. Sie ist den Kindern gegenüber ungehaltener denn je, schreit sie an, reagiert harsch. Essen kommt nur unregelmäßig auf den Tisch. Zur Beaufsichtigung der Kinder holt sich Frau O. ein 13-jähriges Mädchen über viele Stunden hinweg aus der Nachbarschaft. Bald entwickelt sich die Wohnung von Frau O. zu einem beliebten Treffpunkt für Schulschwänzer, Streuner und andere Jugendliche. Frau O. lässt die Kinder in der Obhut dieser jungen Leute und verschwindet unauffindbar, zum Teil auch über Nacht. Die Familienhelferin sieht ihre Möglichkeiten der Begleitung und Stabilisierung erschöpft.

Im Gespräch mit Frau O., das die Zukunft der Familie zum Thema hat, bittet die Sozialarbeiterin, sie solle auf Kärtchen schreiben, welche Bedürfnisse ihre Kinder haben. Sie schreibt: „Liebe, Zuneigung, Sicherheiten, Vertrauen, Geborgenheit, geordnetes Leben, Ruhezeiten, Verlässlichkeit, Wohnung aufräumen – dass sich die Kinder wohl fühlen, Unternehmungen, Regelmäßigkeit, Fürsorge, Essen und Trinken." In einem zweiten Schritt soll sie bewerten, welche Bedürfnisse sie befriedigen kann. Für Ruhezeiten, geordnetes Leben und Regelmäßigkeit gibt sie keinen von drei möglichen Punkten. Für Fürsorge einen halben Punkt, einen für Verlässlichkeit, für Zuneigung einen für Alina und zwei für Nicole. Bei Geborgenheit, Sicherheiten und Vertrauen schreibt sie auch ihren Namen auf die Karte – für die Kinder gibt sie dann je einen Punkt, für sich selbst keinen Punkt.

Im weiteren Gespräch sagt Frau O., dass sie nicht mehr für das Wohl der Kinder sorgen kann und sie selbst Zeit brauche, um ihr Leben wieder zu ordnen. Den beiden Töchtern wie auch ihr selbst gehe es sehr schlecht. Die Sozialarbeiterin sagt, sie sehe die Situation auch höchst brisant für die Kinder. Schweren Herzens entschließt sich Frau O., Alina und Nicole in eine Pflegefamilie zu geben. Sie wolle die Kinder wieder zu sich holen, sobald sie bessere Lebensbedingungen für die Kinder geschaffen habe. Sieben Jahre später: Alina und Nicole geht es gut. Sie leben nach wie vor in der Pflegefamilie, Frau O. hat wieder geheiratet und noch einen Sohn bekommen. Zu ihren Töchtern pflegt sie mit Unterstützung des Jugendamtes mal regelmäßig, mal unregelmäßig Kontakt. Sie meint, sobald sie eine größere Wohnung gefunden habe, wolle sie ihre Töchter wieder zu sich nehmen. Dies wäre jedoch nur nach genauer Überprüfung der Lebensumstände bei der Mutter möglich. Dazu gehören grundlegende Überlegungen, ob eine Rückführung zur Mutter aufgrund der zu den Pflegeeltern aufgebauten Bindungen förderlich ist, dies dem Willen der Kinder entspräche und vor allem, ob das Wohl der Kinder bei der Mutter gesichert wäre. Frau O. ist darüber mit ihrer Sozialarbeiterin im laufenden Austausch.

3.8 Einschätzung zum Entwicklungsstand des Kindes und von Hinweisen auf die Misshandlung

Der Entwicklungsstand des Kindes als auch Verhaltensauffälligkeiten können Hinweise auf bisherige Defizite in der Erziehung, in der Erziehungsfähigkeit der Eltern und auf die Art der Misshandlung geben. Bezüglich der Einschätzung des Entwicklungsstandes ist es erforderlich, sich nicht nur auf die eigene Beobachtung zu verlassen, sondern auch Kindergarten, Schule und Kinderarzt mit einzubeziehen. Dies gilt ebenso auch für Verhaltensauffälligkeiten des Kindes; hier sollte zusätzlich die Kinder- und Jugendpsychiatrie oder eine psychologische Beratungsstelle beteiligt werden.

Fragen zum Entwicklungsstand des Kindes

- Zeigt das Kind bestimmte Defizite oder Entwicklungsverzögerungen? Wie zeigen sich diese?
- Worauf sind diese vermutlich zurück zu führen? Was können die Ursache sein?
- Wie ist das Kind im Vergleich zu seiner Altersgruppe entwickelt?
- Sind die entwicklungspsychologisch notwendigen Entwicklungsphasen vorhanden? In welcher Ausprägung?
- Wie kann die körperliche, seelische und geistige Entwicklung des Kindes beschrieben werden?
- Wie ist das Spielverhalten des Kindes?
- Erkennt das Kind Regeln und Grenzen an?
- Ist das Kind durch Delinquenz oder Aggressionen auffällig?
- Sind Ursache-Wirkungs-Zusammenhänge im Rahmen von Misshandlung zu erkennen?
- Ist das Gewicht des Kindes im altersentsprechenden Normbereich?
- Wie ist das Nähe-Distanz-Verhalten des Kindes? Wie ist die Kontaktaufnahme zu Fremden?
- Über welche Fähigkeiten verfügt das Kind?
- Liegt beim Kind ein besonderer Förderbedarf vor?
- Hat das Kind Kontakte zu Gleichaltrigen? Ist es offen? Ist es isoliert oder randständig in der Peer-Group?
- Gibt es Hinweise auf eine psychische Störung oder Belastungen?

Fragen zu Hinweisen auf die Misshandlung (siehe auch Kap. 1)

- Gibt es Aussagen des Kindes zu einer Misshandlung? Welche genau?
- Lassen bestimmte Verhaltensauffälligkeiten Rückschlüsse auf bestimmte Defizite in der Erziehung oder Misshandlung zu?
- Sind körperliche Spuren von Misshandlung zu beobachten? Hämatome – neuere, ältere? Rote Striemen? Brandwunden, Brandnarben? Narben? Akute Verletzungen?
- In welchem Pflegezustand ist das Kind? Zustand der Haut? Zustand des Windelbereiches?
- Werden Verdachtsmomente auf Misshandlung vom Umfeld gemeldet oder beobachtet?
- Gibt es Hinweise auf eine Vernachlässigung? Welche?
- Welche Misshandlungsform liegt vor? Was genau deutet darauf hin?

3.9 Ressourceneinschätzung

Um die gesamte Lage des Kindes und der Familie erfassen zu können, ist ein Blick auf die Ressourcen, über die die Familie verfügt, notwendig. Interventionen sind unter anderem auch davon abhängig, welche Ressourcen in die Hilfe mit einbezogen und genutzt werden können, um den Schutz des Kindes zu gewährleisten.

Ressourcen sind Kraftquellen, Potenziale, die zu einer gelingenden Bewältigung des Alltags und von Belastungen genutzt werden können. Sie können zum einen auf der persönlichen Ebene, auf der Ebene des Umfeldes und der Umwelt liegen. Die persönliche Ebene beinhaltet Ressourcen auf der physische als auch auf der psychischen Seite; Ressourcen in der Umwelt beinhalten ökonomische wie auch ökologische Ressourcen. Soziale Ressourcen können als Schnittmenge von persönlichen und Umweltressourcen betrachtet werden.

- *Persönliche Ressourcen*
  Auf der physischen Ebene: Gesundheit, Robustheit, äußere Attraktivität, Beweglichkeit, Intelligenz; auf der psychischen Ebene: Selbstbewusstsein, positive Anmutung, psychische Stabilität, ansprechendes dem Leben positiv zugewandtes Temperament, Selbstwirksamkeitsglaube, psychische Gesundheit.

- *Soziale Ressourcen*
  Positive soziale Kontakte, gutes soziales Netzwerk, Beziehungen zu Institutionen der sozialen Unterstützung, Verwandtschaftsbeziehungen, Freundschaften, Vereinszugehörigkeit, Beziehungsfähigkeit.
- *Umweltressourcen*
  Ökonomische Ebene: ausreichendes Einkommen, Ersparnisse, Berufstätigkeit;
- ökologische Ebene: Möglichkeiten im Wohnumfeld, Freiraum.

Ressourcen stellen den Raum der Möglichkeiten einer Person oder einer Familie dar. Bei der Risikoeinschätzung wegen des Verdachtes auf eine Kindeswohlgefährdung oder einer bereits vorliegenden Gefährdung, sollten wir bei der Dimension der Ressourceneinschätzung die Ressourcenperspektive einnehmen und gemeinsam mit der Familie eruieren, welche Ressourcen aktiviert werden können und ob diese ausreichend sind, um das Wohl der Kinder zu sichern beziehungsweise wieder herzustellen. Bei der Aktivierung von Ressourcen ist darauf zu achten, dass diese von der Familie emotional positiv stark besetzt sind, und für ihr Selbstwertgefühl eine wichtige Bedeutung haben. Wenn beispielsweise die Familie die Großmutter der Kinder oder die Psychologische Beratungsstelle vor Ort negativ einschätzt, werden sich diese kaum als zu nutzende Ressource für die Familie anbieten. Ressourcenaktivierung sollte immer an bereits Vorhandenem anknüpfen, und mit den Zielen und Werten der Familie im Zusammenhang stehen (Grawe 2000). Nur dann kann die Familie auch motiviert werden, diese Ressourcen zu nutzen und auszubauen.

Fragen zur Ressourcenklärung

- Welche sozialen Kontakte pflegt die Familie? Welche davon können hilfreich und unterstützend wirken?
- Auf wen oder was kann sich die Familie verlassen? Wem vertraut sie?
- Wer aus der Familie oder dem Umfeld könnte entlastend wirken?
- Welche Institutionen der sozialen Unterstützung sind für die Familie erreichbar?
- Welche dieser Stellen können in den Hilfeprozess eingebunden werden?
- Was hat bisher geholfen? Kann dies ausgebaut werden?
- Welche Stärken und Fähigkeiten gibt es in der Familie? Welche können genutzt werden?

Vorsicht: Vorhandene Ressourcen sind immer nur ein Element in einem Hilfekonzept. Es darf ohne genaue Überprüfung auf deren Zuverlässigkeit, Kontinuität und Wirksamkeit nicht davon ausgegangen werden, dass diese zur Sicherung des Kindeswohls oder zu einer effektiven Unterstützung der Familie ausreichend tauglich sind. Die Aktivierung von Ressourcen und deren Nutzung muss im Zusammenhang mit dem Kinderschutz immer von einer Fachkraft begleitet und abgesichert werden.

3.10 Prognose

Bevor es zu einer abschließenden Bewertung kommt, ob und in welcher Ausprägung eine Kindeswohlgefährdung vorliegt, muss eine fundiert begründete Prognose erstellt werden. Prognose ist eine begründete Voraussage über den möglichen, über den voraussichtlichen weiteren Verlauf. Wenn das Jugendamt das Familiengericht im Rahmen von § 8a SGB VIII oder § 1666 BGB anruft, sollte am Ende des Berichtes immer auch eine Prognose angeführt sein. Der prognostische Blick kann im Sinne von „was wäre wenn ..." noch einmal deutliche Anhaltspunkte auf die Ausprägung der Gefährdung geben.

Fragen zur Prognose

- Wie wird sich das Kind weiter entwickeln: wenn die Familie Hilfe annimmt, wenn sie keine Hilfe annimmt, wenn das Kind in der Familie verbleibt, wenn das Kind in einer Pflegefamilie oder in einer Jugendhilfeeinrichtung platziert wird? Welchen Einfluss wird das möglicherweise auf die Bindung zu den Eltern haben?
- Welche Art von Unterstützung benötigt das Kind, um seine Defizite ausgleichen zu können?
- Was ist zu befürchten, wenn keine Unterstützung angenommen wird?
- Welche Ressourcen können langfristig effektiv genutzt werden? Welche nicht?
- Ist zu erwarten, dass sich die Erziehungsfähigkeit der Eltern mit Hilfe verbessern wird?
- Sind Entwicklungen im Familiensystem zu erwarten? Welche?
- Welche Umstände gibt es in der Familie, die keine maßgebliche Verbesserung zum Schutze des Kindes erwarten lassen?
- Welche Folgen können sich für das Kind ergeben?

- Wie wird sich die Kooperation der Eltern mit den Helfersystemen entwickeln? Wird diese einer förderlichen Entwicklung für das Kind dienlich sein?

3.11 Abschließende Bewertung

In der Praxis der Kinderschutzarbeit zeigt sich, dass es für die Fachleute trotz gründlicher Risikoeinschätzung immer wieder eine Schwierigkeit darstellt, eine klare Entscheidung zu treffen, ob das Kindeswohl gefährdet ist oder nicht. Dies hat damit zu tun, dass die Gefährdung häufig in einem Graubereich liegt, wenn wir von einer symbolischen Farbdarstellung mit Rot – Gelb – Grün ausgehen. Rot steht für Gefährdung, grün steht dafür, dass keine Gefährdung vorliegt. Manchmal müssen sich die Fachkräfte aber auch Gedanken darüber machen, was sie denn genau an einer deutlichen Entscheidung hindert. Oft ist dies auch ein Hinweis darauf, dass eigene emotionale Verstrickungen im Spiel sind. Möchte man den Eltern nicht zumuten, das Kind aus der Familie herauszunehmen? Befürchtet man, dass das Kind nicht von den Eltern getrennt werden möchte? Wird befürchtet, dass die Herausnahme des Kindes aus der Familie ein dramatischer Einsatz mit Polizei und Arzt wird? Traut man sich diesen Einsatz nicht zu? Ist es Angst vor den Folgen der Entscheidung? Ist es die Angst eventuell „falsch" zu entscheiden? In diesen Fällen ist es notwendig über die Zweifel und Unsicherheiten in einer kollegialen Beratung oder in der Supervision zu sprechen. Beruhigen kann die Sicherheit, dass die Folgen der Entscheidung gemeinsam im Team, mit den Vorgesetzten getragen und gestützt werden. Auch die gründliche Vorbereitung des weiteren Vorgehens nach der Entscheidung über das Vorliegen einer Kindeswohlgefährdung gemeinsam mit einem vielleicht bisher unbeteiligten Kollegen kann zu Entlastung führen.

Unbedingt notwendig sind gründliche Dokumentation und Feststellung: „Es liegt eine Kindeswohlgefährdung vor", „Es liegt keine Gefährdung vor – jedoch besteht Hilfebedarf" oder „Es liegt keine Gefährdung vor".

Dokumentation

Die Ergebnisse der Risikoeinschätzung mit allen ihren Elementen muss immer gründlich und begründet schriftlich dokumentiert werden. Zur Dokumentation gehört auch, wie die Erkenntnisse zur Risikoeinschätzung gewonnen wurden, was bisher unternommen wurde, um die Familie zu unterstützen oder um die Gefährdung abzuwenden, Handlungsschritte im Hilfekonzept und in welchem Zeitraum diese erfolgen sollen.

Wichtig: Nicht vergessen werden dürfen folgende Punkte: die Familie und deren Kinder sind in die Einschätzung mit einzubeziehen, der Datenschutz muss im gesamten Prozess gewährleistet sein und das Ergebnis der Einschätzung ist der Familie mitzuteilen. Ebenso ist es eine Selbstverständlichkeit, dass das Hilfekonzept gemeinsam mit der Familie erarbeitet wird – soweit dies irgendwie möglich ist. Wenn kein Einvernehmen, keine Einigung, keine Zustimmung der Familie erfolgt, zum Schutz der Kinder jedoch Handeln zwingend erscheint, muss das Familiengericht angerufen werden. Auch über diesen Schritt muss die Familie, auch wenn es gegen ihren Willen ist, umfassend informiert werden.

Fragen zur eigenen Reflexion

- Inwiefern hat die Lebenslage in meiner Herkunftsfamilie meine eigene Sozialisation bestimmt? Wie ist es jetzt in meiner Familie mit den eigenen Kindern?
- Welche Stärken und Schwächen hatten meine Eltern bei meiner Erziehung? Wie haben sich diese ausgewirkt? Was wirkt bis heute?
- Diskutieren Sie mit Freunden: Auch Eltern haben Bedürfnisse. Gibt es einen Zusammenhang zwischen Elternwohl und Kindeswohl? Welchen und wo zeigt er sich?
- Welche Elemente der Erziehungsfähigkeit halte ich bei der Erziehung meiner Kinder, in meiner pädagogischen Arbeit für besonders wichtig? Habe ich Schwächen in der Erziehungsfähigkeit?
- Über welche Ressourcen verfüge ich? Für welche bin ich besonders dankbar?

4
Gesprächsführung

Gespräche mit Eltern stellen bei Verdacht auf Kindeswohlgefährdung oder bei einer vorliegenden Gefährdung eine besondere Herausforderung für die pädagogischen Fachkräfte dar. Auch erfahrene Fachleute sehen sich im Kinderschutz immer wieder mit völlig neuen Situationen konfrontiert und müssen sich auch in der Gesprächsführung flexibel auf die unterschiedlichen Anforderungen einstellen. Ich möchte behaupten, in der Gesprächsführung lernen wir nie aus, so dass wir uns dabei dauerhaft als Lernende begreifen dürfen. Kinderschutzarbeit, die sensibel mit den Bindungen zwischen Kindern und deren Eltern umgeht sowie Elternrechte und Elternpflichten anerkennt, erfordert professionelle, qualifizierte Gesprächsführung. Es ist Voraussetzung für diese Arbeit, dass sich Fachkräfte darin laufend fortbilden und sich bewusst sind, dass Gesprächsführung ein maßgeblicher Baustein in der Arbeit zum Schutze von Kindern ist.

In der Arbeit mit Familien hat sich die systemische Gesprächsführung durchgesetzt und gute Erfahrungen mit sich gebracht. Grundlegende Kenntnisse werden hier vorausgesetzt, so dass im Folgenden nur bestimmte Aspekte der Gesprächsführung im Zusammenhang mit der Kinderschutzarbeit genauer betrachten werden. Es werden Elemente der Motivierenden Gesprächsführung aufgenommen und dem Gespräch mit Kindern ein besonderer Platz eingeräumt.

Jedes professionelle Gespräch muss eine Struktur, eine Rahmung haben, die dem Gespräch einen Sinn und ein Ziel gibt. Es ist Aufgabe und Verantwortung der gesprächsführenden Sozialarbeiterin, diesen Rahmen herzustellen und für die Familie transparent und nachvollziehbar zu machen.

Elemente des Gesprächsablaufes

1. Joining	Dies ist der erste Eindruck und damit maßgeblich für die weitere Zusammenarbeit mit der Familie. Kontaktaufnahme, positive Beziehung zur Familie herstellen, gutes vertrauensvolles Klima schaffen, Kennen lernen.

2. Kontextklärung	Klärung in welchem Zusammenhang die Kontaktaufnahme steht: Vorstellung und Rollenklärung: „Ich heiße Frau ..., arbeite bei, meine Aufgabe ist, mein Auftrag ist ...“ „Jemand aus Ihrem Umfeld macht sich Sorgen um Ihre Kinder.“ „Der Kindergarten hat mir berichtet ...“, „Ich bin zur Überprüfung verpflichtet ...“
3. Auftragsklärung	Abklärung, welche Erwartungen und Wünsche an das Gespräch oder die Beraterin vorhanden sind. Wer hat welche Erwartungen an das Gespräch? Was kann die Helferin dazu tun, dass es ein gutes Gespräch wird? Was hat die Familie für Anliegen?
4. Erfassen der Situation	Die Gesamtsituation, in der sich die Familie befindet, sollte möglichst genau wahrgenommen werden. In welcher Situation befinden sich die jeweiligen Familienmitglieder? Wie geht es der Familie insgesamt? Worum geht es? In welcher Lebenslage befindet sich die Familie? Liegen besondere Belastungen vor?
5. Problemdefinition	Das Ziel für diesen Schritt ist eine gemeinsame Problemdefinition von Familie und Fachkraft. Beide benennen ihre jeweiligen Wahrnehmungen und erarbeiten, wenn möglich, eine gemeinsame Problemdefinition. Wer hat welche Sichtweise? Was gibt es für Erklärungen dafür?

6. Lösungsansätze	Mit der Familie werden Ansätze zur Problemlösung erarbeitet. Wichtig sind die eigenen Ideen der Familie. Was kann die Familie beitragen? Welche Ressourcen können genutzt werden? Was können die Helferin oder andere Personen tun? Welche Lösungswege sind Erfolg versprechend? Welche sind möglich? Welche Wirkungen werden mit dem Lösungsansatz erreicht?
7. Vereinbarungen	Das Gespräch sollte immer mit verbindlichen Vereinbarungen beendet werden. Es ist sinnvoll, diese zu protokollieren und der Familie auszuhändigen. Wer macht was bis wann? Wann ist der nächste Termin? Wer wird in den Hilfe- bzw. Klärungsprozess einbezogen? Notwendige Schweigepflichtentbindungen sollten am besten schriftlich erteilt werden.
8. Abschluss	Der Abschluss soll noch einmal die Verbindlichkeit verstärken und das Gespräch auf der Metaebene reflektiert werden. Inhalte: Zusammenfassung. Danke für die Zeit, Zusammenarbeit und Offenheit; Zuversicht und Hoffnung wecken, Reframing etc.

4.1 Auftragsklärung

Zu Beginn eines jeden Beratungsprozesses sollte eine gründliche *Auftragsklärung* stattfinden. Sie ist die Basis für ein gelingendes Gespräch. Dabei gilt es, gemeinsam mit den Klienten herauszufinden, was für ein Anliegen sie haben, was sie vom Gespräch und von der Beraterin erwarten. Nur wenn das geklärt ist, kann auch daran gearbeitet werden und nur dann können gemeinsame Ziele formuliert werden. Es geht, und dies wird vor allem in der Kinderschutzarbeit das Ziel der Auftragsklärung sein, darum, eine gemeinsame Arbeitsgrundlage zu schaffen. Es ist aus meiner Sicht nicht nur ein Anliegen an die Eltern, dass sie ihre Erwartungen benennen, sondern auch die Pflicht der Sozialarbeiterin, ihre Erwartungen offen auszusprechen. Eltern müssen wissen, mit welchem Auftrag die Sozialarbeiterin das Gespräch sucht, und was sie von ihnen erwartet. Es sorgt für Vertrauen, wenn sie ihnen sagt, dass sie offen und ehrlich mit den Eltern ist und nichts hinter ihrem Rücken – also ohne ihr Wissen – tut. Im Gegenzug kann sie formulieren, dass sie auch von den Eltern Offenheit und Ehrlichkeit erwartet. Eltern fühlen sich ernst genommen, wenn sie gefragt werden, was die Sozialarbeiterin trotz des schwierigen Themas tun kann, damit es ein gutes Gespräch wird.

Auftragsklärung kann in einem Gespräch immer wieder vorgenommen werden. Zum Beispiel, wenn während des Gesprächs die Arbeitsgrundlage instabil wird, oder auch bei jedem weiteren Gespräch. Wenn es im Gespräch zu nicht sofort nachvollziehbaren Spannungen, Unklarheiten oder Missverständnissen kommt, ist häufig die Ursache eine unklare Auftragsklärung. Manchmal kommt es vor, dass Eltern und Beraterin aneinander vorbei reden. Dann empfiehlt es sich, ebenfalls eine erneute Auftragsklärung oder Zieldefinition vorzunehmen.

Schwierig wird es, wenn Aufträge versteckt, also nicht ausgesprochen sind. So kommt es zu Erwartungen, die nicht erfüllt oder besprochen werden können, weil sie nicht offen sind. Eigenaufträge, die sich die Fachkraft selbst gibt, können blockierend sein und sie vor Aufgaben stellen, die nicht zu lösen sind oder die Familie überfordern. Zum Beispiel: „Ich muss das Kind retten.", „Es sollte mir doch gelingen, die Eltern wieder miteinander zu versöhnen."

Aufträge an die zuständige Sozialarbeiterin beim Jugendamt kommen häufig auch von anderen Institutionen wie Kindergarten, Schule, Kinderarzt, Kinder- und Jugendpsychiatrie, Beratungsstellen etc. Gerade in

Kinderschutzfällen kann es zu einer recht unübersichtlichen und stattlichen Anzahl von verschiedenen Aufträgen kommen. Um Klarheit zu gewinnen, sollten diese am besten im Rahmen einer kollegialen Beratung oder der Supervision als Lageplan aufgezeichnet und in einem zweiten Schritt sortiert werden. Es stellen sich die Fragen: Welche Aufträge haben Priorität? Welche können nicht angenommen werden? Wer ist für welchen Auftrag zuständig?

Fallbeispiel

Diese Aufträge wurden in Bezug auf eine Familie innerhalb von sechs Wochen an das Jugendamt gerichtet.

Auftrag 1 – Kindergarten – Anruf
„Wir machen uns Sorgen um Max – sprecht schnell mit der Mutter!"
Max erschrickt und hält sich die Hand vor das Gesicht, wenn die Erzieherin schimpft.

Auftrag 2 – Frühförderstelle – Anruf
„Machen Sie einen Hausbesuch und klären, was los ist!"
Max verweigert mit der Mutter nach Hause zu gehen, wenn sie ihn von der Therapiestunde abholt. Manchmal kommt die Mutter mit größerer Verspätung zum Abholen. Die Mutter mache einen „komischen", verwirrten Eindruck.

Auftrag 3 – Großmutter – Besuch im Jugendamt
„Sie müssen meiner Tochter helfen!"
Die Tochter trenne sich gerade vom Ehemann und sei mit der Situation überfordert.

Auftrag 4 – Vater von Max – Anruf
„Sorgen Sie dafür, dass ich für Max das Sorgerecht bekomme!"
Die Mutter kümmere sich nicht um Max und lasse die Wohnung vermüllen.

Auftrag 5 – Nachbarin von der Mutter – Anruf
„Da müssen Sie etwas unternehmen!"
Max fuhr mit dem Dreirad auf der Straße herum.

Auftrag 6 – Polizei – Anruf und Schreiben
„Kümmern Sie sich um die Familie!"
Vater und Mutter von Max waren bei einer Begegnung tätlich aufeinander losgegangen.

Auftrag 7 – Mutter von Max – Besuch im Jugendamt
„Sorgen Sie dafür, dass Max keinen Umgang mehr mit dem Vater hat!"
Max kam vom letzten Besuch beim Vater verstört zurück zur Mutter.

Auftrag 8 – Kinderarzt von Max – Anruf
„Bieten Sie der Familie Hilfe zur Erziehung an!"
Die Mutter von Max machte bei der Vorsorgeuntersuchung einen verwirrten Eindruck.

Auftrag 9 – Klinik für Kinder- und Jugendpsychiatrie – Anruf und schriftliche Stellungnahme
„Nehmen Sie Max aus der Familie heraus!"
Die Sozialarbeiterin vom Jugendamt hatte die Klinik um Untersuchung von Max gebeten. Max habe erhebliche Entwicklungsrückstände und gravierende Auffälligkeiten im Verhalten. Die Mutter von Max mache einen eigenartigen Eindruck – hat sie eine psychische Störung?

Auftrag 10 – Familiengericht – Anschreiben
„Beziehen Sie innerhalb von 10 Tagen Stellung zum Antrag der Mutter!"
Die Mutter hat auf dem Wege der einstweiligen Verfügung einen Antrag auf Übertragung der alleinigen elterlichen Sorge für Max gestellt.

Wie kann die Sozialarbeiterin mit diesen Aufträgen umgehen? Was muss sie tun? In welcher Reihenfolge? Inwiefern zeigen sich Risiken für das Wohl von Max?

In einigen Gesprächen mit den Eltern, der Kinder- und Jugendpsychiatrie und einem Gespräch mit den Ärzten der Mutter wurde deutlich, dass das Wohl von Max bei den Eltern auf Dauer nicht gesichert werden kann. Die Mutter litt laut ihrem Hausarzt und ihrem Psychiater unter einer schweren bipolaren Depression,[13] der Vater zeigte sich in der Zusammenarbeit unzuverlässig und musste als nicht ausreichend erziehungsfähig eingeschätzt werden.

---

[13] Bipolare Depression – manische und depressive Phasen wechseln sich im Krankheitsverlauf ab. Aufeinanderfolge und Häufigkeit können unterschiedlich sein. Depressive Phasen überwiegen im Verhältnis 3:1 (Feldmann, 1984, S. 91).

Die Intervention: Mit Einverständnis der Eltern kam Max in der 7. Woche nach dem Anruf des Kindergartens in eine Pflegefamilie. Bis dahin wurden Max und seine Mutter täglich von einer Sozialpädagogischen Familienhelferin besucht.

Fragen zur Auftragsklärung

- Sie sind vermutlich ganz schön erschrocken über meinen Besuch. Was kann ich tun, damit es Ihnen jetzt besser geht, dass sich Ihr erster Schreck legt?
- Was kann ich tun, dass es trotz des schwierigen Themas ein ruhiges, vielleicht sogar gutes Gespräch wird? Was können Sie und ich gemeinsam dafür tun?
- Vielleicht hatten Sie noch nie Kontakt mit einer Sozialarbeiterin des Jugendamtes. Welche Vorstellungen haben Sie davon was ich mache/ welche Aufgaben das Jugendamt hat?
- Ihr Kind geht jetzt schon lange zu uns in den Kindergarten. Heute muss ich mit Ihnen über meine Sorgen um Ihr Kind sprechen – das ist sehr ernst. Was kann ich dazu beitragen, dass Sie sich im Gespräch einigermaßen wohl fühlen?
- Welche Erwartungen haben Sie an mich? Was wünschen Sie sich von mir?
- Welche Vorstellung haben Sie davon, was meine Rolle als Sozialarbeiterin beim Jugendamt ist?
- Eine paradoxe Frage: Was müsste ich tun, dass Sie sehr ärgerlich und wütend werden?
- Sie haben sich vermutlich schon vor unserem Gespräch Gedanken gemacht. Was ist Ihnen dabei durch den Kopf gegangen? Welche Fragen oder Anliegen haben sich dabei bei Ihnen ergeben? Was ist Ihnen an Unklarheiten eingefallen?
- Sie haben mir bereits erzählt, dass sie schon einmal schlechte Erfahrungen mit einer Beraterin gemacht haben. Bitte sagen Sie mir, was ich tun kann, damit das nicht wieder passiert? Was soll ich anders machen?
- Manchmal erscheinen uns Ideen, Anliegen oder Wünsche die wir haben komisch oder unangemessen, sind dann aber trotzdem hilfreich. Welche „verrückten" Wünsche und Vorstellungen haben Sie dazu, wie wir weiter miteinander arbeiten können?
- Eine paradoxe Frage: Was müsste ich tun, dass Sie zu allem Ja und Amen sagen, auch wenn es Ihnen eigentlich nicht passt?

- Was kann Sie in einem Gespräch total verärgern oder kränken?
- An was würden Sie merken, dass ich Sie ernst nehme? An was erkennen Sie, dass es mir wirklich um eine gute Entwicklung für Ihr Kind geht?

4.2 Konfrontation mit dem Verdacht

Wie geht es Ihnen, wenn Sie wissen: ich muss eine Familie mit dem Verdacht der Kindesmisshandlung konfrontieren? Bei den meisten Fachkräften löst dies ein Unbehagen, Verunsicherung oder Angst aus. Bevor wir mit der Familie sprechen, sollten wir diese Gefühle ernst nehmen und uns selbst durch eine gute Vorbereitung sicherer machen.

Was hilft Fachkräften?

- Sich selbst Klarheit verschaffen: Kollegiale Teamberatung vor dem Gespräch über unseren Auftrag, über die geplante Vorgehensweise. Supervision, Rücksprache mit dem Vorgesetzten, Beratung durch die insoweit erfahrene Fachkraft.
- Die Ruhe bewahren, durchatmen, entspannen, ein Glas Wasser trinken, sich vor dem Gespräch etwas Zeit und Ruhe für sich selbst nehmen.
- Das Gespräch nicht als Problem sehen, sondern als fachliche Herausforderung.
- Das Gespräch zu zweit führen – in Kinderschutzfällen empfiehlt sich dies grundsätzlich.
- Genügend Zeit für das Gespräch einplanen. Pünktlich zum Hausbesuch, zum Gespräch da sein.
- Angenehmen Rahmen schaffen: räumliche Atmosphäre, Joining, freundlich sein, positive Signale bewusst wahrnehmen, für Ruhe sorgen, Quellen für Unruhe oder Ablenkung ausschalten.
- Sich mental gut auf die Struktur und das Ziel des geplanten Gespräches vorbereiten. Nichts übereilen: Schritt für Schritt – denken Sie an den Bergsteiger.
- Sich die Freiheit vorbehalten, im Gespräch eine Pause zu machen, um sich mit der Kollegin abzusprechen. Die Eltern um eine Gesprächspause bitten, weil Sie diese brauchen, um kurz nachzudenken.

- Sich selbst nicht überfordern – es gibt nicht das perfekte Gespräch. Eigene Grenzen und Möglichkeiten anerkennen. Vorsicht vor Eigenaufträgen.
- Authentisch bleiben.
- Hinterher reflektieren: Was ist gut gelaufen? Was hilft der Familie, mit mir gemeinsam an einem Strang zu ziehen? An welcher positiven Sequenz des Gespräches kann beim nächsten Mal angeknüpft werden? Was habe ich selbst aus diesem Gespräch gelernt?

Was ist für die Eltern wichtig?

- Deutlich machen, dass es um Hilfe geht und nicht um Strafe, vermitteln, dass wir verpflichtet sind zu überprüfen und zu kontrollieren, zu handeln, wenn das Kind gefährdet ist oder wir eine Risikoabschätzung vornehmen müssen;
- Wertschätzung, das Gefühl, ernst genommen zu werden;
- Offenheit, Ehrlichkeit, Transparenz, Zusicherung, nichts hinter dem Rücken der Eltern zu machen, sondern alles mit ihnen abzusprechen und sie zu informieren. Die Möglichkeit etwas gegen den Willen der Eltern zu unternehmen offenlassen, zum Beispiel, wenn das Familiengericht einbezogen werden muss, jedoch verdeutlichen, dass dies nicht ohne Wissen der Eltern passiert;
- nicht um den „heißen Brei" reden – die Eltern haben ein Recht darauf, ganz konkret zu erfahren worum es geht. Dies schafft Vertrauen bei den Eltern, da es dann keine Ungewissheiten gibt;
- keine Beschuldigungen, keine Schuldzuweisungen, keine Entwertung der Eltern;
- unterschiedliche Wahrnehmungen deutlich ansprechen und versuchen, einen gemeinsamen Nenner zu finden;
- wenn Sie aufgrund der Gefährdung des Kindes handeln müssen, den Eltern genau erklären, warum Sie das Kind in Obhut nehmen. Nicht mit den Eltern verhandeln, sondern klar bleiben. Mit den Eltern in diesem Fall verständlich besprechen, wie es weitergeht, was mit dem Kind passiert, wann und in welchem Rahmen sie es wieder sehen können. Die Eltern auch darüber aufklären, dass es für sie als auch für die Sozialarbeiterin die Möglichkeit gibt, das Familiengericht anzurufen und um Entscheidung zu bitten. Dies jedoch nicht als Drohung nutzen, sondern als eine Möglichkeit, Meinungsunterschiede und Unterschiede in der Gefährdungseinschätzung von höherer, neutraler Stelle klären zu lassen;

- Eltern über Ihre Handlungsmöglichkeiten und Handlungsschritte informieren;
- den Fokus immer klar und deutlich auf das Wohl des Kindes richten;
- Kooperation anbieten, Eltern um Kooperation bitten oder sie dazu motivieren;
- Zuversicht wecken: Was wäre ein erster Schritt? Was nehmen Sie als Erstes in Angriff? Welche Ihrer Stärken wollen Sie zur Lösung nutzen? Falls es zu Hindernissen kommen sollte, wie können Sie diese bewältigen? Welche Form der Anerkennung haben Sie für sich selbst, wenn Sie etwas erreicht haben? Wie stellen Sie sich Ihre Situation in einem Jahr vor?

4.3 Widerstand im Gespräch

Stellen Sie sich folgende Situation vor: Eine Sozialarbeiterin des Jugendamtes stünde bei Ihnen vor der Tür, weil jemand aus Ihrem Umfeld dort wegen Ihrer Kinder angerufen hat. Der Anrufer habe berichtet, Sie würden sich nicht angemessen um Ihre Kinder sorgen, da sie bis in die Abendstunden auf dem Spielplatz gesehen worden seien, dort geraucht hätten und auch sonst oft herum streunen würden. Die Situation löst bei Ihnen eine Menge an Gefühlen aus. Vor allem sind Sie ärgerlich und wütend, zumal Ihnen die Sozialarbeiterin recht forsch erscheint. Wie reagieren Sie jetzt, direkt in dieser Situation?

Wenn wir mit Eltern ein Gespräch über einen Verdacht auf Kindesmisshandlung oder über eine vorliegende Gefährdung führen müssen, ist nicht davon auszugehen, dass sie sofort Hilfebedarf einräumen oder benennen, dass es den eigenen Kindern nicht gut geht. Eltern gehen in der Regel davon aus, dass sie gut für ihre Kinder sorgen, ihr Bestes in ihrer Elternrolle geben und ihr Kind lieben. So ist es durchaus nachvollziehbar und verständlich, wenn Eltern sich angegriffen, sich in ihrer Elternrolle in Frage gestellt und sich abgewertet fühlen, wenn eine Gefährdung ihrer Kinder im Raum steht. Die Reaktion ist oft das, was wir gerne als Widerstand beschreiben. Die Eltern widerstehen unserem Anliegen, etwas zu besprechen und etwas verändern zu wollen.

Widerstand möchte ich hier als eine ganz normale, nachvollziehbare, gesunde Reaktion verstehen und den Begriff nicht mit negativen Konnotationen belegen, wie es ihm sonst häufig zufällt. Miller und Rollnick (Miller/Rollnick 2009, S. 67ff) beschreiben Widerstand als etwas zwischen Konsonanz und Dissonanz Stehendes. Beide Pole und der Bereich dazwischen spielen bei Gesprächen in den unterschiedlichen Phasen eine Bedeutung mit unterschiedlicher Gewichtung. Die Übergänge sind fließend und passieren oft sehr subtil. Widerstand, dies liegt im Begriff selbst, findet immer zwischen mindestens zwei Systemen statt. Ohne Gegenüber ist Widerstand nicht möglich. Im Nachfolgenden soll Widerstand als etwas verstanden werden, was uns einen Hinweis, eine Spur auf etwas gibt.

Formen von Widerstand:

Miller und Rollnick (2009) beschreiben vier Kategorien von Widerstandsverhalten.

1. Argumentieren	Bestreiten Abwerten Feindseligkeiten äußern
2. Unterbrechen	Darüber reden Unterbrechen
3. Negieren	Schuld zuweisen Ablehnen Ausreden Bagatellisieren Minimalisieren Pessimismus äußern Zögern Unwilligkeit zeigen, sich zu verändern
4. Ignorieren	Unaufmerksam sein Keine Antwort geben Ablenken

Beispiele

• Argumentieren
„Nie würden wir unser Kind mit Schlägen strafen!"
„Sie können das gar nicht beurteilen – Sie sind noch viel zu jung dafür."

„Das ist doch reine Theorie.“

„Hier in Deutschland verhindern die Gesetze eine gute Erziehung. In unserem Land dürfen wir den Kindern wenigstens noch mit Schlägen zeigen, wo es lang geht.“

„Das Jugendamt hilft doch niemandem! Wir haben schon in der Kindheit mit dem Amt schlechte Erfahrungen gemacht.“

„Eine Familienhelferin nutzt doch nichts, die trinkt doch nur unseren Kaffee und schwatzt herum.“

- Unterbrechen
  Der Beraterin ins Wort fallen.
  Klienten reden ununterbrochen und lassen die Beraterin nicht zu Wort kommen.
  „Ich möchte meine Zeit jetzt nicht weiter verschwenden.“

- Negieren
  „Warum sagen Sie, wir sollen unser Kind in der Kinder- und Jugendpsychiatrie vorstellen? Die Lehrerin, die Ihnen das alles erzählt hat, gehört in die Psychiatrie.“
  „Immer geht die Erzieherin auf unser Kind los. Die anderen Kinder sind auch keine Engel – da sollte man mal danach schauen.“
  „Wie soll ich mein Kind pünktlich in die Schule schicken, wenn es morgens immer über Bauchweh klagt?“
  „Ich brauche doch überhaupt nichts ändern, die Nachbarn werden trotzdem immer schlecht über uns sprechen. Das ist, wie es ist.“
  „Wenn unser Kind immer über die Stränge schlägt, muss es die Konsequenzen dafür tragen.“
  „Ein Klaps auf den Hintern ist doch nicht schlimm. Wir haben früher richtig Schläge bekommen. Das hat uns überhaupt nicht geschadet – im Gegenteil.“
  „Ihr vom Jugendamt übertreibt doch. Dort, wo es Kindern schlecht geht, schaut ihr doch gar nicht hin.“
  „Das nützt doch alles nichts. Wir haben schon so viel probiert.“
  „Wir haben in der Beratungsstelle schon so viele Tipps bekommen. Das hat alles nichts genutzt. Wir versuchen nichts mehr.“

- Ignorieren
  Klienten kommen nicht zum Gesprächstermin, öffnen nicht die Tür oder ein Elternteil verweigert einen Kontakt zur Fachkraft.

Die Klientin nimmt ihr Kind mitten im Gespräch auf den Schoß und spricht mit ihm. Der Berater versucht das Gespräch aufrecht zu erhalten. Die Klientin ist weiter nur mit ihrem Kind beschäftigt.
Klient starrt zum Fenster heraus.
„Kennen Sie die Familie X? Da wird herum erzählt, der Vater missbrauche seine Tochter."
„Ich muss jetzt sofort gehen, ich bin schon viel zu spät für meinen Arzttermin."

Widerstand ist als Signal zu verstehen. Oft ergeben sich wichtige Hinweise, wenn geklärt wird, was dahinter steht und welche Beweggründe die Eltern dafür haben. Häufig hat Widerstand etwas mit der Beziehung und der Art und Weise wie der Berater oder die Beraterin das Gespräch führt zu tun. In diesem Fall muss zunächst geklärt werden, was in der Klient – Berater – Beziehung nicht stimmt, und ob es diesbezüglich noch einer Klärungs- oder Aufklärungsarbeit bedarf. Manchmal sind es auch frühere negative Erfahrungen der Kunden, die sie zunächst vorsichtig stimmen in der Erwartung, dass der Kontakt wieder nicht positiv geführt verläuft.

Widerstand im Gespräch ist individuell verschieden und erfordert eine auf die Familie individuell zugeschnittene Gesprächsführung. Die pädagogische Fachkraft ist in der Gesprächsführung immer auch besonders herausgefordert, fachliche Kompetenzen mit ihren persönlichen Sozialkompetenzen zu verknüpfen und authentisch zu sein. Eine Berater – Klienten – Beziehung ist etwas sehr Persönliches. Klienten wollen von ihrem Gegenüber Menschliches und nicht nur fachliche Kompetenz erleben. Dafür, wie Widerstand im Beratungsprozess begegnet werden kann, gibt es kein Rezept. Dies ist vielmehr ein sensibles Einfühlen und muss individuell zu den Klienten, als auch zur Beraterin, zum Berater passen. Dafür ist eine hohe Fachlichkeit, welche eine kompetente Selbst-Reflexion der Beratenden voraussetzt, erforderlich.

Möglichkeiten zum Umgang mit Abwehr und Widerstand

* Reflexion
* Fokus auf das Kind richten
* Unterschiedliche Sichtweisen wahrnehmen und offen aussprechen
* Überprüfen, ob Rollen- und Auftragsklärung ausreichend erfolgt sind
* Betonung der Verantwortung und der persönlichen Wahlfreiheit

1. Reflexion

Widerstand darf nie mit Widerstand beantwortet werden. Daraus würde schnell ein Machtkampf entstehen, der ein zielorientiertes Gespräch verhindern würde. Widerstand bei den Eltern muss aufgenommen und angesprochen werden. Wichtig ist dabei, ihm Platz einzuräumen und ihn anzuerkennen. Oft gibt es dafür nachvollziehbare Gründe, für die die Beraterin Verständnis entgegenbringen muss, um dann an einer Auflösung arbeiten zu können. Manchmal sind es Ambivalenzen, die Eltern dazu bewegen, zunächst auf Distanz oder in Widerstand zu gehen. Diese können nur dann aufgelöst werden, wenn den Eltern empathisch begegnet wird und die Ambivalenzen in ihrer eigenen persönlichen Ausprägung wahrgenommen werden. Einerseits spüren die Eltern, dass es für die Kinder keine gute Situation ist, andererseits möchten sie nicht, dass dies von außen erkannt wird und haben Angst vor Eingriffen. Veränderung ist in der Regel ein Prozess, der zunächst Angst macht. Angst davor, sich auf etwas Neues, Unbekanntes einzulassen.

- „Ich habe den Eindruck, dass es Ihnen schwer fällt, sich auf unser Gespräch einzulassen – das ist ja auch ganz schön schwierig. Gerne möchte ich verstehen was Sie bewegt. Welche Gedanken, Befürchtungen oder Vorbehalte haben Sie?"
- „Das ist verständlich, dass Sie Ärger verspüren. Was kann ich tun, damit dieser kleiner wird?"
- „Bei den meisten von uns schlagen zwei Herzen in der Brust. Vielleicht ist es bei Ihnen auch so und Sie sind einerseits wütend und wollen nicht mit mir reden, andererseits haben Sie sich vielleicht schon Gedanken darüber gemacht, dass Sie entlastet werden wollen. Wie ist das bei Ihnen? Erzählen Sie mir bitte von Ihren widerstreitenden Gedanken."
- „Ich kann mir vorstellen, dass das jetzt eine ziemlich blöde Situation für Sie ist. Bitte lassen Sie Ihren Ärger heraus – danach können wir uns in Ruhe darüber unterhalten."

Fallbeispiel

Herr U. (U)kommt wie immer schimpfend zum Gespräch mit der Sozialarbeiterin des Jugendamtes (S).

U: „Ihr habt mir mein Kind weggenommen. Ich zeige euch alle an. Bei anderen Familie passieren richtig schlimme Dinge – da sieht keiner hin. Irgendwann zeige ich es euch, dann werdet ihr sehen."

S: „Ja, ich verstehe, dass Sie so wütend sind. Nachher wollen wir besprechen, wie der Umgang mit ihrem Kind in Zukunft gestaltet werden soll."

U: „Es ist eine Sauerei, dass wir unser Kind jetzt nicht mehr haben können wie früher. Wir müssen darum bitten, unser Kind sehen zu können. Sie sind schuld daran. Ich zeige Sie an. Ihr werdet schon noch merken – das lasse ich mir nicht gefallen."

S: „Ja, Herr U. – wir kennen uns jetzt schon so lange und Sie müssen immer zuerst mal Ihren ganzen Ärger ablassen." (freundlich, ruhig)

U: „Ja, bei Ihnen kann ich immer sagen, was mich aufregt – wir beide sind ja wie ein altes Ehepaar." (schon ruhiger)

S: „Wie meinen Sie das denn das?" (erstaunt)

U: „Na ja, wir streiten wie ein altes Ehepaar." (lacht)

S. „Das haben Sie jetzt aber schön gesagt, wir haben ja auch schon viele schwierige Gespräche gut zusammen gemeistert. Was machen wir jetzt mit der Umgangsregelung?" (lacht)

U: „Ja, jetzt können wir uns normal darüber unterhalten." (zufrieden)

Dieses Beispiel zeigt, wie wichtig es manchmal sein kann, auch in schwierigen Gesprächen Humor zuzulassen und ins Gespräch zu bringen. Das Gespräch zwischen Herrn U. und der Sozialarbeiterin zeigt, dass es immer maßgeblich um die Art der Beziehungsgestaltung geht. Deutlich wird an diesem Beispiel, dass auch Gespräche mit widerständigen Kunden eine Exklusivität haben, die in der Klienten-Berater-Beziehung gepflegt werden muss.

2. Fokus auf das Kind richten

In Gesprächen mit Eltern hilft es bei Dissonanz den Fokus verstärkt auf die Bedürfnisse und Anliegen des Kindes zu richten, statt sich gemeinsam mit den Eltern auf eine Konfliktebene zu begeben. Es geht schließlich darum, gute Wege und Lösungen für das Kind zu suchen und zu finden. Dabei wäre es hinderlich, wenn sich die Erwachsenen in einen Machtkampf verstricken würden. Es muss, wenn das Augenmerk auf das Kind verloren geht, immer wieder darum geworben werden, sich gemeinsam auf die Situation des Kindes zu konzentrieren. Metaphern, wie „Es ist für das Kind gut, wenn wir gemeinsam an einem Strang ziehen" oder „Ich möchte mit Ihnen gemeinsam im Boot sitzen und mit vereinten Kräften mit Ihnen rudern" können dieses Anliegen unterstreichen. Wichtig ist für Eltern die Botschaft, dass sie von der Beraterin als Eltern mit ihren Rechten und Pflichten anerkannt und geachtet werden, ebenso wie der Umstand, dass es der Beraterin um die Gefühle und das Befinden des Kindes geht.

- „Es geht um Ihr Kind. Was braucht es, damit es ihm gut geht?"
- „Ich mache mir Sorgen darum, dass Ihr Kind wegen seiner Ängste Nachteile im Kontakt mit anderen Kindern hat. Es wäre schön, wenn Ihr Kind wieder freier sein könnte. Was können wir gemeinsam dazu tun?"
- „Wir sollten nun wieder zurück zu Ihrem Kind kommen. Wie erklären Sie sich sein Verhalten?"
- „Ich kann gut nachvollziehen, dass Sie nun verärgert sind, trotzdem sollten wir darüber nachdenken, wie sich Ihr Kind in der augenblicklichen Situation fühlt und welche Lösungen es entlasten könnte."
- „Mir geht es nicht darum, Sie zu beschuldigen oder als Eltern an den Pranger zu stellen. Es geht darum wie die Umstände so verändert werden können, dass es Ihrem Kind gut geht und es sich gut entwickeln kann."

3. Unterschiedliche Sichtweisen wahrnehmen

Es ist grundsätzlich angebracht, den Sichtweisen der Eltern Gewicht zu geben und sie gründlich abzufragen. Häufig legt sich Abwehr, wenn Eltern verstehen, dass ihre Sicht auch wahrgenommen wird und es nicht unweigerlich zum Konflikt mit der Fachkraft kommt, wenn diesbezüglich Unterschiede bestehen. Eltern fühlen sich dann ernst genommen und können in ihrer Verantwortung als Eltern in die Einschätzung einbezogen werden. Zunächst muss die Beraterin die Eltern mitsamt ihren Ansichten und Einstellungen kennen lernen. Das bedeutet für die Eltern, dass sie nicht abgewertet, sondern in ihrer Rolle anerkannt werden.

Widerstand hat manchmal zur Ursache, dass Eltern den Eindruck haben, es soll ihnen etwas übergestülpt werden, sie werden mit ihren Erklärungen nicht ernst- und wahrgenommen oder sie haben das Gefühl, abgewertet zu werden. Die Beraterin muss ihre fachliche Perspektive den Eltern deutlich, klar und verständlich formuliert darlegen. Zunächst einmal können beide Wahrnehmungen nebeneinander gestellt werden, um sie dann in einem zweiten Schritt abzuwägen und ins Verhältnis mit den Bedürfnissen des Kindes zu stellen. Es sollte zunächst keine Bewertung durch die Fachkraft erfolgen, sondern eine durch aktives Zuhören gewonnene Wahrnehmung der elterlichen Sichtweise. Im Anschluss sollte eine gemeinsame Bewertung erfolgen, die im besten Falle in eine einvernehmliche Position mündet. Kann dies nicht gelingen und die Sozialarbeiterin muss aufgrund fachlicher Aspekte auf ihrer Sichtweise zum Schutze des Kindes beharren, sollte dies so konstatiert werden. In diesem Fall kann die Sozialarbeiterin auf ihre Pflichten zum Kinderschutz hinweisen und den Eltern unmissverständlich sagen, dass sie aufgrund ihrer Einschätzung zum Handeln verpflichtet ist. Wenn die Eltern mit der vorgeschlagenen Intervention nicht einverstanden sind, muss die Sozialarbeiterin den Eltern sagen, dass sie das Familiengericht anrufen wird, um von dort eine Entscheidung über weitere Interventionen zu erlangen. Falls aufgrund der akuten Gefährdung des Kindes eine Inobhutnahme notwendig ist, muss diese selbstverständlich erfolgen.

- „Mir ist es wichtig, Ihre Sichtweise kennen zu lernen. Bitte beschreiben Sie mir, wie Sie die Lebensumstände Ihrer Kinder einschätzen."
- „Es ist für mich nachvollziehbar, dass Sie aus Ihrer elterlichen Sicht die Dinge anders sehen, ich betrachte es aus meiner fachlichen Sicht als Sozialarbeiterin. Welche Übereinstimmungen oder Ähnlichkeiten sehen Sie in Ihrer und meiner Einschätzung?"
- „Um Sie auch wirklich richtig zu verstehen, beschreiben Sie mir bitte genau, warum Sie die Situation Ihres Kindes so sehen."
- „Da ich eine akute Gefährdung für Ihr Kind sehe, Sie jedoch diese Einschätzung als Eltern nicht nachvollziehen, werde ich das Familiengericht um eine Entscheidung bitten. Das Familiengericht wird Ihre und meine Sichtweise überprüfen und bewerten um dann zu einer Entscheidung zu kommen."

4. Überprüfen, ob Rollen- und Auftragsklärung ausreichend erfolgt sind

Wenn Eltern im Gespräch Widerstand zeigen und eine Abwehr aufbauen, kann dies ein wichtiger Hinweis darauf sein, dass im Vorfeld nicht genau geklärt wurde, was die Rolle, der Auftrag und die Pflicht der Sozialarbeiterin sind. Es passiert dann leicht, dass Vorannahmen oder schlechte Vorerfahrungen der Eltern zu Unsicherheit und Abwehr führen. Über die Rolle und den Auftrag der Sozialarbeiterin sollten nicht Phantasien der Klienten die Oberhand gewinnen, sondern eine ehrliche und offene Klärung, dass es um Hilfe und Unterstützung, aber auch um konsequenten Schutz des Kindes geht. Verknüpft werden muss diese Aufklärung immer auch mit der Klärung der Beziehung zwischen den Eltern und der Beraterin. Im Rahmen einer gründlichen Auftragsklärung sollte immer auch Beziehung und zumindest eine Spur von Vertrauen zueinander hergestellt werden. Dabei spielt neben allem bereits oben Genannten eine nicht zu vernachlässigende Rolle, wie authentisch die Beraterin den Eltern gegenüber treten kann. Die Klienten müssen erkennen können, dass sie aufgrund ihrer Einzigartigkeit und ihrer Persönlichkeit wahrgenommen werden, und dass auch die Beraterin menschlich ist und eine eigene Persönlichkeit hat.

- „Vielleicht muss ich Ihnen noch mehr über meinen Arbeitsauftrag und meine Arbeitsweise berichten, damit Sie besser einschätzen können, was mein Anliegen ist und was mir in meiner Arbeit mit Eltern wichtig ist."
- „Irgendwie kommen wir nicht so recht ins Gespräch. Was möchten Sie von mir wissen/was brauchen Sie um sich mit weniger Ärger/Vorbehalten/Widerstand auf unser Gespräch einlassen zu können."
- „Vielleicht haben Sie schon Erfahrungen mit Sozialarbeiterinnen. Wenn diese Erfahrungen nicht gut waren, ist es mir wichtig zu erfahren, was Ihnen dabei nicht gefallen hat und was ich jetzt anders machen kann."

5. Betonung der Verantwortung und der persönlichen Wahlfreiheit

Mit Widerstand reagieren einige Eltern, wenn sie sich in ihrer Verantwortung und persönlichen Entscheidungsfreiheit bedroht fühlen. Die Mitarbeiterin des Jugendamtes wird häufig als mächtig erlebt und als jemand, der in die Persönlichkeitssphäre und in die persönlichen Rechte eingreifen kann. Im Sinne von „Was mischen die sich ein, das geht die gar nichts an" oder „Von denen lasse ich mir gar nichts sagen!" wird der Kontakt oder das Gespräch abgewehrt, um die eigene Autonomie zu erhalten. Eltern müssen dann über ihre Rechte aufgeklärt werden. Es muss verdeutlicht werden, dass sie personensorgeberechtigt bleiben und sind, solange ein Familiengericht ihnen diese Sorge nicht entzogen hat. Die Verantwortung als auch das Recht Entscheidungen für ihre Kinder zu treffen obliegt alleine den Eltern – viele Eltern gehen jedoch davon aus, dass das Jugendamt Eingriffe in die elterliche Sorge vornehmen kann. Wichtig ist, den Eltern immer wieder zu versichern, dass sie die Eltern ihrer Kinder sind und diese auch bleiben. Elternrecht – auch das wissen manche Eltern nicht – bedeutet auch, mit entscheiden zu können, welche Maßnahmen für die Kinder zu deren Schutz getroffen werden. Sie müssen dazu gehört werden und ihre Wünsche sind zu berücksichtigen, wie es im Sozialgesetzbuch VIII verankert ist. Einschränkung findet dies erst, wenn das Familiengericht zum Schutze der Kinder das ganze oder Teile der Personensorge entzogen hat. Eltern müssen über ihre rechtlichen Möglichkeiten und Bedingungen vor jeder Intervention genau aufgeklärt werden. Das Procedere muss für sie transparent sein. Sie haben die Wahl, sich auf die Vorschläge der Sozialarbeiterin einzulassen und die Hilfe mit zu gestalten oder, wenn sie nicht einverstanden sind, die Angelegenheit über das Familiengericht klären lassen. Die Anrufung des Familiengerichtes im Sinne des § 8a SGB VIII oder des § 1666 BGB sollte nie als Drohung gegenüber den Eltern genutzt werden, sondern als eine Möglichkeit, in den Prozess der Zusammenarbeit einbezogen zu werden. Sozialarbeiterin: „Wir sind uns nicht einig, was jetzt für ihr Kind getan werden muss. Ich halte diese Maßnahme aus meiner fachlichen Sicht für notwendig, um ihr Kind ausreichend zu schützen und ihm gute Entwicklungsmöglichkeiten zu geben. Sie als Eltern sehen dies anders – so lassen wir dies das Familiengericht entscheiden. Das Familiengericht wird sich Ihre und meine Einschätzung anhören. Möglicherweise wird das Familiengericht zusätzlich ein psychologisches Gutachten einholen oder eine Verfahrenspflegschaft einrichten um eine weitere fachliche Einschätzung zu bekommen. Nach gründlicher Abwägung trifft das Familiengericht dann eine Entscheidung."

4.4 Motivation zur Veränderung

Zum Schutz des Kindes erwarten wir Veränderung und Zusammenarbeit von den Eltern. Aus systemischer Sicht gehen wir davon aus, dass das Familiensystem autopoietisch ist und Eltern ihre Situation und die ihrer Kinder nur dann nachhaltig ändern werden, wenn sie dies auch selbst wollen. (siehe Kap.1) Das heißt, wir können Eltern nicht dazu überreden oder es anordnen sich zu ändern, sondern sie begleiten und beraten, dass sie ihre Sichtweisen reflektieren, Bestehendes einer kritischen Überprüfung unterziehen und schließlich Veränderungsziele entwickeln können.

Veränderung löst häufig Verunsicherung und Angst aus, da Gewohntes, Bekanntes verlassen wird und durch Neues, Unbekanntes ersetzt wird. Wer sich in einen Veränderungsprozess begibt, gesteht sich und anderen gegenüber immer auch ein, dass das Alte nicht mehr passend war. Dieser Aspekt kann für den Weg zur Veränderung blockierend sein, da er oft mit Scham, Schuldgefühlen, aber auch mit dem Gefühl, etwas falsch gemacht zu haben einhergeht. Voraussetzung für einen aktiven Veränderungsprozess ist ein erstrebenswertes Ziel. Was soll erreicht werden, was wird dann anders sein? In der Kinderschutzarbeit muss von Eltern erwartet werden, dass ihre Ziele beinhalten, die Situation der Kinder zu verbessern und deren Bedürfnisse mit oder ohne Unterstützung ausreichend zu befriedigen. In der Zusammenarbeit mit den pädagogischen Fachkräften sollen diese Ziele konkretisiert und in den einzelnen Schritten auf dem Weg dorthin genau formuliert werden. Es ist für die Motivation wie auch für deren Nachhaltigkeit wichtig, Visionen der Eltern und Kinder zu benennen und auszumalen. „Wenn meine Kinder regelmäßig in die Schule gehen, haben sie gute Noten und eine gute Aussicht auf einen Ausbildungsplatz." „Ein anderer Umgang mit Strafen erlöst mich von meinem schlechten Gewissen und mein Kind kann wieder spüren, dass ich es lieb habe." „Ich möchte dem Jugendamt zeigen, dass ich gut für mein Kind sorgen kann, den Haushalt angemessen sauber halte und regelmäßig ein Essen koche." Dies impliziert, den Eltern Zuversicht zu vermitteln, dass sich die Situation bessert, wenn sie ihre Ziele konstant verfolgen. Dazu gehört, den Eltern die notwendige sozialpädagogische Unterstützung, zum Beispiel durch Sozialpädagogische Familienhilfe, zur Seite zu stellen.

Um Eltern zu motivieren, für ihre Kinder und ihre Familie etwas positiv zu verändern, ist es notwendig, sie in ihren Ressourcen und Fähigkeiten zu stärken und sie damit im Selbstwirksamkeitsglauben zu unterstützen.

Vier Basisprinzipien der Motivierenden Gesprächsführung

Die Motivierende Gesprächsführung ist ursprünglich aus dem Kontext der Suchberatung, der Beratung mit „unfreiwilligen" Klienten entstanden. Inzwischen profitieren auch andere Bereiche wie Gesundheitsförderung, Strafvollzugswesen, Medizin und Sozialarbeit von dieser Methode.

Für die Kinderschutzarbeit erscheinen mir einige Aspekte und Anregungen der Motivierenden Gesprächsführung hilfreich. Häufig haben wir es mit „unfreiwilligen" Kunden zu tun, die zunächst wenig motiviert sind, Hilfen anzunehmen und Veränderungen vorzunehmen. Wenn es uns gelingt, Eltern zu einer Zusammenarbeit mit uns und damit einer Veränderung zugunsten der Kinder zu motivieren, können wir unter Umständen weiter reichende Maßnahmen wie Sorgerechtsentzüge und Trennungen von Kindern und Eltern vermeiden. Voraussetzung ist, dass die positive Entwicklung der Familie konstant ist und sie bereit sind, die Zusammenarbeit mit der Sozialarbeiterin weiterzuführen. In der Praxis der sozialarbeiterischen Kindschutzarbeit zeigen sich die Ansätze der Motivierenden Gesprächsführung als hilfreich, gerade wenn es um konflikthafte und schwierige Situationen geht, wie zum Beispiel bei Widerstand in der Zusammenarbeit und bei unterschiedlichen Sichtweisen, die eine familiengerichtliche Klärung erfordern.

Miller und Rollnick (2009) stellen vier Prinzipien der motivierenden Gesprächsführung vor.

1. Empathie ausdrücken	Wertschätzung, Respekt und Akzeptanz fördern Veränderung, aktives Zuhören, Bemühen, Gefühle und Einstellungen zu verstehen, positive Erwartungshaltung an den Klienten, Ambivalenzen akzeptieren und als normal betrachten (Ich will und ich will nicht).

2. Diskrepanzen entwickeln	Argumente für die Veränderung sollen vom Klient selbst kommen. Diskrepanzen zwischen dem derzeitigen Verhalten und der Situation, den Werten, Zielen, den Wünschen und Vorstellungen wahrnehmen, erzeugen und verstärken. Wahrgenommene Diskrepanzen motivieren zur Veränderung. Zum Beispiel: Kind zeigt Misshandlungsspuren, Mutter lehnt Gewalt eigentlich ab.
3. Widerstand umlenken	Widerstand als Signal verstehen. Widerstand nicht direkt begegnen. Neue Perspektiven anregen. Widerstand ist ein zwischenmenschliches Phänomen zwischen Klient und Beraterin.
4. Selbstwirksamkeit fördern	Überzeugung dazu fähig zu sein, eine bestimmte Aufgabe ausführen und erfolgreich zu beenden können. Glaube daran, sich verändern zu können. Klient ist für die Entscheidung zur Veränderung verantwortlich, nicht die Beraterin. Der Glaube des Beraters an die Fähigkeit der Person, sich zu verändern, wird zu einer sich selbst erfüllenden Prophezeiung (Selffulfilling Prophecy).

Als grundsätzliche Einstellungen der Motivierenden Gesprächsführung nennen Miller und Rollnick (2009): Partnerschaftlichkeit, Evokation und Autonomie.

Partnerschaftlichkeit

Persönlichkeit und Sichtweisen der Klienten werden gewürdigt und ihnen mit Wertschätzung begegnet. Die Beratung findet im Bewusstsein statt, dass Klient und Berater aufgrund unterschiedlicher Intention zusammenkommen und der Beratungsprozess ein zwischenmenschliches Miteinander ist. Veränderung wird nicht erzwungen, sondern vom Klient gewünscht. Die Beziehung zwischen Klient und Berater ist so gestaltet, dass sie freundlich ist und Veränderung fördert. Autoritäre Strukturen schließen sich in der Motivierenden Gesprächsführung aus.

Evokation

Es wird davon ausgegangen, dass Ressourcen und Motivation zur Veränderung vom Klienten ausgehen und diese in ihm vorhanden sind. Diese Motivation aus eigenem Antrieb (intrinsische Motivation) wird durch die Einbeziehung von Werten, Zielen, Wahrnehmungen und Sichtweisen des Klienten verstärkt.

Autonomie

Die Verantwortung liegt beim Klienten. Er hat das Recht und die Fähigkeit auf Selbstbestimmung. Die Klienten haben die Freiheit und das Recht, Entscheidungen zu treffen.

Eltern können sich durchaus dagegen entscheiden, die Gefährdung ihrer Kinder wahrzunehmen und Hilfen anzunehmen. Damit haben sie dann entschieden, die Angelegenheit vor dem Familiengericht klären zu lassen. Die Sozialarbeiterin ist in diesem Fall verpflichtet dieses anzurufen.

Wirklichkeits- und Möglichkeitskonstruktion

Um Diskrepanzen zwischen der momentanen Situation und der gewünschten oder erforderlichen Situation wahrzunehmen ist es sinnvoll, dass sich Beraterin und Eltern der Wirklichkeits- und Möglichkeitskonstruktion widmen. Schlippe und Schweitzer (1999) beziehen dies vor allem auf die Beziehungsmuster innerhalb der Familie, um diese zu verdeutlichen und Wahrnehmungskanäle für die Beziehungen innerhalb der Familie zu öffnen. Ich möchte dies im Sinne der Kinderschutzarbeit auf die gesamten Lebensumstände in der Familie erweitern.

Die Wirklichkeitskonstruktion beschreibt den Ist-Zustand, das was als Realität wahrgenommen wird. Die Möglichkeitskonstruktion beschreibt das, was sein könnte, Wunschvorstellung ist oder den Wertevorstellungen der Familie entspricht. Aus der Möglichkeitskonstruktion können sich Ziele, Anreize und damit die Motivation entwickeln an einer Veränderung zu arbeiten.

Unterschiedliche Sichtweisen können einander gegenüber gestellt und dann an einer gemeinsamen Problemdefinition gearbeitet werden. Vorsicht: eine gemeinsame Problemdefinition kann nicht erzwungen werden, sie ist jedoch hilfreich für eine weitere gelingende Zusammenarbeit mit den Eltern. Wenn es nicht gelingt, diese herzustellen, müssen die verschiedenen Sichtweisen zunächst einmal als Unterschied stehen gelassen werden. Wenn jedoch aus fachlicher Sicht eine Intervention zum Schutze der Kinder notwendig ist, muss diese erfolgen.

Fragen zur Wirklichkeitskonstruktion

Hier geht es um das Erfassen und um das möglichst genaue Beschreiben der eigenen Wahrnehmung und der Schwierigkeiten. Ebenso soll dabei der Kontext rund um das Problem erkannt werden. Im Rahmen der Kinderschutzarbeit ist es erforderlich, dass die Fachkraft, möglichst nach der Wirklichkeitsbeschreibung durch die Eltern, ihre Eindrücke und ihre erste Einschätzung benennt.

- Was meinen Sie wurde mir über Ihre Schwierigkeiten berichtet? Welche Umstände könnten die Person bewogen haben das Jugendamt zu informieren?
- Was funktioniert aus Ihrer Sicht in Ihrer Familie gut, was weniger gut?
- Welche Umstände könnten vom Jugendamt/vom Kindergarten/von der Schule/vom Arzt als besorgniserregend für Ihre Kinder eingeschätzt werden?
- Wie reagieren Ihre Kinder auf die derzeitige Situation/auf Ihre Lebensumstände/auf Ihr Erziehungsverhalten/auf Bestrafungen? Welche Gefühle bewegen Ihre Kinder, was bewegt Sie?
- Womit in Ihrer Familie sind Sie zufrieden und womit unzufrieden? Woran könnte das liegen?
- Wer in Ihrer Familie macht am meisten durch schwieriges Verhalten auf sich aufmerksam? Wie reagieren die Familienmitglieder darauf? Wie reagiert wer aus Ihrem Umfeld darauf?
- Wo haben Sie Unterstützung? Wer oder was hilft Ihnen?
- Was belastet Sie am meisten? (Diese Frage auch als Skalierungsfrage: „Auf einer Skala von eins bis zehn – bei welcher Zahl stehen Sie?")

- Wie erklären Sie sich die vorliegende Situation? Wie ist es soweit gekommen?
- Wann haben die Schwierigkeiten begonnen? Welches Ereignis, welche Veränderung in Ihrem Leben könnte Auslöser gewesen sein?
- Welche Folgen könnten die vorliegenden Schwierigkeiten für Ihre Kinder und Ihre Familie haben? Was bedeuten sie für die Zukunft? Wie wird es weitergehen, wenn keine Veränderung eintritt?

Fragen zur Möglichkeitskonstruktion

Mit der Konstruktion von Möglichkeiten soll im Gespräch herausgefunden werden, wie die Zukunft aussehen könnte. Welche Möglichkeiten außer der jetzt aktuellen Lebenssituation sind noch möglich? Die Auseinandersetzung damit kann motivierend sein, Ziele zu entwickeln und eine Veränderung in Erwägung zu ziehen und sie dann zu verwirklichen.

- Was wäre Ihre Wunschvorstellung zu Ihrer Familiensituation?
- Welche Umstände wären für Ihre Kinder hilfreich?
- Was wünschen sich Ihre Kinder? Was brauchen sie um sich wohl zu fühlen?
- Was meinen Sie, welche Veränderungen von Ihnen erwartet werden?
- Welche Entwicklungen müssten passieren, damit die Gesamtsituation für die Kinder besser wäre? Was könnten Sie dafür tun? Wer könnte Ihnen helfen?
- Wunderfrage: Wenn ein gute Fee Ihnen zwei Wünsche erfüllen würde, was würden Sie sich für Ihre Familie wünschen?
- Was genau wäre dann anders, wenn die Veränderung abgeschlossen wäre? Wo sehen Sie einen Unterschied zur derzeitigen Lage?
- Welche Möglichkeiten haben Sie um an einer Umsetzung zu arbeiten? Welche Ressourcen könnten Sie dafür nutzen?
- Welcher Teil der Veränderung würde Ihnen leicht fallen? Welcher würde Ihnen am besten gefallen?
- Wie würden Sie und Ihre Kinder sich fühlen, wenn die Veränderung abgeschlossen wäre?
- Wie würden Ihre Umgebung/die Schule/die Verwandten darauf reagieren?
- Was wollen Sie in Ihrem Leben so bewahren wie es jetzt ist?

4.5 Gespräche mit Kindern

Zur Risikoeinschätzung und zur Kinderschutzarbeit insgesamt gehört es zwingend, mit den betroffenen Kindern und Jugendlichen Gespräche zu führen. Notwendigerweise sollen, neben den gemeinsamen Gesprächen mit Eltern und Kindern sowie den Gesprächen mit den Eltern allein, Gespräche mit den Kindern und Jugendlichen allein geführt werden. Häufig ist es nicht sinnvoll, diese Gespräche im häuslichen Rahmen zu führen, da Kinder dann oft nicht entspannt sind und offen erzählen, wenn die Eltern noch in der Nähe sind. Es bietet sich an mit Kindern zu einem Spaziergang nach draußen zu gehen oder sie in der Schule oder dem Kindergarten aufzusuchen und dort in einem ruhigen, separaten Raum mit ihnen zu sprechen. Gespräche, die spielerisch geführt werden, eventuell mit Spielfiguren, sind für Kinder oft leichter. Gefühle, Belastungen und Erlebnisse lassen sich über das Spiel oder über ein Medium leichter zum Ausdruck bringen.

Nicht unterschätzt werden sollte die Fähigkeit von Kindern, auch schon im Alter von sechs bis sieben Jahren, sich auszudrücken, sich über ihr Befinden und ihre Rolle im Beziehungsgeflecht der Familie sowie dem der Freunde reflexiv zu äußern. Voraussetzung ist jedoch, dass sich Kinder im Gespräch ernst genommen und wichtig fühlen und darin im Verlauf des Gespräches immer wieder bestätigt werden. Durch aktives Zuhören kann die Gesprächsführende dies fördern.

Kinder aus Familien, in denen sie Misshandlung erleben, sind ebenso wie alle anderen Kinder eingebunden in das Familiensystem, sind Teil davon und erleben die für Systeme kennzeichnenden Wechselbeziehungen und Wechselwirkungen. Diese Dynamik und die Dynamik der Eskalation treffen die Kinder ganz besonders. Sie haben im Laufe ihres Lebens eine Bindung und auch eine tiefe Loyalität zu ihren Eltern entwickelt, sind auf die Eltern angewiesen und bringen ihnen Vertrauen und Liebe entgegen. Bei allen Formen von Misshandlung wird dieses zutiefst erschüttert. Dennoch bleiben Liebe und Loyalität bestehen und existieren neben Angst, Misstrauen und Enttäuschung. Dies löst massive psychische Belastungen und Spannungen im Kind aus. Theorie und Praxis (Boszormenyi-Nagy und Spark 2001) zeigen, dass Kinder ihre Loyalität zu den Eltern trotz Misshandlungen nicht aufgeben. Beispielhaft dafür ist, dass Pflegekinder – auch wenn es ihnen in der Pflegefamilie noch so gut geht – in der Regel am liebsten bei ihren Eltern leben würden und sich Kontakt zu ihnen wünschen, egal wie viel Kränkung sie immer wieder durch sie erleben. Ein bekanntes Phänomen ist, dass Pflegekinder – auch wenn sie ganz in der Pflegefamilie sozialisiert wurden und seit ihrer Säuglingszeit dort lebten – nicht selten genau den Lebensweg der Eltern einschlagen.

In der Dynamik einer Familie mit misshandelnden Eltern kann es auch liegen, dass Kinder zu Problemträgern der Familie oder zum Sündenbock gemacht werden. Ihnen wird dann zugeschrieben für die Überlastungs- und Überforderungssituation der Eltern verantwortlich zu sein. Diesen Kindern wird nicht selten von den Eltern angedroht, sie in ein Heim zu bringen. Dies macht den Kindern Angst und schränkt die Offenheit für ein Gespräch mit dem Jugendamt oder anderen Helfern ein. Das Aufsuchen von Hilfe fällt Kindern und Jugendlichen aus diesem Grund dann sehr schwer.

Bei sexueller Misshandlung und bei häuslicher Gewalt fällt es Kindern und Jugendlichen ebenfalls sehr schwer, offen darüber zu sprechen. Beides ist mit Scham und einem Tabu besetzt. Das, was innerhalb der Familie stattfindet, darf nicht nach außen getragen werden. Im Fall der sexuellen Misshandlung werden oft Drohungen und ein massiver Druck von den Tätern ausgeübt, den Tatbestand nicht zu veröffentlichen.

Fachliche Anforderungen für das Gespräch mit Kindern

- Entwicklungspsychologische Kenntnisse
  Das Gespräch muss dem Alter, dem Entwicklungsstand und der Aufnahmefähigkeit des Kindes entsprechend geführt werden.
- Kenntnisse über Bindungstheorie und Loyalität in Familiensystemen
- Systemisches Verständnis und Wissen von Dynamik in Familien
- Eskalationsdynamik erkennen und damit umgehen können
- Kenntnisse über die Lebenswelten und Bedürfnisse von Kindern

Was brauchen Kinder und Jugendliche in der Gesprächssituation?

- Die pädagogische Fachkraft muss sich, ihre Aufgabe und ihren Auftrag, dem Alter des Kindes angemessen, vorstellen.
- Absichten der Fachkraft und eventuelle Folgen müssen offen gelegt werden.
- Kindern und Jugendlichen muss gesagt werden, wie wichtig ihre Sichtweise und ihre Meinung ist. Es werden nicht nur die Eltern gehört.
- Kinder brauchen in der Gesprächssituation Sicherheit, Orientierung, Zuverlässigkeit, Wertschätzung und das Gefühl, dass ihnen ehrliches

Interesse entgegen gebracht wird. Insgesamt muss die Atmosphäre für das Kind so sein, dass es Vertrauen entwickeln kann.

- Die Sprache muss deutlich, klar und, je nach Alter des Kindes, einfach und verständlich sein. Formulierungen, die überschaubar sind und einfache, kurze Sätze sind leichter zu verstehen.
- Wichtig ist, immer wieder auf die Metaebene zu gehen und zu fragen, ob und wie alles verstanden wurde. Manchmal ist es hilfreich das Kind zu bitten, das Verstandene mit eigenen Worten zu wiederholen.
- Die Gesprächsatmosphäre muss offen sein und Kinder müssen wissen, dass sie gerne nachfragen dürfen und sollen, wenn sie etwas nicht verstanden haben oder mehr wissen möchten.
- Im Hinblick auf die Loyalität von Kindern mit ihren Eltern, Eltern niemals schlecht machen oder abwerten. Anerkennen, dass es die Eltern gut machen wollen und sie sich bemühen – es ihnen aber nicht immer gelingt oder gelungen ist. Nicht die Eltern in ihrer Persönlichkeit kritisieren, sondern mit dem Kind ganz klar ansprechen, dass ein Verhalten, eine Handlung der Eltern oder die Situation an sich nicht gut sind und das Kind ein Recht hat, gut behandelt zu werden. Wichtig ist auch, den Kindern zu vermitteln, dass Eltern Verantwortung dafür tragen, dass es ihnen gut geht.
  Offen angesprochen werden muss von der Fachkraft, dass das Kind einerseits enttäuscht, gekränkt oder wütend auf die Eltern sein kann, aber andererseits die Eltern nicht verraten und in eine missliche Lage bringen möchte.
- Kinder und Jugendliche brauchen, wenn es um Misshandlung geht, die Sicherheit zu wissen, wo sie sich Hilfe und Unterstützung holen können. Es empfiehlt sich dies genau zu besprechen und ihm Telefonnummern, Visitenkarten an die Hand zu geben. Wichtig ist auch, zu vermitteln wohin sie sich am Wochenende oder am Abend wenden können.
- Am Ende des Gespräches brauchen Kinder das Wissen und die Sicherheit, wie es weitergeht. Es sollte auch abgesprochen sein, inwieweit die Sozialarbeiterin den Inhalt des Gesprächs den Eltern weitergibt und welche Themen sie mit den Eltern besprechen wird.

Gesprächstechniken für das Gespräch mit Kindern

- Das Kind direkt ansprechen, es beim Namen nennen, es ansehen. Das Kind bitten, das Gegenüber im Gespräch anzusehen.

- Eine dem Kind zugewandte Körperhaltung einnehmen. Darauf achten, dass die Augenhöhe zur Größe des Kindes und zur Form des Gespräches passt. Delfos (2008) weist darauf hin, dass gleiche Augenhöhe gleichwertigen Austausch simuliert.
- Bestätigende und unterstützende Bemerkungen zeigen dem Kind, dass die Sozialarbeiterin gut zuhört und motivieren das Kind weiter zu sprechen und sich im Kontakt wertgeschätzt fühlen. „Ja, jetzt kann ich mir das gut vorstellen, so wie du das erzählst." „Wenn du mir das nicht erzählt hättest, wüsste ich gar nichts davon. Nun kann ich es (. . .) besser verstehen." „Das war sicher nicht leicht, das alles zu erzählen, es ist aber wichtig, dass ich das weiß". Bestätigung kann auch nonverbal über die Körperhaltung oder die Körpersprache erfolgen, zum Beispiel durch Nicken, Lächeln, entsprechende Mimik – Mund und Augen.
- Zu Beginn des Gesprächs nachfragen wie sich das Kind fühlt. „Viele Kinder sind am Anfang eines Gespräches ganz schön aufgeregt. Wie ist das bei dir?" „Du weißt ja, jeder Mensch ist ein bisschen anders. Der eine erzählt gerne, der andere ist eher stiller. Bist du eher der eine oder der andere Typ – wie ist es bei dir?"
- Kurze, klare und verständliche Sprache, schwierige Wörter erklären. Das Kind zu Nachfragen auffordern. „Ich glaube manchmal verwende ich schwierige Wörter, das merke ich gar nicht immer. Bitte frage mich dann, was es bedeutet." „Es ist mir wichtig, dass du nachfragst, wenn ich unverständlich spreche. Frag mich dann einfach."
- Eine wichtige Rolle kann auch Humor im Gespräch spielen. Gemeinsames Lachen kann entspannend und vertrauensfördernd wirken. Beide Seiten können auch mal einen Witz, eine lustige Erinnerung oder ein Erlebnis erzählen.
- Fragetechniken
  Offene Fragen: Fragen, die viele Antworten möglich machen.
  Geschlossene Fragen: Fragen, die abschließend beantwortet werden, zum Beispiel mit ja oder nein.
  Skalierungsfragen: „Mich interessiert, wie gut du dich mit deinen Eltern verstehst. Welche Schulnote würdest du geben?" „Auf einer Skala von 1 bis 10, wie schätzt du . . . ein? Eins ist ganz schlecht und zehn ist ganz super."
  Skalierungsfragen sind oft hilfreich, da sie eine konkrete Einschätzung benennen, der dann zum Beispiel mit offenen Fragen weiter nachgegangen werden kann.

Wunderfragen: „Stelle dir vor, es käme eine gute Fee und du hättest drei Wünsche frei. Was würdest du dir wünschen?" „Was wäre, wenn es wie durch ein Wunder, ab morgen keinen Streit mehr in deiner Familie geben würde?"
Diese Fragen können mehr Klarheit über Wünsche und Bedürfnisse des Kindes bringen oder bei der Möglichkeitskonstruktion hilfreich sein.
Paradoxe Fragen: Vorsicht: nur bei Jugendlichen einzusetzen. Diese Fragen können etwas überspitzen, zum Widerspruch herausfordern oder auch zum Lachen führen. „Was wäre, wenn du der Chef in der Familie wärst?"

- Während des Gesprächs immer wieder zusammenfassen um sich zu versichern, dass das Kind als auch die Sozialarbeiterin alles richtig verstanden haben. Am Ende des Gesprächs ist die Zusammenfassung ebenfalls wichtig um das Wesentliche herauszuarbeiten.

Ablauf eines Gespräches mit Kindern

1. Vorbereitung	Klärung wo das Gespräch stattfindet. Einstellen auf Entwicklungsstand des Kindes. Material herrichten: Papier, Stifte, Tierfiguren, Spielsachen.
2. Kennen lernen	Sich selbst kindgerecht vorstellen. Eigenen Auftrag und Zweck des Gesprächs nennen. Kind kennen lernen: Hobbys, Alltag, Schule, was macht es gerne, Freunde. Vertrauen fördern. Gute Atmosphäre herstellen. Ängste ansprechen, klären, aufklären und beruhigen. Persönlichen Kontakt herstellen.
3. Thema und Ziel benennen	Worum genau geht es. Wer macht sich welche Sorgen. Altersgerecht erklären was das Ziel ist – Klärung, Lösungen suchen, Hilfe und Unterstützung, Besserung der Situation.

4. Erfassen der Situation	Wie geht es dem Kind? Welche Konflikte liegen vor? Wie ist die Bindung zu den Eltern? Welche Loyalitäten zur Familie prägen das Kind? Loyalitätskonflikte? Worunter leidet das Kind? Einbindung ins soziale Umfeld, Freunde, Vertrauenspersonen? Ressourcen?
5. Vereinbarungen	Genau erklären was danach passiert. Wie geht es weiter mit Lösungsideen? Besprechen was mit den Erwachsenen besprochen wird und was nicht. Gibt es weitere Kontakte? Wohin kann sich das Kind, der Jugendliche wenden, wenn es Hilfe braucht oder mit jemandem reden möchte?
6. Beendigung	Inhalt zusammenfassen. Versichern, ob das Kind alles verstanden hat. Anerkennung aussprechen. Bedanken für Offenheit, Vertrauen, Ehrlichkeit. Reflexion: wie war das Gespräch für das Kind? Wie geht es ihm jetzt? Was macht das Kind nach dem Gespräch? Übergang in den Alltag schaffen. Fließende Übergabe an die Erwachsenen.

Fragen zur eigenen Reflexion

- Wo sind meine fachlichen Stärken in der Gesprächsführung? Welche meiner persönlichen Fähigkeiten spielen neben den fachlichen bei meiner Gesprächsführung eine Rolle?

- Welche innere Haltung ist es, die mir bei schwierigen Gesprächen hilft? Was blockiert mich? Was macht mich in schwierigen Gesprächen sicher? Was brauche ich dazu?

- Welche Haltungen, Verhaltensweisen gibt es bei Kunden, die mich besonders bewegen, ärgerlich machen oder ein anderes Gefühl bei mir auslösen? Was in mir löst genau dieses Gefühl aus? Erinnert mich etwas an eigene Erfahrungen und Erlebnisse? Was hat das mit mir zu tun?

- Wann fühle ich mich als Kundin, Klientin wohl in Gesprächen? Was muss der Gesprächsführende tun, damit ich Vertrauen habe, offen werde, natürlich sein kann, nicht verunsichert bin, etc.?

- Welche Rolle spielt Humor in Gesprächen? Welches Gespräch fällt mir ein, wo Humor eine Rolle spielte? Was wurde dadurch bei der Klientin als auch bei mir ausgelöst?

5
Kinder psychisch kranker Eltern

Bekannt sind sie allen: Mitarbeitern in der Jugendhilfe, in Kindergärten, in den Schulen, bei Kinderärzten und in Beratungsstellen – Kinder psychisch kranker Eltern. In den letzten zehn Jahren wurde das Thema verstärkt aufgegriffen und es gibt inzwischen einige Ansätze und Initiativen, diesen Kindern und ihren Familien Hilfe und Unterstützung anzubieten (Mattejat u.a. 2008 und Lenz, 2008). Bis Mitte der 1990er Jahre gab es in Deutschland keine wissenschaftlichen Veröffentlichungen zu diesem Bereich.[14] Bemerkenswert war, dass auffällig viele Kinder mit psychisch kranken Eltern in den Kliniken für Kinder- und Jugendpsychiatrie und bei niedergelassenen Kinder- und Jugendpsychiatern vorgestellt wurden. In einer Studie der Kinder- und Jugendpsychiatrie der Universität Ulm konnte Dr. M. Kölch 2007 nachweisen, dass sowohl niedergelassene als auch in Kliniken beschäftigte Psychiater der Erwachsenenpsychiatrie nicht durchgängig bei ihren Patientinnen nachfragten, ob diese Kinder haben und wie diese versorgt werden. Mehr als ein Drittel der befragten psychisch kranken Eltern gaben an, dass sie in der psychiatrischen Klinik nicht dazu befragt wurden, ob sie Kinder haben. Ein Blick auf die hohe Anzahl von betroffenen Kindern appelliert an uns, diese Kinder wahrzunehmen und sich mit den Auswirkungen einer psychischen Erkrankung eines Elternteils auf ihre Kinder zu beschäftigen. Nach Schätzungen von Mattejat (2008) leben in Deutschland 250.000 Kinder mit einem Elternteil, der sich wegen seiner Erkrankung in psychiatrisch-psychosozialer Betreuung befindet. Des Weiteren gibt er an, 175.000 Kinder würden pro Jahr die Erfahrung machen, dass ein Elternteil stationär psychiatrisch behandelt wird.

Familien, in denen Eltern eine psychische Krankheit haben, sind außerordentlich hohen Belastungen und Anforderungen ausgesetzt. Die Kinder sind gefährdet ebenfalls an einer psychischen Störung zu erkranken, Entwicklungs- und Verhaltensauffälligkeiten zu entwickeln oder misshandelt zu werden. Diese Gefahr ist abhängig vom Ausmaß und der Verarbeitung der psychischen Störung der Eltern. Natürlich kommt es nicht zwangsläufig zu Auffälligkeiten oder Misshandlungen, das Risiko für diese Kinder ist jedoch hoch.

Festzustellen ist ein Hilfe- und Unterstützungsbedarf bei Kindern und ihren Eltern. Dieser Bedarf kann nur interdisziplinär im Zusammenwirken von Gesundheits- und Jugendhilfe gedeckt werden. Sowohl Jugendhilfe

---

[14] Prof. Sabine Wagenblass in der Fortbildungveranstaltung, „Schutz und Hilfen für Kinder psychisch kranker Eltern" in Flehingen im September 2008.

und Erwachsenenpsychiatrie als auch die Kinder- und Jugendpsychiatrie müssen sich bewusst sein, dass es hier eine Schnittstelle gibt, die einer gelingenden Kooperation zum Wohle der Kinder bedarf.

5.1 Merkmale für eine psychische Störung und Störungsbilder

Die WHO (World Health Organisation) legt standardisierte Definitionen für die verschiedenen Störungsbilder im Klassifikationssystem ICD 10 (International Statistical Classification of Diseases and Health Problems) fest. In der Kategorie F werden alle psychischen Störungen benannt.

Da es daneben eine Vielzahl an Definitionen gibt, was allgemein unter einer psychischen Störung zu verstehen ist, sollen hier einige Merkmale dafür genannt werden:

- Von der jeweils gesellschaftlich geltenden Norm abweichendes Erleben und Verhalten;
- Denken, Fühlen und Handeln ist von diesem Verhalten und Erleben betroffen oder eingeschränkt. Beeinträchtigungen im Alltag;
- Empfinden von Leid und Belastung;
- Selbstgefährdung, Fremdgefährdung, Gefährdung der sozialen Existenz

(Jungnitsch 1999).

Psychische Störungsbilder

Depression – affektive Störungen

Störungen des Gefühls und der Stimmung,
unipolare Störung: Depression oder Manie,
bipolare Störung: wechselnd Manie und Depression.

Angst- und Zwangsstörungen

Phobien, Panikattacken, generalisierte Angststörung;
Zwangsgedanken – jenseits der Realität um bestimmte Vorstellungen,
Zwangshandlungen (Waschzwang, Kontrollzwang, etc.).

Psychosen

mangelnde soziale und realitätsgerechte Anpassung, Störung von Interaktion und Kommunikation, Störung der Ich-Identität, Persönlichkeitsveränderung, Stimmen hören, Wahnvorstellungen, verläuft episodenhaft (Feldmann 1984).

Borderline-Störung und emotional instabile Persönlichkeitsstörung

Störungen im Selbstbild, Stimmungswechsel, ambivalent ausgelebte Beziehungen, Impulsivität – Schwierigkeiten der Impulskontrolle, Ich-Unsicherheit, Suizidversuche, Selbstverletzungen, Sucht.

Sucht

Alkoholsucht, Drogenabhängigkeit, Magersucht (Anorexia), Bulimie, Spielsucht.

Psychische Störungen verlaufen grundsätzlich nicht nach einem vorhersehbaren Muster und nicht geradlinig. Es ist möglich, dass es im Leben nur eine einzige Episode gibt oder sich Episoden in wechselnder Ausprägung wiederholen. Zwischen den Episoden kann unter Umständen durchaus ein „normales" Leben ohne jegliche Einschränkungen stattfinden. Es gibt jedoch auch Verläufe mit einer steten Verschlechterung der Symptome, so dass es zu keinen ausgeglichenen und ruhigen Phasen mehr kommt.

Psychische Störungen werden ambulant von Psychiatern, tagesklinisch oder stationär in einer Klinik für Psychiatrie behandelt. Der Aufenthalt in einer Tagesklinik bedeutet, dass die Patienten morgens in die Klinik kommen, tagsüber behandelt werden, therapeutische Angebote wahrnehmen und am Abend wieder nach Hause in ihr eigenes Umfeld gehen. Die Behandlung besteht aus der Versorgung mit individuell und spezifisch an die Symptomatik angepassten Medikamenten, aber auch aus Gesprächspsychotherapie und Elementen aus anderen Therapieformen wie Gestalttherapie, Kunst- und Musiktherapie und Ergotherapie. Je früher die Störung psychiatrisch behandelt wird, desto besser kann in vielen Fällen mit den modernen Medikamenten eine Besserung erreicht werden. Schwierig wird es für Angehörige und beteiligte Fachleute, wenn bei den Krankheitsbetroffenen keine Krankheitseinsicht und damit meist keine Zustimmung zu einer Behandlung vorhanden ist. Die fehlende Einsicht, dass eine krankhafte Störung vorliegt, ist oft ein Symptom der Erkrankung. In diesen Fällen ist eine besonders enge Zusammenarbeit der sozialpädagogischen Fachkraft mit der Psychiaterin oder dem Psychiater hilfreich.

Mögliche Folgen psychischer Störungen sind:

- Stigmatisierung, Abwertung der betroffenen Person;
- Tabuisierung – Betroffene, Angehörige und Umfeld lassen keine offene Auseinandersetzung zu, das Thema wird „totgeschwiegen";
- Überforderung in der Gestaltung und Strukturierung des Familienalltags, Bedürfnisse der Kinder werden nicht mehr erkannt, da sie von den Symptomen der elterlichen Krankheit überlagert werden;
- hohes Risiko für Trennung in Partnerschaften und Beziehungsabbrüche;
- Belastung und Überforderung von Angehörigen, Gefühl der Hilf- und Ratlosigkeit bei den Angehörigen, Freunden und Bekannten; Unsicherheit im Umgang mit den Erkrankten;
- Rückzug, Isolierung – die Teilhabe am gesellschaftlichen Leben schränkt sich immer weiter ein;
- Nebenwirkungen durch Medikamente – Beeinträchtigungen im Alltag und in der Lebensführung;
- Klinikaufenthalte – Trennung von der Familie, gravierender Einschnitt in das Familienleben, wer betreut die Kinder in dieser Zeit?
- Scham- und Schuldgefühle wegen der psychischen Erkrankung;
- Gestörte oder eingeschränkte Interaktion mit der Familie und dem Umfeld.

Von allen Folgen ist das ganze Familiensystem massiv betroffen. Jeder stellt sich auf die entsprechende Situation ein und entwickelt Bewältigungsstrategien, um mit diesen besonderen Belastungen zurecht zu kommen. Je nachdem wie offen die Familie mit ihrer Situation umgeht, wie viel Unterstützung sie bekommt und wie sehr sie bereit ist Hilfen anzunehmen, desto besser beziehungsweise schlechter gelingt ihr der Umgang damit. Wenn die Bewältigungsmuster problematisch sind, kann es sowohl zu gravierenden Gefährdungen der Kinder in ihrem Wohl insgesamt, als auch in ihrer weiteren Entwicklung kommen. Ein Schutzfaktor ist es, wenn die Kinder auf vertraute Personen aus dem Umfeld zurückgreifen können und offen über die Erkrankung des Elternteils sprechen können.

5.2 Belastungen für die Kinder

Ausschlaggebend für die Belastung der Kinder ist nicht unbedingt die Diagnose der Erkrankung an sich, sondern ihr Schweregrad, die Art und Chronizität der Symptome, Rückfallhäufigkeit, das Ausmaß der damit einhergehenden Beeinträchtigungen in der Erziehungsfähigkeit der Eltern sowie die allgemeine Lebenslage der Familie und das psychosoziale Umfeld (Deneke 2005, S. 149 und Lenz 2008, S. 12).

„Zusammenfassend ist zu sagen, dass elterliche psychische Krankheit dann schwerwiegende Folgen für die seelische Entwicklung der Kinder hat, wenn sie die intuitiven Verhaltensweisen und die selbstreflektive Funktion der Eltern so beeinträchtigt, dass Misshandlung und Vernachlässigung möglich sind, dass ein pathologischer Interaktionsstil vorherrscht und eine rigide Rollenzuschreibung die Kinder in der Entfaltung ihrer eigenen Persönlichkeit hindert" (Deneke 2005, S. 150).

Die Belastungen für Kinder psychisch kranker sind mehrdimensional und beinhalten eine Vielzahl an Wechselwirkungen untereinander, die unter Umständen einzelne Belastungen noch verstärken können. Diese Belastungen können so weit gehen, dass sie eine Gefährdung des Kindeswohls darstellen.

Risiko, selbst eine psychische Störung zu entwickeln

Mehrere Studien, so Mattejat (2008), weisen für Kinder psychisch kranker Eltern ein signifikantes Risiko nach, ebenfalls an einer psychischen Störung zu erkranken. Als Kind eines Elternteils mit einer schizophrenen Störung erhöht sich das lebenslange Risiko ebenfalls an einer Schizophrenie zu erkranken um 13 Prozent gegenüber Kindern gesunder Eltern (Mattejat 2008, S. 76). Bei Kindern mit einem depressiven Elternteil erhöht sich das Risiko eine psychische Störung zu entwickeln um das Vierfache gegenüber Kindern mit gesunden Eltern. Kinder, bei denen ein Elternteil eine psychische Krankheit hat, haben ein allgemeines Erkrankungsrisiko von bis zu 60 Prozent, selbst irgendeine psychische Auffälligkeit oder psychiatrische Störung im Laufe ihres Lebens zu entwickeln (Mattejat 2008, S. 78f). Es wird vermutet, dass bei einer unipolaren Depression eines Elternteils für die Kinder ein Risiko von 40 Prozent besteht, selbst bis zum Alter von 20 Jahren mindestens eine depressive Episode zu erleben und bis zu 60 Prozent dieser Kinder mindestens eine klinisch relevante psychische Störung ausbilden. Eine andere Studie zeigt, dass Kinder von Eltern mit einer Angststörung ein bis zu siebenfaches Risiko haben ebenfalls eine Angststörung zu entwickeln (Lenz 2008, S. 11f).

Angesichts dieser erschreckenden Zahlen sollte jedoch der Fokus darauf gerichtet werden, dass es Faktoren gibt, die sich positiv auf die Kinder und ihre Familien auswirken und schützend wirken können. Bei der Entstehung von psychischen Krankheiten – so der derzeitige wissenschaftliche Standpunkt – spielen sowohl genetische Faktoren als auch die Umweltfaktoren sowie die psychosozialen Lebensumstände eine Rolle. Vererbt werden die Empfindlichkeit, die Verletzbarkeit (Vulnerabilität) im Sinne einer Schwachstelle für die Entwicklung einer psychischen Störung. Es müssen Faktoren auftreten, die die vorliegende Verletzlichkeit, die Schwachstelle angreifen und aktivieren. (Mattejat 2008; Deneke 2005 und Lenz 2008) Diese Faktoren entsprechen im Weitesten den in Kapitel 3 aufgeführten Risikofaktoren für eine Misshandlung. Zu bedenken sind die Wechselwirkungen dieser Faktoren untereinander und, dass sie sich unter Umständen gegenseitig verstärken können. Schutzfaktoren dagegen können einen Risikofaktor abmildern oder kompensieren.

Störungen in der Interaktion

Bei schwereren psychischen Störungen kann die Fähigkeit angemessen zu kommunizieren beeinträchtigt sein. Vor allem für die Entwicklung von Säugling und jungem Kind besteht die Gefahr gravierender Folgen, aber auch für ältere Kinder kann dies deutliche Auswirkungen auf ihre Entwicklung haben. Der Säugling signalisiert sein Bedürfnis nach Kontakt durch Mimik und Gestik. Gesunde Eltern antworten darauf mit intuitivem Elternverhalten, wie einer angehobenen Stimme, ausdrucksstarkem Lächeln und hochgezogenen Augenbrauen. Auf dieses Verhalten der Eltern reagiert ein Säugling und so entsteht eine Korrespondenz zwischen beiden, die zur Grundlage der Bindungsbildung gehört. Für eine gesunde Entwicklung von Säugling und heranwachsendem Kind ist eine feinfühlige Reaktion der Eltern auf seine Signale notwendig. Seine Bedürfnisse wollen erkannt und prompt befriedigt werden. Bei verzögertem Reagieren der Eltern oder wenn die Signale überhaupt nicht erkannt werden, zieht sich bereits der Säugling zurück, resigniert und sendet seinerseits kaum noch Signale an sein Gegenüber. Daraus können Bindungsstörungen entstehen, die eine gesunde Entwicklung des Kindes behindern. Falls hier entsprechende Hilfen nicht ausreichend wirken oder angenommen werden, ist das Kind in seinem Wohl und seiner weiteren Entwicklung deutlich gefährdet.

Bei leichteren psychischen Störungen muss es nicht zu Einschränkungen in der Kommunikation kommen. Störungen in der Kommunikation können auch phasenweise, während einer akuten Krankheitsphase oder in leichter Form auftreten. Entsprechend weniger nachhaltig wirken sie sich auf die Entwicklung der Kinder aus.

Unberechenbarkeit

Je nach Störungsbild erleben Kinder ihre psychisch kranken Eltern als unberechenbar. Gerade wenn zu den Symptomen schnelle Stimmungswechsel und wechselndes Verhalten gehören, verunsichert dies Kinder massiv. Das Verhalten des erkrankten Elternteils ist nicht mehr einschätzbar und verlässlich. Das Kind wird damit extremen emotionalen Wechselbädern ausgesetzt sein und Irritation erfahren. Dies löst Unsicherheit und Orientierungslosigkeit bei Kindern aus, vor allem, wenn der kranke Elternteil allein erziehend ist und die Kinder nicht ausreichend andere Beziehungen und Vertrauenspersonen haben.

Ängste

Unberechenbares Verhalten der Eltern kann auch Ängste hervorrufen. Angst machen kann es Kindern auch, wenn der erkrankte Elternteil Stimmen hört und mit diesen Stimmen spricht, schreit und schimpft. Verhaltensweisen, die dem Kind in der Beziehung zu Vater oder Mutter bisher fremd waren und ungewöhnlich sind, können sehr beängstigend sein. Es kann sich traumatisierend auf die Kinder auswirken, wenn sie erleben, dass ein Elternteil nicht mehr leben möchte und einen Suizidversuch unternimmt. Lebenslange Spuren hinterlässt es, wenn Kinder ihre suizidierte Mutter oder Vater auffinden.

Bei älteren Kindern taucht häufig die Frage – ausgesprochen oder unausgesprochen – auf, ob die Krankheit erblich sei und ob es auch daran erkranken werde. Vor allem, wenn dies nicht ausgesprochen wird, kann diese Befürchtung zu einer erheblichen Belastung werden und wiederum auffällige Verhaltensweisen, wie zum Beispiel emotionalen Rückzug, nach sich ziehen.

Beunruhigend wirken kann auch ein drohender Klinikaufenthalt. Was passiert, wenn die Mutter in die Klinik kommt? Es ergeben sich Unsicherheiten für das Kind. Wer wird für es sorgen und wo wird es sein, wenn die Mutter in der Klinik ist? Emotionale Verstörung kann auch ausgelöst werden, wenn das erkrankte Elternteil eingewiesen wird und der Krankenwagen kommt, um die Mutter oder den Vater abzuholen.

Parentifizierung

Parentifizierung bedeutet eine Rollenumkehr zwischen Eltern und Kind. Kinder übernehmen für die Eltern und ihre Geschwister die Elternrolle und die Verantwortung für sie. Sie managen den Haushalt, sind um Harmonie in der Familie bemüht, versorgen jüngere Geschwister, passen auf die Eltern auf, wenn sie suizidgefährdet sind und rufen den Arzt. Das Kind wird aufgrund der Bedürftigkeit des kranken Elternteils in diese nicht kindgerechte Rolle gedrängt oder diese Rolle wird an es delegiert. Die Bedürfnisse des Kindes treten in den Hintergrund und werden nicht mehr altersgerecht befriedigt. Diese Kinder scheinen gut zu funktionieren, sind jedoch massiv mit dieser nicht angemessenen Aufgabe überfordert. Oft erhalten diese Kinder von Menschen aus ihrem Umfeld besondere Anerkennung für ihr pflegeleichtes, unauffälliges und fleißiges Verhalten. Dies wirkt sich jedoch eher negativ aus, da das sie überfordernde Verhalten noch verstärkt wird. Lenz (2008, S. 30f) verweist auf die Folgen, die auch langfristig auftreten können. Parentifizierte Kinder können soziale Ängste, zwanghaftes Leistungs- und Perfektionsstreben, ein selbstzerstörerisches Selbst, Depressionen, unsicheres Selbstwertgefühl und Identitäts- und Ablösungsprobleme entwickeln. Gerade das Leistungs- und Perfektionsstreben täuscht oft über die Überlastung dieser Kinder hinweg, weil sie als besonders zielstrebig und tüchtig gelten.

Mangelndes Wissen über die Krankheit und Tabuisierung

Viele Kinder haben nur ein ungefähres oder gar kein Wissen darüber, was mit Vater oder Mutter los ist. Sie bemerken, dass etwas nicht stimmt, wissen keine Antwort darauf und sind somit ihren Phantasiegedanken und Sorgen ausgesetzt. Es entwickelt sich Desorientierung und Verwirrung beim Kind. Problematisch ist es, wenn Angehörige über die Krankheit schweigen oder unehrlich damit umgehen. Das Kind wird in Unwissenheit und damit Unsicherheit gelassen. Möglicherweise entsteht ein Familiengeheimnis, welches das Kind in seiner weiteren Entwicklung unbewusst beschäftigt, es unbewusst belastet und Verhaltensauffälligkeiten auslösen kann.

Behindernd auf seine Entwicklung kann sich auswirken, wenn die Eltern oder Angehörige dem Kind verbieten mit anderen Menschen über die psychische Krankheit zu sprechen und das Kind zur Tabuisierung verpflichten. Dies muss nicht unbedingt ausgesprochen sein, das Kind kann auch nonverbale Signale aufnehmen, das Thema Krankheit auszublenden.

Schamgefühle

Wenn die psychisch erkrankten Eltern auffällig für ihr Umfeld sind, sich ungewöhnlich verhalten oder ein unangemessenes Erscheinungsbild haben, dann kann bei den Kindern ein Gefühl der Scham entstehen. Sie vermeiden es dann, Freunde nach Hause zu bringen und sich in der Öffentlichkeit mit ihren Eltern zu zeigen. Aus diesem Schamgefühl kann sich ein Loyalitätskonflikt entwickeln. Einerseits werden die Eltern geliebt wie sie sind, andererseits schämen sie sich für ihre Eltern und gehen besonders im äußeren Umfeld auf Distanz zu den Eltern.

Schuldgefühle

Kinder beziehen die Erkrankung der Eltern auf sich und fragen sich, ob sie schuld daran sind. „Ist die Mama jetzt krank, weil ich so oft Streit mit ihr habe/weil ich nicht lieb war?" „Was habe ich Böses getan?" Schuld- und Gefühle der Hilflosigkeit können auch auftreten beim Versuch, den Eltern helfen zu wollen, dies jedoch nicht zu schaffen. „Ich mache alles, um die Mama wieder gesund zu machen. Und nichts hilft. Was mache ich falsch?"

Isolation und Randständigkeit

Die Familie ist aufgrund der psychischen Erkrankung nicht mehr in der Lage am gesellschaftlichen Leben teilzunehmen und gerät damit zunehmend in eine Isolierung. Es passiert häufig, dass sich Menschen aus dem Umfeld der Familie zurückziehen, da ihnen die Erkrankung unheimlich ist, sie nicht wissen, wie sie damit umgehen sollen oder sie einfach nichts damit zu tun haben wollen. Manche Eltern von Freunden der Kinder wollen nicht, dass ihre Kinder Kontakt zu Kindern psychisch kranker Eltern haben, da sie diese Situation selbst beunruhigt.

Immer wieder zu beobachten ist auch, dass Kinder psychisch kranker Eltern in eine Randständigkeit hineingeraten. Sie wollen nichts mehr außerhalb der Familie unternehmen, da sie beim kranken Elternteil bleiben wollen, um aufzupassen oder es zu beschützen. Dazu kommt, dass es ihnen peinlich ist Freunde einzuladen, wenn die Mutter oder der Vater auffallend ungewöhnlich ist.

Betreuungssituation

Zum einen kann es sein, dass die Kinder nicht mehr ausreichend Bedürfnisbefriedigung erfahren, da die Eltern zu sehr mit der Krankheit beschäftigt sind oder die Krankheit sie daran hindert, diese Bedürfnisse überhaupt wahrzunehmen.

Zum anderen entsteht bei Klinikaufenthalten immer die Frage, wer die Kinder während dieser Zeit angemessen versorgen kann. Bedenklich ist, dass sich psychiatrische Klinikaufenthalte über Wochen und Monate hinziehen können und Kinder in dieser belastenden Zeit nicht nur einfach versorgt, sondern auch betreut werden müssen. Zu dieser Betreuung gehört auch, dass Kinder in der Bewältigung dieser besonderen Lebenssituation unterstützt werden. Häufig werden diese Aspekte vernachlässigt.

Fallbeispiel

Frau B. hat seit einigen Jahren eine schwere Psychose. Es begann damit, dass sie Stimmen hörte. Nach einem Klinikaufenthalt war sie medikamentös gut eingestellt und konnte ihr Familienleben mit dem Ehemann und den beiden Kindern weiterhin gestalten. Im Lauf der Jahre verschlechterte sich ihr Zustand zunehmend. Trotz mehrerer Klinikaufenthalte und guter medikamentöser Versorgung hat sich ihr Zustand zunehmend verschlechtert. Inzwischen hat sie kaum noch Momente, in denen sie symptomfrei ist. Den ganzen Tag ist sie mit sich selbst beschäftigt. Frau B. hört laufend Stimmen von vielen verschiedenen Personen, mit denen sie sich unterhält. Sie kann nun nicht mehr für die Kinder sorgen oder Arbeiten im Haushalt übernehmen. Es gibt zwischen Mutter und den Kindern keine Unterhaltung oder gemeinsame Spiele. Die Tage verbringt Frau U. im Wohnzimmer der Familie und spricht angeregt und lachend mit den Stimmen, die sie hört. Ihre Kinder, die nun acht und zehn Jahre alt sind, distanzieren sich tagsüber meist von der Mutter. Am Abend jedoch setzen sie sich neben sie und kuscheln mit ihr. Tagsüber sorgt für einige Stunden eine Nachbarin für die Kinder und besorgt den Haushalt. Herr B. ist ganztags berufstätig. Er ist für die Kinder jederzeit telefonisch erreichbar. Sein Arbeitgeber weiß um die häusliche Situation und zeigt viel Verständnis für Herrn B.

Die zehnjährige Marie und der achtjährige Luca kommen nach der Schule stets schnell nach Hause und sehen immer zuerst nach der Mutter. Einmal, als die Mutter nicht zuhause ist, ruft Marie in Panik beim Vater an und macht sich Sorgen, wo die Mutter ist und ob ihr etwas passiert sein könnte. Ein anderes Mal hatte Frau B. einen Koffer gepackt und mit einer ihrer Stimmen vereinbart, dass sie sofort in ein anderes Land gehe. Sie bestand darauf, dass Marie und Luca mitgehen. Diese riefen dann aufgelöst den Vater bei seiner Arbeit an, der dann sofort nach Hause kam. Wenn der Vater am Wochenende mit den Kindern Ausflüge unternimmt, bleibt Frau B. zu Hause. Marie und Luca fragen dann immer wieder den Vater, was die Mutter zu Hause wohl macht; sie hätten sich gewünscht, dass die Mutter mitgegangen wäre. In der Regel verbringen beide ihre Zeit zu Hause in der Nähe ihrer Mutter. Es kommt nur sehr selten vor, dass sie andere Kinder besuchen. Nach Hause bringen sie niemanden mit, andere Kinder kommen nicht zu Besuch. Feste oder auch lockere Freundschaften haben sie nicht. Vor allem Marie ist sehr in sich zurückgezogen, geht oft in ihr Zimmer um dort zu malen und zu schreiben. Luca ist lebendiger und geht offener auf andere Menschen zu. In der Schule wird eine Nachmittagsbetreuung angeboten, die von beiden Kindern jedoch vehement abgelehnt wird. Sie wollen nachmittags bei ihrer Mutter sein. Zwischen den Kindern und ihrem Vater gibt es so gut wie keine Konflikte. Vor allem Marie ist außerordentlich harmoniebedürftig. Es fällt auf, dass Marie und Luca Missstimmungen und Auseinandersetzungen aus dem Weg gehen und sich dann lieber still zurückziehen.

An diesem Beispiel zeigt sich besonders der Rückzug der Kinder aus ihrem sozialen Umfeld. Damit entgeht ihnen ein Stück Teilhabe an der Gemeinschaft und das Erleben von altersentsprechenden Kinderfreundschaften. Marie und Luca haben ein großes Verantwortungsgefühl für die Mutter und machen sich oft Gedanken um sie. Dies ist eine Rolle, die ihnen nicht zusteht und die sie immer wieder überfordert. Als ältere Schwester fühlt sich Marie häufig für Luca zuständig und übernimmt zum Teil die Mutterrolle für ihn.

5.3 Psychische Erkrankung von Eltern und Kindeswohl

Deneke (2005, S. 141f) und Lenz (2008, S. 21f) verweisen auf eine Studie von Walsh u.a. (2002): Über 8.500 Personen wurden dabei zur psychischer Erkrankung ihrer Eltern und den Erfahrungen mit körperlicher und sexueller Misshandlung befragt. Befragte, deren Eltern eindeutig psychische Erkrankungen aufwiesen, hatten zwei- bis dreifach häufiger Vernachlässigung, körperliche und sexuelle Misshandlung erlebt als die Vergleichsgruppe.

In einer Studie von Egami u.a. (1996), die Deneke (2005, S. 142) zitiert, wurden 10.000 Nordamerikaner befragt. Es wurde festgestellt, dass 60 Prozent von den Probanden, die eine psychiatrische Diagnose hatten, Misshandlung ihrer Kinder angaben und 69 Prozent gaben an, ihre Kinder vernachlässigt zu haben.

Es ist davon auszugehen, dass zwischen psychischer Erkrankung der Eltern und der Misshandlung von Kindern ein Zusammenhang besteht. Deneke (2005, S. 145) stellt die Frage, ob psychische Erkrankung der Eltern nicht überhaupt der ausschlaggebende Faktor für Misshandlung ist. Sicherlich ist zu beachten, wie psychische Erkrankung definiert wird und welche Auswirkungen sich daraus jeweils ergeben. Ausschlaggebend ist, wenn Eltern aufgrund ihrer Erkrankung nicht in der Lage sind, die Bedürfnisse und Signale ihrer Kinder zu erkennen, diese angemessen zu interpretieren und entsprechend darauf zu reagieren. Wenn eine Mutter beispielsweise beim Füttern des Säuglings nicht feinfühlig sein kann und nicht erkennt, welches Tempo das Kind beim Füttern braucht, kann es passieren, dass sie zu schnell füttert, das Kind stopft und es damit überfordert. Daraus kann sich eine Füttermisshandlung entwickeln. Das Kind kann in dieser Situation sein Missempfinden nicht äußern, da die Mutter immer schnell und nachdrücklich den Löffel wieder zum Mund führt. Das Kind lernt, dass auf seine Empfindungen und Bedürfnisse nicht reagiert wird, resigniert und zieht sich zurück. Eltern, die in ihrer Impulskontrolle gestört sind, können schnell mit körperlicher Misshandlung reagieren oder das Kind emotional durch Äußerungen und Handlungen so sehr treffen, dass es zu seelischer Misshandlung kommt.

Wenn Eltern psychisch krank sind, heißt es, immer genau zu definieren, ob und welche Schwierigkeiten und Belastungen sich daraus für die Kinder ergeben können. Interventionen können dann passgenau angeboten und gestaltet werden.

5.4 Hilfen für Kinder psychisch kranker Eltern

Das Auftreten von psychischer Erkrankung bei einem Elternteil ist sowohl für Kinder als auch für das gesamte Familiensystem ein gravierendes, einschneidendes Lebensereignis. Verbunden damit sind für alle eine immense Verunsicherung und eine hohe Belastung. Es ist nichts mehr wie es vorher war. Wie geht es weiter? Werden die Mutter, der Vater wieder gesund? Wer sorgt für die Kinder, wenn ein Elternteil ausfällt? Wo gibt es Hilfen? Wer kann helfen? Wie reagiert das Umfeld? Wie soll mit der Belastung umgegangen werden? Eltern fragen sich, wie sie es ihren Kindern beibringen sollen und wie sie den Kindern helfen können. Kinder ahnen vielleicht schon seit einiger Zeit, dass etwas nicht mehr stimmt, dass sich etwas bei Vater oder Mutter verändert hat. Sie können sich nicht erklären, was es genau ist und empfinden diese Unsicherheit als bedrohlich.

Das Erleben von Belastung hängt nicht in erster Linie davon ab, wie massiv und häufig sie auftritt, sondern von verfügbaren Bewältigungsmustern, den nutzbaren Ressourcen und zuverlässigen Schutzfaktoren (Lenz 2008, S. 96).

Was sind spezielle Schutzfaktoren für Kinder von psychisch kranken Eltern (vgl.Lenz 2008)?

Allgemeine Schutzfaktoren siehe Kapitel 6 zur Resilienz.

- Aufklärung und Wissen
  Um mit der Belastung umgehen zu können, müssen Kinder über ausreichendes Wissen und Informationen zur Krankheit und die damit einhergehenden Folgen verfügen. Dies muss offen und ehrlich kommuniziert werden, so dass es nicht zu Tabuisierung kommt und Kinder nicht ihrer Phantasie überlassen sind und sich unter Umständen selbst belastende Szenarien kreieren. Gerade Kinder sind oft sehr sensibel für Veränderungen und spüren, auch ohne dass darüber gesprochen wurde, dass etwas nicht stimmt. Kindern sollten alle Fragen zur Krankheit alters- und entwicklungsentsprechend beantwortet werden. Es soll für Kinder verständlich sein, was die Krankheit bedeutet und wie sich das ungewöhnliche Verhalten des erkrankten Elternteils erklärt. Ebenso ist es für Kinder wichtig zu erfahren, dass es medizinische Hilfe gibt, die den Vater oder die Mutter unterstützen kann. Durch sachliche und angemessene Information kann Kindern Angst

genommen werden, die Krankheit wird für sie erklärbar und es wird dadurch die Ausbildung von Bewältigungsstrategien gefördert und ermöglicht.

- Krankheitsbewältigung in der Familie
  Maßgeblich ist, wie offen und ehrlich die Eltern mit der Krankheit innerhalb des Familiensystems umgehen. Dazu gehören Krankheitseinsicht, Annehmen von Medikation und Therapie sowie das aktive Bemühen um Besserung. Zu einer positiven Krankheitsbewältigung gehört es auch, angebotene Hilfen in angemessenem Maße anzunehmen und sich, so weit möglich, der Verantwortung für die Familie und Organisation des Familienalltages zu stellen. Förderlich ist es, wenn die Beziehungen untereinander den neuen Lebensumständen entsprechend gepflegt und gestaltet werden. Die Rollen in der Familie sollten offen geklärt und eventuell den Umständen entsprechend neu definiert werden.

Gerade in Familien mit psychisch kranken Elternteilen, sollten Helfer darauf achten, dass an der Ausbildung von Schutzfaktoren auch im Sinne einer guten Resilienz gearbeitet wird. Je früher hier angesetzt werden kann, desto effektiver ist es auch im Sinne von Prävention.

Welche Ressourcen stehen zur Verfügung?

(Siehe auch Kap. 3.3 und Kap. 6)

Durch psychische Erkrankung der Eltern sind Kinder auf vielen Ebenen belastet und stehen immer wieder neu vor der Herausforderung, angemessene Bewältigungsstrategien zu entwickeln. Im Blick muss bleiben, dass sich das Risiko für diese Kinder, selbst psychisch zu erkranken, deutlich erhöht, wenn sie besonders stark belastet sind und nicht über ausreichend Bewältigungskompetenz verfügen. Mit den Kindern sollte erarbeitet werden, über welche Ressourcen sie verfügen und wie sie diese gut nutzen und einsetzen können. Neue Ressourcen sollten geschaffen und für die Kinder zugänglich gemacht werden. Um mit den Belastungen und Problemen erfolgreich umgehen zu können, ist es erforderlich, Kindern ihre Stärken bewusst zu machen und sie in ihren Kompetenzen zu unterstützen und zu fördern. Maßgeblich sind ein stabiles Selbstwertgefühl, das Gefühl für Selbstwirksamkeit, Problemlösungs- und Bewältigungskompetenzen, positiv geprägtes Sozialverhalten, Einfühlungsvermögen für andere und für sich selbst sowie eine altersentsprechende

Selbstständigkeit. Alle gesunden Anteile sollten gefördert, unterstützt, gestärkt und stabilisiert werden.

Krisenplan

Hilfreich und beruhigend ist für Familien und Kinder mit psychisch kranken Angehörigen ein detaillierter Krisenplan.

- Den Plan sollten allen Familienmitglieder gemeinsam schriftlich erstellen.
- Alle erhalten eine Abschrift. Ein Exemplar wird an einem für jeden zugänglichen Platz deponiert.
- Der Krisenplan muss für alle, auch für jüngere Kinder, übersichtlich, eindeutig und verständlich sein. Er kann auch mit Symbolen, Farben und Zeichen versehen werden.
- Name, Mobilfunktelefonnummer und geschäftliche Telefonnummer des gesunden Elternteils eintragen.
- Wer kann ersatzweise erreicht werden? Wer nimmt sich in jedem Fall Zeit für die Kinder? Name, Adresse, Telefonnummer.
- Wo können die Kinder im Notfall hingehen? Name, Adresse, Telefonnummer. Hilfreich ist, wenn es Nachbarn und Freunde in der Nähe gibt, die ebenfalls über den Krisenplan Bescheid wissen und bereit sind, die Kinder im Notfall zu unterstützen.
- Name, Adresse, Telefonnummer einer besonderen Vertrauensperson, wenn es außerhalb der Krise Gesprächsbedarf ergibt.
- Geklärt und benannt sein sollte, wo die Kinder aufgenommen werden können, wenn ein Klinikaufenthalt eines Elternteils notwendig wird. Wenn die Kinder im elterlichen Haushalt bleiben können, wer versorgt sie dann? Je jünger die Kinder sind, desto wichtiger ist es, dass dies immer dieselben Personen sind und Wechsel vermieden werden.

Genau besprochen werden sollte auch, in welchem Fall sich die Kinder an jemanden wenden können. Zum Beispiel kann es Sinn machen zu vereinbaren, dass sie sich melden, wenn ihnen etwas am erkrankten Elternteil besonders merkwürdig oder beunruhigend vorkommt. Auf jeden Fall sollte den Kindern Mut gemacht werden, immer alles anzusprechen, was sie beschäftigt oder auch ängstigt.

Grundsätze für das Gespräch mit Kindern psychisch kranker Eltern
(Allgemein Gesprächsführung mit Kindern siehe Kap. 4.5)

- Mit Kindern sollte in jedem Alter, selbstverständlich altersgemäß, über die Erkrankung des Elternteils gesprochen werden.
- Darauf achten, dass das Kind alles richtig versteht. Klare, einfache Sätze, keine komplizierten Fachausdrücke. Immer wieder beim Kind nachfragen, ob es richtig verstanden hat, es eventuell wiederholen lassen, was es aufgenommen hat.
- Die Krankheit beim Namen nennen und Symptome erklären. Den Unterschied zwischen körperlicher und seelischer Krankheit erklären.
- Keine komplexen Erklärungen. Lieber in verschiedenen Gesprächen nach und nach erklären.
- Darauf eingehen, was das Kind beobachtet hat. Ob und welche Veränderungen es bei Vater oder Mutter wahrgenommen hat.
- Nachfragen, wie sich das Kind die Veränderungen erklärt.
- Sorgen und Ängste des Kindes ansprechen. Nachfragen, was die Veränderungen für Gefühle beim Kind auslösen.
- Dem Kind erklären, welche Hilfe der Vater oder die Mutter bekommt.

Wichtige Botschaften an Kinder psychisch kranker Eltern

- Du bist nicht schuld an der Krankheit. Es hat nichts mit dir zu tun.
- Du darfst traurig darüber sein. Es ist gut, wenn du mit jemandem darüber sprichst.
- Du bist ein Kind und darfst lustig und fröhlich sein, auch wenn es deiner Mama oder dem Papa nicht gut geht.
- Du bist nicht verantwortlich für die Mama oder den Papa. Du musst nicht für sie sorgen. Bitte jemand Erwachsenen um Hilfe für die Eltern.
- Du bist nicht verantwortlich dafür, dass sie/er wieder gesund wird. Du kannst sie nicht gesund machen. Dafür ist der Arzt zuständig.
- Du darfst sagen, wenn es dir zu viel wird. Wir suchen dann nach Lösungen, die dir helfen alles besser auszuhalten.
- Jetzt ist es gerade schlimm, aber es kann auch wieder besser werden.

5.5 Hilfen für Familien mit psychisch kranken Eltern[15]

Hilfe brauchen nicht nur die Kinder alleine, sondern auch ihre Eltern. Die Eltern sind einerseits durch ihre Erkrankung belastet und oft überfordert. Sie müssen mit den Symptomen, mit den Auswirkungen der Erkrankung und mit der Bewältigung zurechtkommen. Andererseits wollen sie nach wie vor gute Eltern sein und dafür sorgen, dass es ihren Kindern gut geht. Aufgrund der besonderen Lebenssituation und den damit einhergehenden Einschränkungen und Belastungen entwickeln Eltern oft Schuldgefühle und das Gefühl, für ihre Kinder ungenügend zu sein. Der gesunde Elternteil fühlt sich für die erkrankte Partnerin/den erkrankten Partner und für die Kinder verantwortlich. Ohne Unterstützung und Hilfe kann dies schnell zu einer Überforderung führen, welche die bereits vorhandenen Belastungen noch negativ verstärkt.

In den letzten Jahren wurden verschiedene Hilfeansätze entwickelt. Voraussetzung für gut funktionierende Hilfe ist dabei, dass die beteiligten Helferinstitutionen voneinander wissen und sich als Netzwerk koordinieren. Besondere Beachtung muss dabei die Schnittstelle Gesundheits- und Jugendhilfe finden. Ziel von Hilfen ist einerseits, die Eltern in ihrer Erziehungs- und Beziehungskompetenz zu fördern und zu unterstützen sowie andererseits, präventiv für die Kinder zu wirken. Dazu sollen Kinder, die belastet sind, Entlastung und Hilfe erfahren und in ihrer Bewältigungskompetenz gestärkt werden. Nicht unerheblich ist, dass Eltern und Kinder erfahren und erleben, dass sie nicht alleine mit ihren Schwierigkeiten sind, sondern es anderen Familien ähnlich geht. Dies kann zu einer deutlichen Entlastung führen und zur Minderung von Schuldgefühlen beitragen. Angeleitete Selbsthilfegruppen können in diesem Sinne hilfreich und bereichernd sein.

Lenz (2008) nennt unterschiedliche Systemebenen, die in Unterstützungsmaßnahmen einbezogen werden sollen: Elternebene, Familienebene, Kindesebene. Erforderlich dafür sind ein gutes Netzwerk und eine gelingende Kooperation von verschiedenen Helferinstitutionen. Betroffen sind vor allem Erwachsenenpsychiatrie, Kinder- und Jugendpsychiatrie, Kinderärzte, Jugendämter, Jugendhilfeträger und Psychologische Beratungsstellen. Manchmal ist es auch sinnvoll, Kindergarten und Schule mit einzubeziehen.

---

[15] Beispiele für Hilfen, siehe Literatur im Anhang.

Elternebene	Wahrnehmung von psychisch Kranken auch in ihrer Rolle als Eltern. Anforderungen an Eltern als Thema in Therapie einbeziehen: Wie erkläre ich meinem Kind die Krankheit? Welche Bedürfnisse hat mein Kind? Wie kann ich mein Kind entlasten? Wie ist mein Kind versorgt? Welche Hilfen nehme ich an? Förderung der Erziehungs- und Beziehungskompetenz. Motivation Hilfen des Jugendamtes in Anspruch zu nehmen. Abbau von Ängsten, dass das Jugendamt in die elterliche Sorge eingreift und die Eltern aufgrund ihrer Erkrankung für unfähig hält. Adäquate Bewältigungsmuster erarbeiten und diese für die Kinder, je nach Alter, erlebbar oder transparent zu machen. Austausch mit anderen psychisch kranken und gesunden Eltern ermöglichen. Ressourcen erkennen und nutzen.
Familienebene	Angehörige in die Hilfe und Therapie einbinden. Kinder lernen Klinik, behandelnde Ärzte kennen. Angehörige entlasten und stützen. Reflexion über Bewältigungsmuster innerhalb der Familie und Förderung bei der Entwicklung von angemessener und förderlicher Bewältigung. Offenheit der Krankheit gegenüber herstellen. Stärkung des Familiensystems in seinen Beziehungen und Interaktionen. Ressourcen nutzen und Schutzfaktoren aufbauen. Gemeinsamen Krisenplan entwickeln.

	Fachlich angeleitete Familiengespräche. Begegnung mit anderen Familien, die einen psychisch kranken Elternteil haben. Positives Familienklima fördern, zum Beispiel gemeinsame Unternehmungen, Einführen von Ritualen. Stärkung von Vertrauen untereinander. Hoffnung wecken, dass es auch wieder besser wird. Frühzeitig Hilfen anbieten.
Kindesebene	Bei Säuglingen und kleinen Kindern frühe Hilfen anbieten. Zum Beispiel Entwicklungspsychologische Beratung zur Förderung der Bindung und der Elternkompetenz. Altersgerechte Aufklärung und Vermittlung von Wissen über die Krankheit. Entsprechendes Infomaterial, Bücher etc. zur Verfügung stellen. Vermeidung von Parentifizierung und Überforderung durch Übernahme von zu viel Verantwortung. Kindergruppe, die Austausch, Verständnis und Entwicklung von Bewältigungsmustern fördert. Einzelgespräche, wenn nötig in einem therapeutischen Rahmen. Ressourcen erkennen, ausbauen und nutzen. Teilhabe an belastungsarmen Umgebungen fördern. Zum Beispiel Kontakt zu stabilen Bezugspersonen, Anbindung an befreundete Familie.

5.6 Unterstützungsbedarf der Kinder

Dieser Bedarf muss sorgfältig eingeschätzt werden, um die notwendigen und geeigneten Hilfen anbieten zu können. Die Hilfe sollte wie ein Maßanzug auf den Bedarf des Kindes und den der Eltern zugeschnitten sein. Einerseits soll ausreichend Hilfe, auch im Sinne von Prävention angeboten werden, andererseits sollte vermieden werden, ein Zuviel an Unterstützung anzubieten. Ein Übermaß an Hilfe kann zur Schwächung der Selbsthilfekompetenzen, des Selbstwertgefühls und des Gefühls der Selbstwirksamkeit führen. Es ist, gerade bei psychisch kranken Menschen, die sich sowieso schon in den „Mühlen" der Psychiatrie befinden, zu vermeiden, dass die Hilfe als Einmischung und Entmündigung verstanden wird. Förderlich ist es, soweit möglich, diesen Eltern zu vermitteln, dass sie für ihre Kinder wichtig sind und gemeinsam, im Sinne von „an einem Strang ziehend", nach guten Lösungen gesucht werden muss.

Fragen zur Einschätzung des Unterstützungsbedarfs der Kinder

- Wie ist die gesamte Lebenslage der Familie? (Siehe Kap. 3.3)
- Welche Bedürfnisse hat das Kind entsprechend seinem Alter und Entwicklungsstand?
- Hat das Kind engere Beziehungen außerhalb der schwierigen, belasteten Familiensituation? Kann es dort ausreichend „Normalität" erleben und leben?
- Welche Betreuungskonzepte hat die Familie für die Kinder? Sind die Kinder ausreichend betreut und versorgt?
- Gibt es Vertrauenspersonen im Umfeld des Kindes? Wem kann sich das Kind mit Sorgen und Ängsten anvertrauen?
- Über welche Schutzfaktoren und Ressourcen verfügt das Kind? Sind sie ausreichend, um Risiken auszugleichen und abzumildern?
- Welche Bewältigungsmuster hat das Kind bisher entwickelt? Sind diese ausreichend und angemessen?
- Inwieweit gibt es Stabilität und Zuverlässigkeit in der Familie? Welche „gesunden" Anteile gibt es in der Familie? Gibt es förderliche und stützende Beziehungen innerhalb der Familie?
- Wie äußert sich die Erkrankung des Elternteils? Ist er in der Lage die Signale und Bedürfnisse des Kindes zu erkennen und angemessen darauf zu reagieren? Ist das Kind in die Psychose, in die Wahnwelt dieses Elternteils integriert? Welche Beeinträchtigungen ergeben sich

dadurch für das Kind? Besteht die Gefahr, dass es misshandelt wird oder gar von Tötung bedroht ist?

(Wagenblass 2006)

Fragen zur eigenen Reflexion

- Welche Einstellungen und Gefühle habe ich zu psychischen Krankheiten, zu den erkrankten Menschen? Von welchen Vorannahmen lasse ich mich darin leiten?
- Wie leicht, wie schwer fällt mir der Umgang mit psychisch kranken Menschen? Woher kommt es, dass mein Umgang damit so geprägt ist? Was hat dazu beigetragen?
- Welche Erfahrungen habe ich mit psychisch kranken Menschen? Welche Familien kenne ich, in denen ein Elternteil psychisch krank ist? Was ist in dieser Familie anders?

6
Resilienz –
was macht Kinder stark?

Zur Resilienzforschung, deren Beginn Werner (2008, S. 311) Mitte der 1980er Jahre ansiedelt, führte eine Veränderung des Verständnisses von Gesundheit. Die Entwicklung der Psychosomatik weitete den Fokus vom rein körperlichen Leiden auf den Zusammenhang von Seele und Körper. Grundfrage war: Wie wirken sich seelische Belastungen auf die körperliche Gesundheit – und umgekehrt – aus? Die Dualität zwischen Körper und Seele wurde aufgehoben und eine Wechselwirkung, ein Zusammenwirken von Seele und Körper in die Sichtweise der Medizin aufgenommen. Mitte der 1970er Jahre beschäftigte sich Aron Antonovsky (Rimpau 2000) mit der Frage, was uns auch unter widrigen Umständen gesund erhält. Wie ist es zu erklären, dass der eine Mensch unter bestimmten Bedingungen erkrankt, ein anderer aber gesund bleibt? Er entwickelte das Konzept der *Salutogenese*.[16] Dabei werden nach Kräften im menschlichen Leben gefragt, die trotz Gefährdung den betroffenen Menschen gesund erhalten. Die Pathogenese dagegen fragt, welche Mechanismen dazu führen, dass Krankheit entsteht. In der *Salutogenese* ist der Blick auf die Ressourcen, die positiven Kräfte eines Menschen gerichtet.

Die Resilienzforschung widmet sich also der Fragestellung, was Menschen stärkt und was sie trotz widriger Lebensumstände und Risiken widerstandsfähig macht. Warum entwickeln sich Kinder trotz schwieriger, instabiler und chaotischer Lebenslage und Familiensituation positiv? Welche Faktoren spielen dabei eine Rolle? Welche Unterschiede gibt es zwischen den Kindern, die sich trotzdem gut entwickeln und denen, die eine auffällige, problematische Entwicklung machen? Untersucht werden protektive Faktoren und Faktoren, die gefährdend oder entwicklungshemmend sind.

6.1 Kauai-Längsschnittstudie

Inzwischen liegen einige Längsschnittstudien und ihre Ergebnisse dazu vor (Werner 2008, S. 312). Eine der bekanntesten Studien ist die Kauai-Studie, die im Jahr 1955 begonnen wurde und sich mit der Entwicklung von 698 Kindern befasst. Durchgeführt wurde die Studie von Emmy E. Werner und R. S. Smith. Kauai ist eine hawaiianische Insel, deren infrastrukturelle Ausstattung mit der einer vergleichbaren Gemeinde in den

---

[16] Salus lateinisch: Wohlbefinden, Heil, Gesundheit; Pathos griechisch: Leiden, Krankheit; Genese griechisch: Entstehung

USA zu messen ist. Die letzte Erhebung fand 1995 im Alter von 40 Jahren der Kinder von 1955 statt. Bei etwa 30 Prozent der untersuchten überlebenden Kinder dieses Geburtsjahrgangs lag ein hohes Entwicklungsrisiko vor. Sie wurden in chronische Armut hinein geboren, waren Geburtskomplikationen ausgesetzt und wuchsen in Familien auf, die durch elterliche Psychopathologien, durch dauerhafte Disharmonie und durch niedriges Bildungsniveau der Eltern geprägt waren. Zwei Drittel dieser Kinder waren im Alter von zwei Jahren bereits vier oder mehr Risikofaktoren ausgesetzt und entwickelten im Schulalter schwere Lern- und Verhaltensprobleme, verfügten über eine mangelnde Impulskontrolle, wurden im Jugendalter straffällig und hatten psychische Probleme. Das restliche Drittel entwickelte sich trotz dieser Risiken zu leistungsfähigen, zuversichtlichen und fürsorglichen Erwachsenen. Bis zum Alter von 40 Jahren waren diese Menschen nicht arbeitslos oder straffällig geworden. Keiner war auf staatliche Fürsorge angewiesen.

Smith und Werner konnten anhand dieser Studie einige Merkmale und Faktoren herausarbeiten, die protektiven und risikomildernden Einfluss auf die Entwicklung von Kindern haben. Unter anderem sind dies: günstige Temperamentsmerkmale, intellektuelle Leistungsfähigkeit, Problemlösefähigkeiten, die Fähigkeit sich Unterstützung zu holen, Selbstvertrauen, religiöser Glaube, Unterstützung aus dem Umfeld, Selbstwirksamkeitsglaube und die Fähigkeit zu planen (Werner 2008, Werner 2006, Wustmann 2004).

6.2 Was ist Resilienz?

Der Begriff Resilienz kommt sprachgeschichtlich aus dem lateinischen „resilire" und bedeutet abprallen, zurückspringen. Gemeint ist damit Widerstandsfähigkeit, Spannkraft, elastische Abfederung oder die selbstständige Rückkehr eines verformten Objektes in den Ausgangszustand (Bender/Lösel 2005, S. 86).

Zu dem Begriff Resilienz werden hier drei verschiedene Definitionen genannt, die unterschiedliche und sich ergänzende Aspekte der Resilienz aufführen.

„Resilienz meint eine psychische Widerstandsfähigkeit von Kindern gegenüber biologischen, psychologischen und psychosozialen Entwicklungsrisiken" (Wustmann 2004, S. 18).

Resilienz ist „… ein Prozess, die Fähigkeit oder das Ergebnis erfolgreicher Adaption angesichts herausfordernder oder bedrohender Umstände im Sinne inneren Wohlbefindens und/oder effektiver Austauschbeziehungen mit der Umwelt" (Masten 1990 zitiert nach Opp/Fingerle 2008, S. 15).

„Unter Resilienz wird die Fähigkeit von Menschen verstanden, Krisen im Lebenszyklus unter Rückgriff auf persönliche und sozial vermittelte Ressourcen zu meistern und als Anlass für Entwicklung zu nutzen. Mit dem Konzept Resilienz verwandt sind Konzepte wie Salutogenese, Coping und Autopoiese. Alle diese Konzepte fügen der Orientierung an Defiziten eine alternative Sichtweise bei" (Welter-Enderlin 2006, S. 13).

Aus diesen Definitionen lassen sich zwei notwendige Voraussetzungen für Resilienz ableiten. Zum einen ist das Vorliegen von schwierigen, belastenden Lebensumständen und/oder Risiken für die Entwicklung Bedingung, zum anderen die erfolgreiche Bewältigung dieser Schwierigkeiten. Unter einer erfolgreichen Bewältigung ist zu verstehen, dass Kinder sich im Vergleich zu nicht resilienten Kindern trotz hohen Entwicklungsrisiken und trotz enormer Belastungen gesund und dem Alter nach angemessen entwickeln. Risiken können durch Resilienz abgemildert oder gar kompensiert werden. So zeigt sich in der Praxis immer wieder das Phänomen der unterschiedlichen Entwicklung von Kindern aus einer Geschwisterreihe. Ein Teil der Geschwister unterliegt den schwierigen, instabilen Lebensbedingungen innerhalb der Familie und entwickelt Verhaltensauffälligkeiten und hinderliche Faktoren für das weitere Leben. Einzelne Geschwister entwickeln Kräfte mit diesen Lebensumständen so umzugehen, sie so zu bewältigen, dass sie für sich förderliche Entwicklungen einleiten und ihr Leben stabil und gesichert gestalten können. Resilienz bedeutet nicht zwangsläufig das Fehlen von Auffälligkeiten wie zum Beispiel Sucht, Delinquenz, Verhaltensprobleme oder psychische Störungen, sondern dass trotzdem angemessene Fähigkeiten und Kompetenzen vorhanden sind, um eine altersgemäß normale Entwicklung zu nehmen. Das Konzept der Resilienz ist also nicht an Defiziten orientiert, sondern stellt die Möglichkeiten, Fähigkeiten und Ressourcen in den Fokus, also die Bewältigungsstrategien von Risiken und Gefährdungen (Wustmann 2004, S. 20 und S. 68).

Masten u.a.(1990, zitiert nach Bender/Lösel 2005, S. 87) verweisen auf drei hauptsächliche Phänomene von Resilienz:

- Eine gesunde Entwicklung trotz eines Hochrisikostatus für das Kind, zum Beispiel Aufwachsen in einer Familie mit mehreren sozialen Problemen;
- die Aufrechterhaltung von Kompetenz unter spezifischen belastenden Lebensereignissen, zum Beispiel Trennung und Scheidung der Eltern;
- die Erholung von einem schweren Trauma, zum Beispiel Kindesmisshandlung.

Dem Begriff der Resilienz steht der Begriff der Vulnerabilität gegenüber. Damit gemeint sind die Verletzbarkeit/Verwundbarkeit, Empfindlichkeit und die Anfälligkeit für Verletzungen, Kränkungen und Traumatisierungen. Schwachstellen im körperlichen und psychischen Bereich können auf eine Vulnerabilität hinweisen. Stresserzeugende Lebensumstände und Belastungen für das Kind fördern kindliche Vulnerabilität oder lösen diese aus. Kinder, die in fördernden, stützenden und schützenden Lebensbezügen aufwachsen, entwickeln psychische Stärke und Widerstandskräfte. Wie ausgeprägt Resilienz und Vulnerabilität sind, kann im Laufe des Lebens unterschiedlich sein und sich verändern. Entwicklungsphasen, Übergänge im Leben, die Art und das Ausmaß der Belastung sowie gesellschaftliche und kulturelle Bedingungen können zu einer veränderlichen Ausprägung von Resilienz oder Verletzbarkeit beitragen.

6.3 Resilienzfördernde Faktoren

Emmy E. Werner (2006, S. 30) weist darauf hin, dass alle Studien zur Resilienz gezeigt haben, dass Resilienz an Wechselwirkungen zwischen Schutzfaktoren, die beim Individuum, in seiner Familie und in seinem sozialen Umfeld liegen, gebunden sind. Die Ergebnisse der verschiedenen bisher vorliegenden Studien weisen keine bedeutenden oder abweichenden Unterschiede auf (Werner 2008, S. 22).

Die folgende Aufzählung von schützenden, resilienzfördernden Faktoren beruht vor allem auf den Forschungsergebnissen von Emmy E. Werner (2006, S. 31ff und 2008, S. 22ff), aber auch auf anderen Studien (Wustmann 2004, S. 96ff).

Schützende Faktoren beim Individuum:

- Ein „einfaches", ausgeglichenes, auf die Umwelt positiv wirkendes Temperament; Temperamentseigenschaften des Kindes, wie Freundlichkeit, Offenheit, Aufgeschlossenheit, sympathische Anmutung etc., lösen bei Erwachsenen positive Reaktionen aus, die liebevoll, fürsorglich, warm, sozial unterstützend und aufmerksam sind. Ein Temperament, das von den Erwachsenen als einfach und freundlich erlebt wird, ist für eine positive, gelungene Bindungsgestaltung von erheblicher Bedeutung. Dabei werden auch positive emotionale Wechselwirkungen zwischen Kind und dem Erwachsenen ausgelöst und verstärkt. Kinder mit einem als schwierig erlebten Temperament haben ein Risiko für Misshandlung durch die Erwachsenen (siehe Kap. 2);
- stabile Bindung, Bindungssicherheit zu enger Bezugsperson/Mutter/ Vater;
- hohes Antriebsniveau, Ausgeglichenheit, Geselligkeit;
- Unabhängigkeit, Fähigkeit Hilfe zu erbitten;
- die resilienten Kinder zeigten schon im Vorschulalter ein hohes Maß an Unabhängigkeit, verfügten jedoch auch über die Fähigkeit Hilfe einzufordern, wenn diese notwendig war;
- Kommunikationsfähigkeit;
- praktische Problemlösefähigkeiten;
- gute intellektuelle Fähigkeiten, schulische Kompetenz, Leistungsfähigkeit;
- eigene Interessen und Hobbys;
- realistisches Selbstbild, realistische Einschätzung von belastenden Lebensereignissen;
- flexible Bewältigungsstrategien im Alltag;
- Gefühl der Selbstwirksamkeit, das Gefühl selbst etwas bewirken, erwirken zu können und das eigene Leben positiv beeinflussen zu können;
- Fähigkeit zu überlegen, reflektieren und zu planen;
- positives Selbstwertgefühl, Selbstbewusstsein.

Schützende Faktoren in der Familie:

- Enge, sichere Bindung an mindestens eine kompetente und stabile Person;
- mindestens eine Bezugsperson, die angemessen auf die Bedürfnisse des Kindes eingeht, feinfühlig und responsiv ist;

- Erziehungsstil, der durch Aufmerksamkeit, Respekt und Anerkennung geprägt ist. Positiv für die Entwicklung von Resilienz ist ein Erziehungsverhalten, das sich an den jeweils kulturell geltenden Normen orientiert, das Kind fordert und fördert;
- Möglichkeit des Kindes, sich vertrauensvoll an eine zuverlässige Person zu wenden. Sie kann anstelle der Eltern, wenn diese ausfallen, fürsorglich für das Kind da sein;
- gute Schulbildung der Eltern;
- Ergebnisse aus der Kauai-Studie zeigten, dass sich Religiosität auf die Ausbildung von Resilienz positiv auswirkt. Religiosität kann Sicherheit und Stabilität geben, aber auch sinnstiftende Wirkung haben.

Schützende Faktoren im sozialen Umfeld:

- Unterstützende Personen außerhalb der Familie. Dies können ein Lehrer, eine Erzieherin, die Eltern eines Schulfreundes oder andere verlässliche Personen aus dem sozialen Umfeld sein. Zum einen können sie dazu dienen durch ihr Vorbild zu wirken, andererseits können sie dem Kind behilflich sein, positive Lebensperspektiven zu entwickeln;
- Unterstützungssysteme wie förderliche Freundschaften können Austausch, emotionale Beziehungen, praktische Hilfe oder auch Entspannung und Entlastung bieten;
- positive Erfahrungen in der Schule können ein schützender Faktor sein, wenn die Familie instabil ist. Hier können dem Kind Bewältigungsstrategien, Wertschätzung und Stabilität vermittelt werden.

6.4 Förderung von Resilienz

Die Ergebnisse aus der Resilienzforschung weisen deutlich darauf hin, welche Konsequenzen sich dadurch für die Soziale Arbeit ergeben. Beachtung sollen dabei Kinder aus hoch belasteten Familiensystemen, Kinder mit psychisch kranken Elternteilen oder auch Kinder, die durch Krankheit oder andere Lebensereignisse besonders belastet sind, finden. Ebenso ist es notwendig bei traumatisierten Kindern, Kindern, die Misshandlung erfahren haben und Kindern, die besonderen Risiken ausgesetzt sind, Resilienz zu stärken. Bereits vorhandene Ressourcen und positive, schützende und stützende Faktoren sollten in den Prozess der Resilienzförderung einbezogen werden. Dies muss sich auf das Kind und sein

Umfeld beziehen. Vorhandene Fähigkeiten und Ressourcen sollen ausgebaut werden und die Grundlage für weitere Entwicklung sein.

Erfolgreiche Angebote zur Resilienzförderung von Kindern mit hohen Risikofaktoren müssen umfassend, intensiv und flexibel sein. Zudem muss die Förderung langfristig angelegt sein und durch kompetente und fürsorgliche Erwachsene erfolgen (Schorr 1988 zitiert nach Werner 2008, S. 28).

Ziele der Resilienzförderung sind die Milderung oder Kompensation von Risikofaktoren und die Stärkung von protektiven Faktoren. Das Kind soll soweit in seiner Widerstandsfähigkeit gefördert werden, dass es sich trotz widriger Lebensumstände gut entwickeln kann. Welter-Enderlin fand dafür die Worte „Gedeihen trotz widriger Umstände". Was immer dies für den Einzelnen auch bedeuten mag. Sich gedeihlich entwickelt zu haben bedeutet unter anderem, sich in seinen Lebensbezügen wohl zu fühlen und über Strategien der Bewältigung zu verfügen, wenn es zu Krisen kommt. Es gehört auch dazu, in sein soziales Umfeld eingebunden zu sein und Beziehungen zu anderen Menschen zu pflegen. Maßgeblich dafür ist, sich angemessen in den jeweiligen kulturellen Kontext einpassen zu können. Solange immer wieder eine Balance zwischen Risiko- und Schutzfaktoren gefunden werden kann, können auch schwierige Lebensphasen und Krisen bewältigt werden.

Wustmann (2004, S. 125) beschreibt zwei Ebenen der Resilienzförderung: die individuelle Ebene und die Beziehungsebene. Auf der individuellen Ebene wird mit der Förderung von Basiskompetenzen und Resilienzfaktoren direkt beim Kind angesetzt. Auf der Beziehungsebene gilt es indirekt über Erziehungs- und Interaktionsqualität von Erziehungspersonen die Resilienz des Kindes zu fördern.

Resilienzförderung auf der individuellen Ebene:

- Stärkung von Problemlösungs-, Konfliktlösungs- und Kommunikationsfähigkeiten;
- Stärkung des Gefühls der Selbstwirksamkeit und dieses praktisch erlebbar machen. Bewusstsein dafür fördern, dass die eigene Lebenswelt durch eigenes Handeln positiv beeinflusst werden kann;
- Förderung der Fähigkeit zu planen, zu reflektieren und Perspektivenwechsel vorzunehmen;
- Entwicklung von Stressbewältigungsstrategien;

- Förderung eines positiven Selbstkonzeptes und eines ausgewogenen Selbstwertgefühls;
- Stärkung von Sozialkompetenz, der Fähigkeit Beziehungen aufzunehmen, zu gestalten und halten. Entwicklung von Empathie für sich und andere Personen;
- Nutzung von Ressourcen im Bereich der Gesundheit, des Körpers, des Seelischen und des Intellekts;
- Förderung von Antriebsstärke und Leistungsfähigkeit.

Resilienzförderung auf der Beziehungsebene:

- Das Kind ermutigen zu reflektieren und Gefühle zu äußern;
- stabiles, zuverlässiges und konstantes Beziehungsangebot;
- Unterstützung und Förderung in der Beziehungsgestaltung;
- Unterstützung und Stärkung bei Verselbstständigungsprozessen, Vermittlung des Gefühls, dass das eigene Handeln Wert und Wirksamkeit hat;
- Problem- und Konfliktlösefähigkeiten anregen, fördern, entwickeln und unterstützen;
- dem Kind Verantwortung, auch Eigenverantwortung, übertragen;
- das Kind in der Eigen- und Fremdwahrnehmung angemessen begleiten und helfen diese realitätsgerecht zu gestalten;
- Fördern und Fordern. Das Kind zu Leistung anregen und diese anerkennen;
- das Kind dabei fördern und unterstützen, eigene Interessen zu verfolgen und Hobbys zu entwickeln.

Die angeführten Gesichtspunkte sind beispielhaft und entsprechend erweiterbar. Auf der Beziehungsebene ist das Bewusstsein der Fachkräfte entscheidend, dass sie für Kinder mit hohen Risiken in ihren Lebensumständen eine wichtige Rolle spielen. Häufig ist bei Fachkräften in der Arbeit mit belasteten Kindern und Familien Resignation zu beobachten. Sie haben das Gefühl, in ihren Bemühungen hilflos oder wirkungslos zu sein. Mehr ins Bewusstsein gerückt werden muss, dass sie für die Kinder und deren Fähigkeit resilient zu werden, wenn auch subtil und oft nicht unmittelbar erkenntlich, eine bedeutende Rolle spielen. Immerhin kann eine Erzieherin oder Lehrerin eine wichtige konstante Bezugsperson im Leben eines Kindes sein.

Eltern, die mit ihren Kindern in hoch belasteten Lebenssituationen leben und damit mehreren Risikofaktoren ausgesetzt sind, sollen in ihrer Erziehungskompetenz unterstützt werden, um bei den Kindern Resilienz zu fördern. Angeboten werden dazu verschiedene Elternkurse in Erziehungsberatungsstellen, Familienzentren und Volkshochschulen. Soweit notwendig und geeignet, können Familien ambulante Hilfen in Form von Sozialpädagogischer Familienhilfe nach § 31 SGB VIII, oder andere Formen der Jugendhilfe über die Jugendämter erhalten.

Der Förderung von Resilienz kommt in der Kinderschutzarbeit eine maßgebliche Bedeutung zu. Belastungen in Familien sind vielschichtig und können in der Regel nicht restlos aufgearbeitet und beseitigt werden. Kinder werden immer, selbst dann, wenn sie von den Eltern getrennt aufwachsen, mit den familiären Stressoren konfrontiert sein. Entscheidend ist, wie Kinder damit umgehen können, wie fähig sie zur Bewältigung sind und welche Möglichkeiten sie bekommen haben, sich widerstandsfähig zu entwickeln. Kinder, gerade wenn sie in schwierigen, chaotischen Familienbezügen aufwachsen, haben ein Recht auf Hilfe auch bei der Entwicklung von Resilienz, um sich trotz widriger Umstände gedeihlich zu entwickeln und den besonderen Schwierigkeiten in ihrem Leben Stand halten zu können. Fachkräfte der Sozialen Arbeit sind in der Verpflichtung, sich dessen bewusst zu sein und ihre wichtige Rolle an- und wahrnehmen.

Bei der Einschätzung, ob eine Kindeswohlgefährdung vorliegt und wie es den Kindern geht, ist immer auch der Blick darauf angezeigt, inwieweit ihre Resilienz ausgebildet ist und welcher Bedarf an Förderung diesbezüglich noch besteht. Die oben genannten Aspekte können für eine Einschätzung Maßstab sein.

Nicht zuletzt ist es eine gesamtgesellschaftliche Aufgabe, Kinder unter den Lebensbedingungen unserer „Risikogesellschaft" zu stärken. Die Zahl psychisch kranker Kinder und Erwachsener ist nachweislich deutlich gestiegen. Im Zuge der zunehmenden Individualisierung sind neue Herausforderungen auf jeden Einzelnen, auch auf Kinder, zugekommen. Aufgrund gesellschaftlicher, wirtschaftlicher und globaler Entwicklungen ist der Glaube an eine gesicherte Zukunft deutlich ins Wanken geraten. Benasayag und Schmit (2007) konstatieren, dass eine Gesellschaft, die Angst vor der Zukunft hat, ihre Kinder nicht auf dieselbe Art und Weise erziehen und betreuen kann, wie eine Gesellschaft, die an eine gesicherte Zukunft glaubt. Auch unter diesem Aspekt ist es notwendig, Kindern von Anfang an Bindungen und Beziehung zu bieten und ihre Fähigkeit zu stärken, in dieser Gesellschaft gut bestehen zu können.

Fallbeispiel

Katharina ist das erste von sechs Kindern einer allein erziehenden Mutter. Die Mutter, Frau U., hat Katharina ungeplant im Alter von 17 Jahren bekommen. Mit dem Vater von Katharina war sie nicht verheiratet. Frau U. heiratet mit 19 Jahren und bekommt noch weitere vier Kinder. Katharina und der Stiefvater haben Probleme miteinander. Ständig wertet er sie ab und reagiert aggressiv, wenn sie nicht seinen Erwartungen entspricht. Meist kann sich Frau U. nicht entscheiden, ob sie zu Katharina oder zu ihrem Mann halten soll. Zwischen ihm und Frau U. kommt es immer häufiger zu Konflikten. Katharina leidet sehr darunter, dass die Mutter sich nicht für sie einsetzt und dass Herr U. seine leiblichen Kinder deutlich bevorzugt. Nachdem Herr U. seine Ehefrau tätlich angegriffen hatte, trennt sie sich von ihm. Bald darauf ist sie von ihrem neuen Freund schwanger. Frau U. delegiert die Betreuung der Geschwister oft an Katharina, da sie sich nun allein erziehend mit den Kindern überlastet fühlt. Zunehmend häufiger wendet sich Frau U. mit ihren eigenen Problemen vertrauensvoll an die pubertierende Tochter Katharina. Während Katharina in der Schule gute Noten bekommt und von der Lehrerin als eine sozial kompetente Schülerin anerkannt ist, haben die jüngeren Geschwister Schwierigkeiten in Kindergarten und Schule. Sie fallen durch ihre grobe Ausdrucksweise und schlechte Leistungen auf. Die Geschwister von Katharina haben zu ihrem Vater nur sporadisch Kontakt. Frau U. und er sind sich immer noch in einer konflikthaften Beziehung verbunden. Katharina, die in den ersten Jahren nur wenig Kontakt mit ihrem Vater hatte, sieht ihn nun regelmäßig jede zweite Woche am Wochenende. Da sie in der gleichen Stadt wohnen, schläft sie nicht bei ihm. Ihr gefallen die Unternehmungen mit ihrem Vater und auch ein gemeinsamer Urlaub fällt zur Zufriedenheit beider aus. Im Gymnasium, das Katharina besucht, zeigt sie sich sehr motiviert, gute Leistungen zu erlangen. Schule und Umfeld zeigen Katharina ihre Sympathie und Anerkennung. Besonders im musikalischen Bereich hat sie Begabungen und spielt Schlagzeug in der Schulband. Die Musiklehrerin hält große Stücke auf Katharina und ermutigt sie auch außerhalb der Schule einer Band beizutreten. In der Klasse hat sie mehrere gute Freundinnen, mit denen sie sich auch außerhalb der Schule trifft. Sie ist ein sympathisches, gepflegtes und freundliches junges Mädchen. In der

Nachbarschaft übernimmt sie in einer Familie mit kleinen Kindern das Babysitten und verdient sich so ihr Taschengeld. Ein Bruder von Katharina besucht ebenfalls das Gymnasium. Seine Leistungen fallen in der Zeit der Pubertät deutlich ab, so dass er in die Realschule wechseln muss. Die anderen Geschwister sind in der Hauptschule. Von der Hauptschule kommen Klagen, die Kinder der Familie U. würden durch ihr Verhalten negativ auffallen. Einer Schwester von Katharina droht der Schulausschluss. Frau U. sieht sich nicht in der Lage, die Kinder in schulischen Dingen zu unterstützen. Außerdem hat sie es, aufgrund der schwierigen Ehe und der Überforderung mit den Kindern verpasst, ausreichend Regeln und Grenzen in den Alltag einzuführen. Das Abitur absolviert Katharina mit Bravour, so dass sie einen Studienplatz für Medizin bekommt. Obwohl sie nun in einer anderen Stadt lebt, pflegt sie nach wie vor guten Kontakt zu ihrem Vater und zu ihren Freundinnen. Katharina verdient sich einen Teil ihres Lebensunterhaltes neben dem Studium in einer Sozialstation. Sie studiert mit Freude und hat ehrgeizige Pläne für ihre Zukunft.

Eine Schwester von Katharina hat bis heute keine Ausbildungsstelle gefunden und ist, obwohl sie noch minderjährig ist, bei der Mutter ausgezogen. Ein Bruder geht noch in die Schule, ein anderer hat mit viel Mühe eine Ausbildungsstelle als Friseur gefunden. Die anderen Kinder besuchen nach wie vor die Hauptschule. Eine Schwester zeigt massive Entwicklungsstörungen und Störungen im Sozialverhalten. Frau U. fühlt sich überfordert und allein gelassen.

Hier zeigt sich, dass es Katharina immer wieder gelingt, zu Bezugspersonen wie den Lehrerinnen guten Kontakt zu haben und dort Bestätigung in ihrem Wirken zu bekommen. Damit wird unter anderem ihr Selbstwirksamkeitsgefühl unterstützt. Zum Vater kann sie, wenn auch erst in der späteren Kindheit, ein vertrauensvolles Verhältnis entwickeln. Katharina erfährt viel Bestätigung aus ihrem Umfeld, da sie die Gabe hat, sich anderen Menschen gegenüber freundlich und ansprechend zu zeigen. Auch dies hat Wechselwirkungen auf ihre Befindlichkeit und stärkt sie in ihrer Widerstandsfähigkeit. Ein weiterer positiver Faktor ist bei Katharina, dass sie über eine gute Intelligenz verfügt und es ihr möglich ist, wirksame Bewältigungsstrategien in ihrem Leben einzusetzen.

Fragen zur eigenen Reflexion

- Wer oder was hat mir in meinem Leben die Sicherheit vermittelt, dass ich das Leben bewältigen kann?
- Welche schützenden Faktoren prägen meine Kindheit, mein Erwachsenenleben?
- Wie bewältige ich Belastungen? Über welche Bewältigungsstrategien verfüge ich?
- War das schon immer so? Was habe ich im Laufe des Lebens dazu gelernt? Wer oder was hat dazu beigetragen?
- Was können andere in Sachen Resilienz von mir lernen?

7
Frühe Hilfen

In den letzten Jahren hat sich aufgrund von Erkenntnissen aus der Bindungsforschung, der Weiterentwicklung des Kinderschutzes und neuen Erkenntnissen aus der neurobiologischen Forschung der Fokus auf frühe Hilfen gerichtet. Frühe Hilfen dienen einerseits der Unterstützung besonders belasteter Eltern bei der Entwicklung und Förderung von Erziehungs- und Beziehungskompetenzen. Andererseits sind frühe Hilfen ein wirksamer Faktor in der *Primärprävention*. Der gesellschaftliche Blick auf die frühe Kindheit macht Hoffnung, dass die Bedeutung dieser frühen Phase und deren Chancen stärker wahrgenommen werden. Damit verknüpft ist die Frage, wie wir unsere Kinder für eine sich rasch verändernde Gesellschaft stärken können. Was kann die Gesellschaft dazu tun, um Eltern so zu unterstützen, damit sie ihre Kinder zu starken, eigenverantwortlichen und gemeinschaftsfähigen Menschen erziehen können? Auch in Fachkreisen kommt es immer wieder zur Diskussion, wie bereits junge Menschen für ihre anspruchsvolle Aufgabe als spätere Eltern vorbereitet werden können. Die Beschäftigung mit den Möglichkeiten und Chancen der frühen Kindheit kann auf diese Fragen eine Antwort geben.

7.1 Was sind Frühe Hilfen?

Unter Frühen Hilfen sind Unterstützungs- und Hilfeangebote zu verstehen, die ab Geburt – manchmal auch in der pränatalen Phase, also vor der Geburt beginnend – den Zeitraum der frühen Kindheit bis drei Jahre umfassen. Die Zielsetzungen sind vielschichtig und liegen in der Primär- vor allem aber auch in der *Sekundärprävention* von Entwicklungs-, Beziehungs-, Bindungsstörungen und Misshandlung. Eltern sollen dabei in ihrer Beziehungs- und Erziehungsfähigkeit gefördert werden, um adäquat auf die Bedürfnisse ihrer Kinder eingehen zu können. In besonders belasteten Familie geht es oft zusätzlich auch um grundlegende Faktoren, wie die pflegerische und sonstige leibliche Versorgung, also die Befriedigung von Basisbedürfnissen des Kindes. Hierzu fehlen manchmal Kenntnisse, wie auch zu den Entwicklungsschritten eines Kindes. Frühe Hilfen haben immer auch das Ziel, die Feinfühligkeit von Eltern und den angemessenen, stützenden Umgang mit ihrem jungen Kind zu fördern. Zudem können bei diesen Hilfen psychosoziale Risikofaktoren (siehe Kap. 3) in der Familie frühzeitig erkannt und entsprechend bearbeitet werden. Im Sinne der sekundären Prävention sind frühe Hilfen vor allem als biographisch früh einsetzende Hilfe für mit Risikofaktoren belastete Familien vorgesehen.

Es hat sich gezeigt, dass Eltern gerade in der frühen Zeit ihrer Elternschaft, um die Geburt herum, Hilfen gegenüber besonders aufgeschlossen sind. Sie befinden sich in dieser Zeit in einer sensiblen Phase in der, auch gesellschaftlich respektiert, Hilfen nachgefragt und angenommen werden. Belastungs- und Überforderungsgefühle können mit weniger Schamgefühl geäußert werden.

Frühe Hilfen bedürfen wegen ihrer Komplexität einer interdisziplinären Zusammenarbeit. Ohne gemeinsames, verantwortliches Handeln unterschiedlicher Professionen kann es keinen gelingenden Kinderschutz geben. Besonders hervorzuheben ist die Kooperation zwischen Jugendhilfe und Gesundheitshilfe, wie zum Beispiel Kinderärzten, Hebammen, Geburtskliniken, Kinderkliniken, Kinder- und Jugendpsychiatrien, Erwachsenenpsychiatrie, Sozialpädiatrische Zentren, Gesundheitsämter. Weitere Kooperationspartner außerhalb der Gesundheitshilfe sind: Erziehungsberatungsstellen, Jugendhilfeträger, Frühförderstellen, Kindertageseinrichtungen, Justiz.

Die Kooperationsstrukturen sollten unter den unterschiedlichen Partnern gut koordiniert sein und in regelmäßigen Abständen gepflegt werden.

Es hat sich gezeigt, dass Netzwerkarbeit im Bereich Früher Hilfen wahrnehmbare Auswirkungen auf dieses Arbeitsfeld haben. Netzwerkarbeit führt zu einer erkennbaren Verbesserung in der Kommunikation und liefert Kenntnisse über die Angebote der unterschiedlichen Institutionen sowie über deren Aufgaben, Kompetenzen und Zugangswege. Unterschieden werden kann zwischen verbindlichen und unverbindlichen, informellen Netzwerken. Verbindliche Netzwerke sind in ihrer Wirkungsstärke weitaus erfolgreicher (Landua u.a. 2009). Die Steuerungsverantwortung für die Entwicklung, Etablierung von Frühen Hilfen und die Initiierung von Netzwerken wird nach den Ergebnissen der Untersuchung von Landau u.a. (2009) den Jugendämtern zugeschrieben.

7.2 Warum sind Frühe Hilfen so wichtig?

Je jünger, demzufolge verletzlicher und empfindlicher ein Kind ist, desto gefährdeter ist es für Vernachlässigung, seelische *Deprivation* und körperliche Gewalt. Die Deprivation von Lebens- und Entwicklungsbedingungen führt zu Entwicklungsverzögerungen im emotionalen, im kognitiven und im sozialen Bereich. Diese Kinder entwickeln wenig Kontakt zu sich selbst, haben wenig Körpergefühl, sind unsicher, unkonzentriert, können soziale Normen oft nicht angemessen verinnerlichen und gefährden sich selbst (Schone u.a. 1997, S. 26ff).

In seinen ersten Lebensmonaten erbringt der Säugling erhebliche Leistungen zur Anpassung an seine Umgebung und die Lebensbedingungen außerhalb des mütterlichen Leibes. Es kommt zu Regulationsprozessen, in denen sich der Säugling immer besser selbst regulieren kann. Dazu kommen in der weiteren Entwicklung sowohl die Stabilisierung des Schlaf-Wachzustandes, die Regulierung der kognitiven Aufmerksamkeit und Wahrnehmung, seines Verhaltens als auch die der sozialen Aufgeschlossenheit. Innerlich können Stressoren, wie Hunger, Müdigkeit, Schmerz, Unwohlsein auftreten. Äußerlich können Überstimulation, keine oder kaum Reaktion auf Signale des Säuglings, Lärm/Geräusche, mangelnde Interaktion, wenig Responsivität, grober Umgang mit dem Säugling, etc. schädigend wirken. Wenn seine Bezugsperson nicht auf die Regulationsversuche eingeht oder diese nicht wahrnimmt und versteht, und für den Säugling keine Veränderung der Situation eintritt, können sich bei ihm physiologische Belastungszeichen wie gepresste Atmung, marmorierte Haut, Schluckauf oder Spucken einstellen. Der Säugling ist nun noch mehr Stress ausgesetzt und kann unter diesen Bedingungen seine Fähigkeit zur Selbstregulation weniger ausbilden (Ziegenhain u.a. 2006, S. 20ff).

Aus der neurobiologischen Forschung ist bekannt, dass sich Stress in hormonellen Prozessen im Gehirn niederschlägt und dort zu nachhaltigen Folgen führen kann. Kinder, die keiner oder wenig Deprivation ausgesetzt sind, verfügen über ein ausgeglichenes Stressreaktionssystem und können mit leichten Stressoren umgehen, ohne dass sich nachfolgende Beeinträchtigungen einstellen. Die Prognose für Kinder mit einem überempfindlichen Stressreaktionssystem ist, dass sie im späteren Leben anfällig für Depressionen, Angststörungen, stressbedingte körperliche Krankheiten sein können (Beatson u.a., Gordon und de Kloet (alle 2003) nach Sunderland. S. 42).

Das Stressreaktionssystem beschreibt Sunderland (2007, S. 40) nach Blunt (2003) folgendermaßen: „Durch zunehmenden Kummer wird in einem schreienden Baby eine hormonelle Kettenreaktion in Gang gesetzt. Sie beginnt in einem Teil des unteren Gehirns, dem Hypothalamus, der allgemeinen hormonellen Steuerungszentrale. Der Hypothalamus produziert ein Hormon, das die nahe gelegene Hypophyse zur Freisetzung eines weiteren Hormons, des ACTH, veranlasst. Dieses wiederum stimuliert die Nebennierenrinde, das Stresshormon freizusetzen, das dann Gehirn und Körper überschwemmt. Dieses Zusammenspiel nennt man das Stressreaktionssystem. Bei einem leidenden Baby ist dieses System höchst aktiv und setzt große Mengen an Kortisol frei – vergleichbar mit einer Zentralheizung, die nicht abgeschaltet werden kann. Das Beruhigen des Babys deaktiviert dieses System. Gehirnscans zeigen, dass frühkindlicher Stress das Stressreaktionssystem auf dauerhafte Überempfindlichkeit programmieren kann."

Der Hirnforscher Gerald Hüther (2008) weist darauf hin, dass der Mensch im Vergleich zu anderen Lebewesen über ein außerordentlich formbares Gehirn verfügt und damit besonders lernfähig ist. Als einziges Lebewesen ist der Mensch über einen so langen Zeitraum auf die Fürsorge, den Schutz, die Unterstützung und Lenkung durch Erwachsene angewiesen. Die Hirnentwicklung ist in einem ganz besonderen Ausmaß von der emotionalen, sozialen und intellektuellen Kompetenz einer erwachsenen Bezugsperson abhängig. Nie mehr im Leben sei der Mensch offener für und neugieriger auf neue Erfahrungen, nie mehr so begeisterungsfähig, so lernfähig und so kreativ wie in seiner frühen Kindheit. Diese Erkenntnis weist wieder einmal nachdrücklich auf die Wichtigkeit hin, ein hohes Maß an Förderung, Unterstützung für junge Kinder und deren Eltern bereitzuhalten. In dieser Lebensphase sind die Chancen besonders gut, Positives für die zukünftige emotionale, soziale, kognitive und körperliche Ausstattung zu erreichen. Desgleichen müssen wir uns bewusst sein, dass gerade deswegen besonders die frühe Kindheit eine sehr empfindliche und leicht verletzbare Lebensphase ist und Kinder in dieser Zeit eines ganz besonderen Schutzes bedürfen. Aus dieser Erkenntnis lässt sich eine hohe Verantwortung für die Gesellschaft, für die Politik, für die Eltern und für die Akteure helfender Institutionen ableiten. Es ist notwendig, Kinder und ihre Eltern in der Entwicklung ihrer Elternrolle gerade in der frühen Kindheitsphase zu unterstützen, zu fördern und zu begleiten. Damit verbunden sollte auch die gesellschaftliche Anerkennung und Wertschätzung von geleisteter Erziehungsarbeit der Eltern und deren institutionelle Unterstützung sein. Es ist in unserer pluralistischen und individualisierten Gesellschaft notwendig, auf gesellschaftliche Veränderungen und auf ihre Auswirkungen für das Leben von Kindern und ihrer Familien zu reagieren (Benasayag/Schmit 2007). Gerade in letzter Zeit werden Konzepte diskutiert und schon umgesetzt, die Kinder und ihre Eltern in dieser frühen Phase fördern. Der Schutz von Kindern darf nicht erst in der Krise, im Falle einer Kindesmisshandlung, einsetzen, sondern soll über die ganze Zeit der Kindheit wirksam zur Geltung kommen. Dazu gehören Angebote zur Prävention von Kindesmisshandlung sowie ungünstiger, schädigender Aufwachsbedingungen und allgemeine Angebote zur Förderung von Kindern, abgestimmt auf die entsprechenden Altersgruppen und Lebensbedingungen.

7.3 Der kompetente Säugling

Anfang der 1940er Jahre begannen als Vorreiter der Säuglingsforschung, Margaret Fries, René Spitz, Margaret Mahler und Ernst Kris mit der Beobachtung von Säuglingen. René Spitz untersuchte, welche Folgen emotionale Deprivation bei Säuglingen auslöst und kam zur wissenschaftlich begründeten Erkenntnis, dass bereits der Säugling auf eine ihm konstant emotional zugewandte Betreuungsperson angewiesen ist, um sich gedeihlich zu entwickeln. Bis in die 1960er Jahre kam es aufgrund der neu gewonnenen Erkenntnisse, über welche Kompetenzen der Säugling ab Geburt und schon in seinen ersten Lebensmonaten verfügt, zu einem Paradigmenwechsel in der Säuglingsforschung. Der Säugling wurde bis dahin als ein defizitäres, passives, undifferenziertes, völlig hilfloses und ganz seinen Trieben ausgeliefertes Wesen betrachtet.

Heute wird anerkannt, dass der Säugling über ausgeprägte interaktive Fähigkeiten verfügt und sich im kommunikativen Austausch mit den Eltern entwickelt und lernt. Er wird nicht mehr als völlig hilflos und passiv betrachtet, sondern als kompetent und aktiv. Inzwischen liegen differenzierte Kenntnisse über die frühkindliche Selbstregulation, über die Wahrnehmungsfähigkeiten von Säuglingen, über ihre Nachahmung und ihre Lern- und Denkfähigkeiten vor (Dornes 2009, Grossmann/Grossmann 2004, Papousek, M. 2001).

Fähigkeiten, über die das Neugeborene bereits mit der Geburt verfügt, werden im weiteren Entwicklungsprozess zunehmend ausdifferenziert und erweitert. Es sind enorme Anforderungen, die das Neugeborene in seiner ersten Zeit, der Zeit des Übergangs vom intrauterinen Leben zum Leben außerhalb des mütterlichen Leibes (extrauterin), zu bewältigen hat. Sein Körper muss Anpassungsleistungen wie die eigenständige Atmung, die Regulation des körperlichen Temperaturhaushaltes, die Nahrungsaufnahme, Entwicklung eines Schlaf-Wach-Rhythmus und die Wahrnehmung und das Zurechtfinden in der direkten Umgebung, die Stabilisierung des Körpers bewältigen. Ebenso muss die Regulation von

Stressoren wie Hunger, Müdigkeit, Überstimulation erfolgen und zunehmend Strategien zum Ausgleich, zur eigenen Beruhigung gefunden werden (Ziegenhain u.a. 2006). Auch dies gelingt immer besser und differenzierter. Das Saugen des Säuglings dient nicht nur der Nahrungsaufnahme, sondern auch der Beruhigung. Wenn dem Säugling die Stimulation durch die Ansprache der Mutter zu viel wird, dreht er den Kopf zur Seite und löst den Blickkontakt auf. Wenn der Säugling Hunger hat, äußert er dies durch Schreien. Sobald er dann die Brust der Mutter spürt und riecht, äußert er durch Suchbewegungen der Lippen sein Bedürfnis und beruhigt sich in der Erwartung gestillt zu werden. Das Schreien des Säuglings verändert sich mit zunehmendem Alter in der Modulation und in der Ausdauer. Eltern erkennen mit der Zeit die Gründe für das Schreien ihres Kindes. Es wird für sie erkennbar, ob das Kind schreit, weil es Hunger hat, müde ist, sich unwohl fühlt, ihm langweilig ist, Kontakt möchte oder es überstimuliert und überfordert ist.

Die Anpassungsleistungen des Säuglings sind ein sehr sensibler Prozess in der Entwicklung. Entsprechend störanfällig ist dieser Prozess. Das Neugeborene und der Säugling sind auf die empathische und fürsorgliche Unterstützung einer engen Bezugsperson angewiesen, um diesen Anpassungsprozess erfolgreich zu bewältigen. Erst wenn die Entwicklungsaufgabe der Anpassung und Regulation bewältigt wurde, kann die nächste Entwicklungsaufgabe gut gelöst werden. Außerordentliche Belastungen der Eltern, der Familie können zu einem erheblichen Risiko für die gesunde und angemessene Anpassung, Selbstregulation und für die gesamte weitere Entwicklung des jungen Kindes werden.

Fähigkeiten im Bereich der Sinne (Dornes 2009, Rauh 1998)

Der Fötus kann bereits in der 24. Schwangerschaftswoche *hören*. Er reagiert im mütterlichen Leib auf Gehörtes. Hohe Töne werden beruhigender als niedrige und leise beruhigender als laute Töne erlebt (Veränderung der Pulsfrequenz, der Atmung und des Muskeltonus). Die Stimme der Mutter wird von anderen Stimmen unterscheiden.

Neugeborene können bereits auf Entfernung von 20 bis 25 cm und bei mittlerer Helligkeit einigermaßen scharf *sehen*. Muster mit deutlichen Konturen werden bevorzugt. Im Alter von zwei bis vier Monaten werden richtige Gesichter von solchen unterschieden, bei denen Nase, Mund und Augen falsch angeordnet sind. Verschiedene Gesichtsausdrücke, Überraschung, Freude, Trauer, können ab drei bis fünf Monaten unterschieden werden. Ab drei Monaten kann das Gesicht der Mutter im Unterschied zu fremden unterschieden werden. Trinken und Essen kann unterbrochen werden, wenn ein interessanter visueller Reiz im Blickfeld erscheint.

Ab dem fünften/sechsten Tag können Neugeborene den Geruch der Mutter von anderen *Gerüchen* unterscheiden. Sie zeigen deutliche Bevorzugung des mütterlichen Geruchs.

Kreuzmodale Wahrnehmung wird der Prozess genannt, wenn verschiedene Sinneswahrnehmungen wie Sehen, Fühlen und Hören zueinander in Beziehung gesetzt werden. Mit zunehmendem Alter kann Sehen und Fühlen besser koordiniert werden, zum Beispiel, wenn das Kind ein Spielzeug sieht und danach greift. Sehen und Hören wird zusammen gebracht, wenn das Neugeborene den Kopf in Richtung einer Schallquelle dreht. Im Alter von 30 Tagen reagiert der Säugling irritiert, wenn er ein sprechendes Gesicht sieht, die Stimme jedoch nicht von dieser Person kommt, sondern aus einer anderen Quelle.

Fähigkeit zur Nachahmung (Rauh 1998, Kasten 2008)

Bereits in seinen ersten Lebensstunden kann der Säugling Erwachsene dabei nachahmen, den Kopf zu bewegen, den Mund zu öffnen, die Zunge herauszustrecken. Zwischen fünf und acht Monaten beginnt das Kind Laute der Erwachsenen, zunächst sind es Lall-Laute, nachzuahmen. Die Nachahmung erfolgt, nachdem der Säugling intensiv hingeschaut hat und wird zunächst mehrfach probiert. Nachahmung ist ein Prozess zwischen Säugling und Erwachsenem. Erwachsene ahmen in Wechselseitigkeit auch das mimische Verhalten des Säuglings nach.

In einer Studie wurde beobachtet, dass bereits 45 Stunden alte Neugeborene fröhliche, traurige und überraschte Gesichtsausdrücke von Erwachsenen nachahmen (Field 1982 und 1985 in Dornes 2009).

Fähigkeit zur Interaktion (Dornes 2009 und Ziegenhain u.a. 2008)

Bereits in den ersten Wochen ist ein ausgeprägtes Blickverhalten zu beobachten. Das Neugeborene hört auf die Stimme der Mutter, die es bereits aus dem Mutterleib kennt und wendet ihr seinen Blick zu. Es entwickelt sich zunehmend ein Wechselspiel zwischen Baby und seinen Bezugspersonen. Häufig nimmt zunächst der Säugling den Blickkontakt auf, wenn dieser erwidert wird, entsteht ein wechselseitiges Anschauen. Säugling und Mutter gehen eine „Unterhaltung", ein Zwiegespräch miteinander ein. Die Mutter spricht mit dem Säugling, spielt mit mimischen Bewegungen – ebenso ist dies beim Säugling zu beobachten. Er hört zu, erwidert mit Lauten, hört sehr aufmerksam zu und wendet seinen Blick ab, wenn er genug hat. So ist der Säugling bereits in der Lage über sein Blickverhalten Beziehung zu steuern und zu regulieren.

Ebenso ist unter dem Aspekt der Interaktion die Nachahmung zu sehen. Auch diese ist ein ständiges Wechselspiel und beruht auf gegenseitiger Bezogenheit. Der Säugling ist darauf angewiesen, dass Erwachsene ihm die Möglichkeit dazu geben und ihn darin fördern über Nachahmung zu lernen.

7.4 Grundaussagen der Bindungstheorie

Die Bindungstheorie geht von einem biologisch programmierten Bedürfnis des Säuglings nach Bindung aus. In Belastungssituationen wird das *Bindungssystem* des Säuglings aktiviert und er teilt durch Schreien, Anklammern und Quengeln sein Bedürfnis nach Nähe, Schutz und emotionaler Zuwendung mit. Die Mutter beziehungsweise die primäre Bezugsperson, erkennt in der Regel diese Signale des Kindes und reagiert fürsorglich, indem sie Körperkontakt zu ihrem Kind herstellt oder es mit Worten beruhigt. Körperkontakt hat eine beruhigende Wirkung und der Säugling fühlt sich geschützt. Der Körper schüttet dabei Endorphin aus und der Säugling fühlt sich entspannt. Wenn dem signalisierten Bedürfnis nach Zuwendung und körperlicher Nähe nicht entsprochen wird, also keine Reaktion erfolgt, bleibt der Säugling in Anspannung und Beunruhigung. Bindung ist die emotionale Basis, die dem Kind die Sicherheit gibt, bei Bedarf auf Schutz und Sicherheit zurückgreifen zu können. Dies ist die Voraussetzung, um das Bedürfnis nach Exploration befriedigen zu können. Exploration steht für Erkunden, Erforschen, sich erproben, lernen und sich auf „Entdeckungsreise" fern der Mutter, des Vaters oder anderer naher Bezugspersonen zu begeben. Sobald jedoch der Säugling während der Entfernung von seiner Bezugsperson Angst bekommt oder sich verunsichert fühlt, wird das Bindungssystem aktiviert und er greift auf seine sichere emotionale Basis bei der Mutter zurück. Bei Entspannung und Wohlbefinden des Kindes wird wieder das Explorationssystem aktiviert. Es stehen sich also immer Bindungs- und Explorationssystem komplementär gegenüber. Je nach Bedarf und Situation wird das eine oder das andere aktiviert. Beide stehen in einer untrennbaren Verbindung miteinander. Exploration als wichtiger Motor für Entwicklung und Lernen ist nicht möglich ohne Bindung. Im Wechsel zwischen diesen beiden

Systemen lernt der Säugling sich selbst zu steuern und erlebt Selbstwirksamkeit (Brisch 1999).

Bindung ist ein emotionales Band, das sich im Laufe des ersten Lebensjahrs entwickelt, jedoch nicht auf diese Lebensphase beschränkt ist, sondern sich über das ganze Leben mit seinen unterschiedlichen Phasen erstreckt. Die Qualität der Bindung kann sich im Laufe des Lebens und mit bestimmten Lebensumständen immer wieder ändern (Brisch 1999). Dass Kinder keine Bindungen entwickeln, tritt nur äußerst selten und unter sehr extremen Bedingungen auf. Selbst Kinder, die von ihren Eltern misshandelt werden, bauen in der Regel eine tiefgreifende Bindung zu ihnen auf (Ziegenhain 2006). Es zeigt sich auch immer wieder in der sozialpädagogischen Praxis, dass Kinder, die aufgrund von Gefährdungen durch ihre Eltern bei Pflegeeltern oder im Heim aufwachsen, immer eine große Sehnsucht nach ihren Eltern haben und in ausgeprägter Loyalität anhaltend mit ihnen verbunden sind (Boszormeny-Nagy/Spark 2001). Misshandlungen, Kränkungen und wiederholt erlebte Enttäuschungen können an diesem Umstand in der Regel nichts ändern. Dies gilt es in der Zusammenarbeit mit Kindern und deren Eltern zu bedenken und entsprechend zu berücksichtigen und zu würdigen. Dem Kind würden neue Verletzungen zugefügt werden, wenn die Bindung an seine Eltern nicht respektiert würde. Die Qualität der Bindung kann jedoch verschieden ausgeprägt sein.

Fremde-Situation-Test

Mary Ainsworth, häufig als die Mutter der Bindungstheorie bezeichnet, entwickelte in den 1970er Jahren eine standardisierte Methode zur Untersuchung von Bindungsqualität. Diese Methode, der „Fremde-Situations-Test" vollzieht sich in mehreren Schritten und wird bei Kindern im Alter von zwölf bis achtzehn Monaten angewandt. Mutter oder Vater und Kind halten sich für wenige Minuten in einem für das Kind fremden Spielzimmer auf. Dann verlässt die Mutter das Zimmer und kehrt nach kurzer Zeit wieder zurück. Dies erfolgt zweimal. Bei der ersten Trennung kommt während der Abwesenheit der Mutter eine fremde Person in den Raum. Bei der zweiten Trennung bleibt das Kind alleine. Beobachtet wird dabei über eine Kamera, wie sich das Kind bei den Trennungen verhält. Entsprechend der Aussagen der Bindungstheorie müsste beim Kind, wenn der Vater beziehungsweise die Mutter den Raum verlässt, das Bindungssystem ausgelöst werden. Das Kind würde dann Angst, Verunsicherung und Erregung zeigen. Sobald das Elternteil wieder eintritt, müsste sich das Kind wieder beruhigen und sich seinem Spiel, seiner Exploration wieder zuwenden.

Bindungsqualitäten
(Ainsworth nach Brisch 1999 und Ziegenhain u.a. 2006)

Diese Kategorien der *Bindungsqualität* sind unter den Bindungsforschern anerkannt und werden international verwendet. Die vierte Kategorie, das desorganisierte Bindungsverhalten, ist erst später nach den drei ersten hinzugefügt worden.

1. Sicher gebundene Kinder
   Kinder zeigen deutliches Bindungsverhalten, weinen, rufen und suchen die Mutter, wenn diese den Raum verlassen hat. Es zeigt sich Erregung und Stress beim Kind. Sobald die Mutter/Vater wieder hereinkommt, reagiert das Kind mit Freude, streckt die Arme aus, sucht Körperkontakt, lässt sich nach kurzer Zeit beruhigen und spielt weiter.

2. Unsicher-vermeidend gebundene Kinder
   Bei der Trennung zeigen diese Kinder kaum Protest und auch kein deutliches Bindungsverhalten. Sie spielen weiter und vermitteln den Anschein, dass die Trennung sie nicht beunruhigt. Bei Rückkehr der Bindungsperson reagieren sie eher mit Ablehnung und wollen oft keinen Körperkontakt. Da bei diesen Kindern der Cortisolspiegel im Gegensatz zu den sicher gebundenen ansteigt, ist davon auszugehen, dass sie durch die Trennung gestresst sind.

3. Unsicher-ambivalent gebundene Kinder
   Heftiges Weinen und große Stressanzeichen nach Trennung von der Bezugsperson. Diese Kinder zeigen heftiges Bindungsverhalten. Auch wenn die Bezugsperson zurückkehrt, lassen sie sich kaum beruhigen. Sie brauchen längere Zeit, um wieder in einen stabilen emotionalen Zustand zu kommen. Wenn die Kinder auf den Arm genommen werden, zeigen sie einerseits den Wunsch nach Nähe, andererseits zeigen sie sich der Bindungsperson gegenüber aggressiv ablehnend (stoßen, strampeln, schlagen, sich abwenden). Diese Kinder scheinen aus der Nähe zu ihrer Bezugsperson keine Sicherheit zu erlangen.

4. Kinder mit desorganisiertem Bindungsverhalten
   Diese Kinder können keiner der drei oben beschriebenen Bindungsstrategien zugeordnet werden. Sie verhalten sich nicht eindeutig, lau-

fen zur Bindungsperson hin – erstarren dann plötzlich, laufen auf sie zu – drehen sich dann um und laufen weg, verstecken sich und zeigen keine klare Strategie. Brisch (1999) weist darauf hin, dass dieses Verhaltensmuster bei Kindern, die einer klinischen Risikogruppe (Frühgeborene, frühkindliche Misshandlung, Deprivation) angehören, auftrat oder bei Kindern, deren Eltern selbst traumatische Erfahrungen gemacht oder Misshandlung erlebt hatten. Desorganisiertes Bindungsverhalten kann jedoch vorübergehend auch bei normalerweise sicher, unsicher-vermeidend oder unsicher-ambivalent gebundenen Kindern auftreten, wenn sich diese in einer emotionalen Übergangsphase befinden.

Die Verhaltensmuster eins bis drei sind alle normale Bindungsstrategien, die keinesfalls als auffällig zu bewerten sind. Der Entwicklung von Bindung liegt die Interaktion zwischen Eltern und dem Kind zugrunde. Diese wiederum ist geprägt durch die Sozialisation der Eltern, durch die Gesamtheit ihrer eigenen emotionalen Erfahrungen, durch ihre aktuelle Lebenssituation und auch durch psychosoziale Belastungen, psychische Krankheit oder sonstige Leistungseinschränkungen, aber auch durch das Kind selbst. Mit entscheidend ist, was das Kind an eigener Persönlichkeit mitbringt, ob es gesund ist, zu früh geboren ist, ob es behindert oder sonst belastet ist, und wie gut ihm die Selbstregulation gelingt. Diese Faktoren, bei Kindern und ihren Eltern, finden Eingang in die Entwicklung von Bindung und in die Fähigkeit der Eltern die Bindungsfähigkeit beim Kind zu fördern. Grundlegend dafür ist die Feinfühligkeit, mit der Eltern auf ihren Säugling eingehen, wie gut sie die Signale ihres Kindes erkennen und darauf reagieren können.

Konzept der Feinfühligkeit

Mary Ainsworth stellte in ihren Untersuchungen fest, dass Kinder, deren Eltern feinfühliges Pflegeverhalten zeigten, häufiger eine sichere Bindung entwickelten. Kinder, deren Eltern weniger feinfühlig waren, entwickelten eher eine unsichere Bindung zu ihnen (Brisch 1999). Feinfühliges Verhalten der Eltern ist eine unbedingte Voraussetzung für die gesunde Entwicklung des Kindes und für die Entwicklung von Bindung im Sinne einer sicheren emotionalen Basis.

Unter feinfühligem Pflegeverhalten ist nach Ainsworth (1977 in Brisch 1999 und in Grossmann/Grossmann 2004) zu verstehen:

- Wahrnehmung der kindlichen Signale
  Dabei ist größte Aufmerksamkeit nötig. Die Mutter, der Vater oder die nahe Bezugsperson hat das Kind „im Blick". Die Schwelle der Wahrnehmung ist gering gehalten, das heißt die Signale werden wahrgenommen, bevor der Säugling hoch erregt ist. Verhindert werden kann die Wahrnehmung durch das Voranstellen eigener Befindlichkeiten und Interessen oder Abwesenheit der Eltern.
- Richtiges Deuten dieser Signale
  Warum weint, schreit, quengelt das Kind? Hat es Hunger, sucht es Nähe, ist ihm langweilig, ist ihm nicht wohl, ist es krank?
- Angemessenes Reagieren auf diese Signale
  Das Kind soll nicht über- oder unterstimuliert werden, die richtige Nahrungsmenge gegeben werden, das Tempo des Kindes muss in den Reaktionen berücksichtigt werden. Die Angemessenheit der Reaktion ist vom Alter und Entwicklungsstand des Kindes abhängig und verändert sich entsprechend.
- Reaktion muss prompt erfolgen
  Das Bedürfnis des Säuglings muss unmittelbar gestillt werden. Der Zusammenhang zwischen den Signalen des Säuglings muss im direkten Zusammenhang mit der elterlichen Reaktion stehen. Der Säugling kann dann eine Wirksamkeit seiner Signale erleben und daraus bereits lernen. Je jünger der Säugling ist, desto kürzer ist seine Frustrationstoleranz. Mit zunehmendem Alter steigert sich diese.

In der Regel reagieren Eltern feinfühlig und angemessen auf ihren Säugling.

Schwierigkeiten gibt es in der Wahrnehmung der kindlichen Signale bei Eltern, die zu sehr mit ihren eigenen Belastungen und Belangen beschäftigt sind oder über eine unzureichende Erziehungskompetenz verfügen. Vernachlässigende und misshandelnde Eltern nehmen die Signale ihres Kindes nicht ausreichend wahr und ernst.

Das richtige Deuten der Signale erfordert ein hohes Maß an Einfühlungsvermögen und emotionaler Präsenz. Oft fällt es Eltern mit zunehmendem Alter des Kindes leichter, die Signale richtig zu deuten. Besonders in der ersten Zeit, wenn Eltern und Säugling noch nicht so vertraut miteinander sind, kann dies Schwierigkeiten bereiten. Allerdings ist Voraussetzung, dass Eltern über die Bedürfnisse eines Säuglings Bescheid wissen.

Eltern, die sich selbst in Überforderungs- und Belastungssituationen befinden, kann es schwer fallen, angemessen auf die Signale ihres Kindes zu reagieren. Es wird dann zu oberflächlich, zu hastig, grob reagiert oder das Baby wird viel zu schnell gefüttert.

„Babys müssen auch lernen zu warten. Das Kind wird verwöhnt, wenn man es immer sofort beruhigt." Dies sind Haltungen, die immer noch zu beobachten sind und jeder Feinfühligkeit zuwider laufen. Je jünger das Kind ist, desto weniger versteht es, warum sein Bedürfnis nicht gestillt wird. Säuglinge, die immer wieder erfahren, dass auf ihre Signale nach Bedürfnisbefriedigung nicht reagiert wird, ziehen sich zurück und resignieren.

Es liegen internationale Forschungsergebnisse vor, die nachweisen, dass eine umsichtige, eher nachgiebige Erfüllung der kindlichen Bedürfnisse zu höherer sozialer Kompetenz führt (Grossmann/Grossmann 2004).

„Zu lange Trennungen oder Betreuung durch zu viele wechselnde Personen oder das Ideal der Selbstgenügsamkeit schon bei kleinen Kindern wirken der ursprünglichen sozialen Disposition des Säuglings entgegen und bergen das Risiko, dass aus einem sozialen Neugeborenen ein asozialer, unkooperativer, psychisch beeinträchtigter Mensch wird, der sich der Gesellschaft nicht verpflichtet fühlt" (Grossmann/Grossmann 2004, 104).

7.5 Intuitive Elternkompetenz

Das Wechselspiel in der Interaktion und Beziehung zwischen Eltern und ihrem Säugling und die dabei entstehende Bindung sind ein faszinierender Bestandteil der frühen, vorsprachlichen Kindheit.

Dazu kommt, dass Eltern in der Regel über ein intuitives Elternverhalten verfügen, das unmittelbar zu den Bedürfnissen und den vorhandenen Fähigkeiten des Säuglings passt. Das Forscherpaar Hanus und Mechthild Papousek haben sich in besonderem Maße dem Thema der elterlichen, intuitiven Kompetenzen im Zusammenspiel mit dem Säugling gewidmet. Sie weisen darauf hin, dass sich dieses basale Grundmuster von Eltern universell in allen Kulturen, über die Grenzen von Alter, Geschlecht, Elternstatus und Muttersprache hinweg findet (Papousek 2001).

Verhaltensrepertoire der intuitiven elterlichen Kompetenzen
(Dornes 2009, Grossmann/Grossmann 2004, Papousek 2001, Ziegenhain
2006)

Mimik	Hoch gezogene Brauen – „Augenbrauen-gruß" Blickkontakt wird hergestellt und gehalten übertriebener Ausdruck von Freude, Überraschung, Erstaunen rhythmische Wiederholungen, zum Beispiel Nicken Imitation des kindlichen Ausdrucks, zum Beispiel Gähnen, Bewegungen des Mundes
Stimme	Hohe Stimmlage ausgeprägte, melodische Stimmführung Abwechslung von Lautstärke und Ausdruck, zum Beispiel flüstern, beruhigender oder anregender Tonfall Stimmlage fällt ab, um Kind zu beruhigen
Gestik	Regulation von Nähe und Abstand; Säugling liegt in der Regel im linken Arm, der Abstand zum Gesicht der Bezugsperson ist intuitiv passend zur Sehfähigkeit des Säuglings in ca. 25 cm Zeigegestik auf einem bestimmten Gegenstand um die Aufmerksamkeit zu lenken
Sprache	Bemühung um Zwiegespräch und Spiel Baby- oder Ammensprache Imitation der kindlichen Vokalisation kurze Sätze, häufige Wiederholungen, Verkleinerungen und Silben in rhythmischer Folge

Nach Papousek (2001) wird das intuitive Elternverhalten in erster Linie durch die Gegenwart des Babys ausgelöst. Anregend ist das Aussehen des Kindes mit seinem „niedlichen" Gesicht – Kindchenschema und die Interaktionsbereitschaft, wie auch die Rückkopplungssignale im gesamten Verhalten des Säuglings. Ebenso geht Papousek von einer Prädisposition dieses elterlichen Verhaltens mit dem Säugling in seiner vorsprachlichen Zeit aus. Aus dem Zusammenspiel der Fähigkeiten des Säuglings und dem elterlichen, intuitiven Verhalten ergibt sich eine Dynamik, die weitere Kommunikation fördert und die Grundlage für fortlaufendes Lernen ist. Wenn diese Dynamik funktional ist, entwickelt sich zudem eine stabile Bindung zwischen dem Kind und der engen Bezugsperson. Zudem sind die angemessene, funktionierende Interaktion und Zuwendung ein wichtiger Schutzfaktor für das Kind. Grossman und Grossmann (2004) betonen, dass das Gehirn des Neugeborenen nach Interaktion mindestens ebenso „hungrig" ist wie nach Nahrung und Wärme.

Das sensible Wechselspiel zwischen Säugling und seinen intuitiv kompetenten Eltern ist jedoch störanfällig. In psychosozial belasteten Lebensumständen können Eltern weniger angemessen auf ihr Kind eingehen. Sie brauchen Geduld, Zeit und Ruhe, um sich auf das Baby einzulassen. Das intuitive Verhalten kann blockiert oder eingeschränkt sein, wenn die Eltern chronischen Stress erleben, sich erschöpft fühlen, unter einem deutlichen Schlafdefizit leiden oder in ihrer psychischen und körperlichen Befindlichkeit eingeschränkt sind. Auch eigene Bindungserfahrungen spielen eine Rolle. Wenn diese positiv waren, können sich Eltern leichter auf ihr Baby einlassen und seine Bedürfnisse verstehen. Eine Irritation des intuitiven Elternverhaltens kann jedoch auch im Säugling begründet liegen. Problematisch ist es, wenn der Säugling aufgrund einer Krankheit oder Behinderung nicht in Interaktion mit den Eltern treten kann und seine Fähigkeit, Signale zu senden eingeschränkt ist. Eltern oder nahe Bezugspersonen können dann in Frustration und Resignation geraten, wenn ihre Bemühungen um Kommunikation, Blickkontakt und Nähe zum Kind keine entsprechende Erwiderung bekommen. Wenn es dann zu wenig Unterstützung gibt, die Ressourcen fehlen oder erschöpft sind, kann es leicht zu einem Teufelskreis kommen, aus dem sich Kind und Eltern nur noch mit Hilfe von außen befreien können. Hilfeangebote können helfen zu verhindern, dass sich der Teufelskreis chronifiziert und sich eine dysfunktionale Eltern-Kind-Beziehung manifestiert.

7.6 Einschätzung von Belastung des Säuglings und möglicher Störungen

Um eine Gefährdung des Säuglings einzuschätzen, bedarf es umfassender entwicklungspsychologischer und bindungstheoretischer Kenntnisse. Die obigen Ausführungen sollen eine Grundlage dazu anbieten, ersetzen jedoch nicht eine weitere umfassende Beschäftigung damit. Beobachtung von Säuglingen mit ihren Fähigkeiten, der Interaktion zwischen Eltern und Baby und das Üben und Reflektieren der Einschätzung von elterlicher Feinfühligkeit können hier zu mehr Kompetenz führen.

Wenn es um einen Verdacht auf die Gefährdung eines Säuglings geht, muss die Einschätzung unter spezifischen Kriterien erfolgen. Es soll hier jedoch nicht nur um eine Einschätzung zur Gefährdung des Kindes stattfinden, sondern auch Aufschluss darüber gegeben werden, ob die Eltern einen Unterstützungsbedarf haben. Je früher besonders belastete Eltern Hilfe und Unterstützung bekommen, desto nachhaltiger kann eine positive Entwicklung auf die Eltern-Kind-Beziehung und die Elternkompetenzen sein. Es gilt zu verhindern, dass Eltern und Kind dysfunktionale Beziehungsmuster entwickeln, die sich dann störend und hemmend auf eine gedeihliche Entwicklung des Kindes auswirken.

Einschätzung von Feinfühligkeit

(Ziegenhain u.a. 2008)

Verhalten der Eltern

- Fähigkeit, Signale und Bedürfnisse des Kindes wahrzunehmen
- Abstimmung des emotionalen Ausdrucksverhaltens auf das Verhalten des Kindes
- ärgerliches/feindseliges oder aggressives Verhalten
- siehe auch „Konzept der Feinfühligkeit"

	Sehr feinfühlig	Feinfühlig	Wenig feinfühlig	Überhaupt nicht feinfühlig
1	Sehr ausgeprägte Fähigkeit, Bedürfnisse und Signale des Säuglings oder Kleinkindes wahrzunehmen und adäquat darauf zu reagieren.	Angemessene Fähigkeit, Bedürfnisse und Signale des Säuglings oder Kleinkindes wahrzunehmen und adäquat darauf zu reagieren.	Wenig ausgeprägte Fähigkeit, Ansätze, die Belastung wahrzunehmen, Umgang damit unzureichend, zu kurze Reaktion, Kind wird nicht getröstet.	Völlige Unfähigkeit die Bedürfnisse und Signale des Säuglings oder Kleinkindes wahrzunehmen oder adäquat darauf zu reagieren.
2	Verhalten und Verhaltensausdruck sind auf die Befindlichkeit abgestimmt. Tonfall, Gesichtsausdruck, Äußerungen stimmen durchgängig mit den Bedürfnissen überein, geht auf Angebote des Kindes ein, spiegelt positive und negative Gefühle des Kindes, tröstet, wenn es weint.	Verhalten und Verhaltensausdruck sind überwiegend abgestimmt. Tonfall, Gesichtsausdruck, Äußerungen stimmen zeitweise mit den Bedürfnissen/ Signalen überein. Bezugsperson geht auf Angebote des Kindes ein, spiegelt gleichermaßen positive wie negative Gefühle und zeitweise nicht, tröstet, wenn es weint.	Verhalten und Verhaltensausdruck sind wenig auf die Befindlichkeit und Signale abgestimmt. Tonfall, Gesichtsausdruck, Äußerungen stimmen wenig mit den Bedürfnissen/Signalen des Kindes überein. Eltern gehen nicht oder verzögert und gleichgültig auf die Angebote des Kindes ein.	Verhalten und Verhaltensausdruck sind nicht auf die Befindlichkeit und Signale des Kindes abgestimmt. Tonfall, Gesichtsausdruck, sprachliche Äußerungen stimmen nicht mit den Bedürfnissen/Signalen des Kindes überein. Eltern schimpfen, sind ärgerlich, wenn Kind weint oder belastet ist.

3	Ärgerliches, feindseliges oder aggressives Verhalten kommt nicht vor. Emotional flaches, verlangsamtes Verhalten oder ein ausdruckloses Gesicht kommen nicht vor.	Ärgerliches Verhalten kann vereinzelt vorkommen. Emotional flaches, verlangsamtes Verhalten oder ein ausdruckloses Gesicht können vereinzelt vorkommen.	Der Umgang mit dem Kind ist zeitweise ärgerlich bzw. feindselig oder die Bezugsperson wirkt zeitweise emotional flach und ausdruckslos.	Der Umgang mit dem Kind ist überwiegend harsch, aggressiv (Tonfall und/oder körperlicher Umgang) oder feindselig oder Bezugsperson wirkt stark ausgeprägt und durchgängig emotional flach, verlangsamt und ausdruckslos.

Einschätzung der Eltern-Kind-Interaktion

- Inwieweit zeigen die Eltern intuitives Elternverhalten? Siehe oben.
  Wie sprechen die Eltern mit ihrem Kind?
  Sprache, Tonfall, Mimik, Gestik?
- Inwieweit sind die Kriterien von Feinfühligkeit erfüllt? Siehe oben.
  Werden die Signale des Kindes wahrgenommen?
  Werden sie richtig gedeutet?
  Reagieren die Eltern angemessen?
  Reagieren sie prompt auf die Signale des Kindes?
- Reagieren die Eltern responsiv auf ihr Kind?
- Sucht das Kind Blickkontakt? Kann es diesen halten?
- Suchen und erwidern Eltern den Blickkontakt mit ihrem Kind?
- Erzwingen Eltern den Blickkontakt? Spüren sie, wenn das Kind sich abwendet und nicht weiter stimuliert werden möchte?
- Wie reagieren die Eltern auf ihr Kind, wenn es Zeichen von Belastung oder Unwohlsein zeigt? Wirken die Eltern beruhigend auf das Kind ein? Werden sie ungeduldig, abweisend oder schroff?
- Beruhigt sich das Kind, wenn die Eltern es trösten?
- Kommt es vor, dass die Eltern das Verhalten des Säuglings, wie zum Beispiel Strampeln, gegen sich gerichtet deuten/erleben? („Mein Kind tritt mich." „Mein Kind will mich ärgern.")

Einschätzung der körperlichen Befindlichkeit des Säuglings und Kleinkindes

Füttern und Gedeihen
- Nimmt das Kind regelmäßig zu?
- Verläuft das Füttern störungsfrei?
  Eine Fütterstörung liegt dann vor, wenn die einzelne Fütterung nach dem dritten Lebensmonat länger als 45 Minuten dauert oder wenn zwischen den einzelnen Mahlzeiten weniger als zwei Stunden liegen, das Kind regelmäßig erbricht oder wiederkäut (Ziegenhain u.a. 2006, BzgA 2009).
- Ist das Füttertempo für das Kind angemessen? Erkennen die Eltern das Bedürfnis des Kindes? Zu schnelles Füttern und Stopfen kann sich zu einer Füttermisshandlung entwickeln.
- Ist die Nahrung dem Alter des Kindes angemessen? Wie gelingt der Übergang von der flüssigen zur festen Nahrung?
- Ist die Fütter-Ess-Interaktion entspannt oder angespannt? Dies kann auch ein Indikator für die Qualität der Eltern-Kind-Beziehung sein (Ziegenhain u.a. 2006).
- Bei Gedeihstörungen muss bedacht werden, dass körperliche, pathologische Gründe, aber auch psychosoziale Belastungen die Ursache sein können.
- Wenn sich Eltern durch die Fütterinteraktion sehr belastet fühlen ist es notwendig Hilfe anzubieten.

Schlaf
- Neugeborene haben noch keinen Schlaf-Wachrhythmus. Nach etwa zwei Wochen beginnen sie sich langsam auf den Tag-Nacht-Wechsel einzustellen.
- Neugeborene schlafen zwei Drittel von 24 Stunden. Sechs Monate alte Kinder schlafen 50 Prozent von 24 Stunden (Ziegenhain u.a. 2006).
- Schlafstörungen liegen vor, wenn das Kind über den sechsten Lebensmonat hinaus nicht regelmäßig ohne Hilfe der Eltern (wieder) einschlafen kann, oder wenn das Kind mehr als 30 Minuten zum Einschlafen braucht, oder wenn das Kind an mindestens vier Nächten in der Woche häufiger als drei Mal für länger als 20 Minuten aufwacht (BzgA 2009).
- Hat das Kind einen ruhigen Schlafplatz, wo es ungestört schlafen kann?

• Geben die Eltern eine Struktur für Wach- und Schlafzeiten vor? Dies ist notwendig, um keine Schlafstörungen zu entwickeln. Gibt es Einschlafrituale?

Schreien
• Durchschnittliche Schreidauer pro Tag:
bis zur 6. Lebenswoche 1 ½ Stunden
ab der 6. Lebenswoche 2 ½ Stunden
ab ca. 16. Lebenswoche 1 Stunde
(BzgA 2009).

• Exzessives Schreien liegt vor, wenn das Kind seit mindestens drei Wochen an mindestens drei Tagen pro Woche mehr als drei Stunden schreit. Ein kleiner Teil, etwa 11 Prozent der schreienden Kinder, haben Verdauungsprobleme. Beim anderen Teil, so nimmt die Säuglingsforschung an, liegt eine verzögerte Verhaltensregulation vor (Ziegenhain u.a. 2006).
Anhaltendes Schreien ist für Eltern eine erhebliche Belastung und ein Stressfaktor, der massive Folgen hat. Dazu gehören: Schlafmangel, Erschöpfung, Gefühl der Hilflosigkeit, Resignation, Kränkung („Ich kann mein Kind nicht beruhigen – was bin ich für eine schlechte Mutter") und Überforderung. Diese Gefühle können, wenn die Eltern über zu wenig Ressourcen verfügen, keine Hilfe haben oder bereits weitere Belastungsfaktoren vorliegen, zu einer Störung in der Eltern-Kind-Interaktion führen. Eltern mit exzessiv schreienden Kindern sollten Hilfeangebote gemacht werden. Wenn sich Eltern massiv belastet fühlen, es weitere Regulationsstörungen beim Kind gibt oder psychosoziale Belastungsfaktoren dazu kommen, liegt ein Entwicklungsrisiko für das Kind vor (Ziegenhain u.a. 2006). Eltern können sich dadurch so belastet, überfordert und hilflos fühlen, dass das anhaltende Schreien zu einem Risikofaktor für Misshandlung wird.

7.7 Beispiele für Frühe Hilfen

Der Bereich Frühe Hilfen ist noch jung, aber in den letzten Jahr immer bedeutender geworden. Das *Nationale Zentrum Frühe Hilfen* (NZFH) wurde im Rahmen des Programms „Frühe Hilfen für Eltern und Kinder und Soziale Frühwarnsysteme" des Bundesministeriums für Familie, Senioren, Frauen und Jugend 2007 gegründet. Die Trägerschaft liegt bei der Bundeszentrale für gesundheitliche Aufklärung und dem Deutschen Jugendinstitut. Die Weiterentwicklung des Bereichs Frühe Hilfen und diesbezüglichen Unterstützungssystemen ist ein Aufgabenbereich. Des Weiteren ist das Nationale Zentrum Frühe Hilfen Forum zum Austausch und Reflexion für Fachleute, Institutionen und Wissenschaft. Die Kooperation zwischen der Bundeszentrale für gesundheitliche Aufklärung (BzgA) und dem Deutschen Jugendinstitut (DJI), also zwischen Gesundheitshilfe und Jugendhilfe, bilden die Basis.

Aufgaben sind:

- Wissensplattform
  Recherche, Monitoring, Modelle, Kriterienentwicklung, Fehleranalyse, Empfehlungen
- Kommunikation
  Allgemeinbevölkerung, Fachöffentlichkeit
- Transfer
  Kongresse, Tagungen, Workshops, Information, Beratung

Da bisher noch keine ausreichenden, wissenschaftlich gesicherten Erkenntnisse vorliegen, welche Hilfen in der frühen Kindheit wirksam und effektiv sind, wurden in den Bundesländern wissenschaftlich begleitete Modellprojekte zu Frühen Hilfen eingerichtet. Unter anderem wird an zehn Projektstandorten untersucht, wie Netzwerke und Kooperationsstrukturen gestaltet sein müssen, um Frühe Hilfen dauerhaft und wirksam etablieren zu können.

Es hat sich jedoch aufgrund der Erfahrungen und Studien gezeigt, dass Frühe Hilfen als allein stehendes Angebot nicht die ausreichende Wirkung zeigen. Abhängig ist der Effekt immer davon, inwieweit die Hilfen in ein lokales Kooperationsnetzwerk eingebunden sind (Kindler/Sann 2007).

Die verschiedenen Leistungserbringer von Hilfen im frühkindlichen Segment sollen miteinander vernetzt, Kooperationsstrukturen verbessert werden. Hierbei ist besonders an die Gesundheits- und Jugendhilfe gedacht. Bestehende örtliche Netzwerke und Kooperationen sollen im Hinblick auf Frühe Hilfen ausgebaut und gestärkt werden.

Leistungserbringer der Gesundheitshilfe

- Schwangerschaftsvorsorge
  Gynäkologen, Hebammen können im Rahmen der Vorsorgeuntersuchungen Risiken und schwierige Lebenslagen erkennen und passende Hilfen anbieten.

- Geburtskliniken
  Hier können Risiken und belastende Lebenslagen erkannt werden. Kliniken können entsprechende Hilfeangebote anbieten und Kontakte zu anderen Leistungserbringern wie zum Beispiel der Jugendhilfe vermitteln.

- Hebammen
  Hebammen in der Nachsorge haben oft einen besonders guten Zugang zu den Familien. Sie kommen ins häusliche Umfeld der Kinder und Eltern und können somit Belastungen erkennen. Im Vergleich zu der medizinisch tätigen Hebamme, sind Familienhebammen dafür ausgebildet, auch psychosoziale Problemlagen zu erkennen. Sie können Familien darin unterstützen und bei der Bewältigung dieser Schwierigkeiten stärken.

- Kinderärzte und Kinderärztinnen
  Sie verfügen über die Kompetenz Kindeswohlgefährdungen zu erkennen und Kindesmisshandlung festzustellen. Häufig sind sie für Eltern besondere Vertrauenspersonen und haben einen guten Zugang zu ihnen. Beratung und Vermittlung an weitere Hilfeangebote kann erfolgen.

- Gesundheitsämter/Öffentlicher Gesundheitsdienst
  Sie sind eine Schnittstelle zwischen Gesundheits- und Jugendhilfe. Einschätzungen von Gefährdung können im Verbund vorgenommen werden. Die Zusammenarbeit ist je nach Kommune unterschiedlich ausgestaltet.

Leistungserbringer aus der Jugendhilfe

- Familienbildungsstätten, Volkshochschulen, Familienzentren
  Mit ihren Angeboten stärken sie Eltern in ihrer Erziehungskompetenz und können Selbsthilfepotenziale bei den Eltern wecken. Es wird auch Elterntraining angeboten. Besonders belastete Eltern werden damit jedoch häufig nicht erreicht.

- Familien-, Ehe- und Erziehungsberatungsstellen
  Eltern finden hier bei individuellen Schwierigkeiten Beratungsange-
  bote. Belastungen oder auch unzureichende Versorgung und Erziehung der Kinder können hier erkannt und bearbeitet werden. Soge-
  nannte „Schreiambulanzen" für Eltern mit exzessiv schreienden Säuglingen können hier angebunden sein.
- Sozialpädagogische Familienhilfe
  Eltern können bei den Trägern der öffentlichen Jugendhilfe diese Maßnahme beantragen und erhalten. Sie ist ein umfassendes ambulantes
  Angebot innerhalb der Familie, das auf die vielfältigen Problemlagen in
  der Familie eingehen kann. Belastungen, Risiken und Gefährdungen
  können erkannt und gemeinsam mit der Familie bearbeitet werden.
- Betreutes Wohnen und stationäre Angebote für Eltern und Kind
  Junge Mütter oder Väter können im stationären Rahmen in der Entwicklung ihrer Elternrolle und ihrer Elternkompetenzen unterstützt
  werden. Psychisch kranke Eltern können in stationären Angeboten
  dabei unterstützt werden, ihren Alltag mit dem Kind angemessen zu
  bewältigen.

Weitere Leistungserbringer

- Schwangerschaftsberatungsstellen
  Hier kann sehr frühzeitig Hilfebedarf erkannt werden und die entsprechenden Hilfen können rechtzeitig etabliert werden. Vorbereitung auf
  die Elternrolle kann erfolgen. Finanzielle Hilfen können vermittelt,
  Stiftungsmittel aus der Stiftung „Mutter und Kind – Schutz des unge-
  borenen Lebens" beantragt werden. In der Beratung können sich Rat
  suchende Eltern auch darauf vorbereiten, auf welche Anforderungen
  sie sich einstellen müssen, wenn das Kind geboren ist.
- Frühförderstellen
  Entwicklungsrückstände und andere Defizite sowohl bei körperlich
  gesunden, als auch bei behinderten Kindern können früh erkannt werden. Die Kinder werden in ihrer Entwicklung gefördert. Die Eltern bekommen Unterstützung im Umgang mit ihrem behinderten Kind und
  Anleitung, wie sie es fordern und fördern können.
- Frauenhäuser
  Bei häuslicher Gewalt zwischen Eltern können Frauen hier Schutz und
  Unterstützung finden. Problematische Lebensumstände und Belastun-
  gen können erkannt und bearbeitet werden, Gefährdungen von Kindern und ihren Müttern abgewendet werden.

Beispiele für Angebote der Frühen Hilfe

- Entwicklungspsychologische Beratung
  Grundlage dieses sekundär präventiven Beratungskonzeptes sind Erkenntnisse aus der Säuglings- und Bindungsforschung. Das Angebot richtet sich an Eltern mit Kindern in den ersten drei Lebensjahren. Davon ausgehend, dass es ein Schutzfaktor ist, wenn Kinder über sichere Bindungserfahrungen verfügen und feinfühlige Eltern haben, werden Eltern gezielt in ihrer Beziehungs- und Erziehungskompetenz und in feinfühligem Verhalten gestärkt und gefördert. Zielgruppe sind Mütter und Väter in besonderen Situationen wie etwa psychosozial besonders belastete Eltern, jugendliche/sehr junge Eltern, psychisch kranke Eltern, Alleinerziehende mit besonderen Belastungen, Eltern von Kindern mit Auffälligkeiten, Krankheiten oder Behinderungen, Eltern von „Schreikindern", Eltern, die Schwierigkeiten haben, sich mit ihrer Elternrolle zu identifizieren. Positive Ansätze in der Interaktion mit ihrem Kind sollen erkannt, gestärkt und ausgebaut werden. Unterstützend dabei sind Videoaufnahmen, die den Fokus auf Filmsequenzen gelungener Eltern-Kind-Interaktion richten. Die Entwicklungspsychologische Beratung arbeitet kindzentriert, systemisch und lösungsorientiert (Ziegenhain u.a. 2006).

- Familienhebammen
  Jeder Frau steht obligatorisch für die Zeit nach der Entbindung als Krankenkassenleistung die medizinische Nachsorge durch eine Hebamme im Rahmen von zehn Terminen zu. In Bremen wurde 1979 das Konzept der Familienhebamme erarbeitet. Inzwischen ist dieses Angebot in fast allen Bundesländern vertreten. Familienhebammen haben ihren Schwerpunkt in der psychosozialen, medizinischen Beratung und Begleitung. Die Hilfe ist aufsuchend, die Familien werden von der Familienhebamme zuhause besucht. Familien sind in der frühen Phase ihrer Elternschaft oder mit neugeborenen Kindern leichter für Hilfen erreichbar als später. Hebammen sind gesellschaftlich anerkannt und genießen meist großes Vertrauen bei Eltern. Hebammen weisen größtmögliche Kompetenzen auf, wenn es um die Versorgung, die Gesundheit und die Entwicklung von Säuglingen geht. Diese Kenntnisse und Erfahrungen sind in besonders belasteten Familien mit Säuglingen notwendig, um stützend und zum Wohle des Kindes Hilfe anzubieten. Ziele sind: Förderung von Ressourcen, Begleitung bei Arztbesuchen oder bei Ämtergängen, zum Beispiel Beantragen von Geldern, Förderung der Eltern-Kind-Interaktion, Schaffung kind-

gerechter Alltagsstrukturen in der Familie, Unterstützung in der Haushaltsorganisation und -führung, Motivation Hilfen anzunehmen. Zu den Zielgruppen gehören: junge Mütter, psychosozial belastete Familien, Eltern mit psychischen Erkrankungen, Familien mit Suchterkrankungen, Mütter mit Schwierigkeiten in der Alltagsbewältigung, Mütter mit geistiger Behinderung, Familien, in denen das Wohl des Kindes durch Risikofaktoren und Belastungen bedroht ist. In der Regel ist die Hilfe für den Zeitraum des ersten Lebensjahres des Kindes geplant. Danach sollen, wenn erforderlich, Maßnahmen der Jugendhilfe angeschlossen werden. Die Familienhebamme ist mit ihrer Arbeit eine Schnittstelle zwischen Gesundheits- und Jugendhilfe.

* STEEP – ein Frühinterventionsprogramm
STEEP (*Steps Forward Effective Enjoyable Parenting*) ist ein Frühinterventionsprogramm, das in den USA entwickelt wurde. Der Fokus wird auf verschiedenen Ebenen auf die Eltern-Kind-Beziehung gerichtet.
Verhaltensebene: Nachdem der Umgang von Eltern mit dem Kind auf Video aufgenommen wurde, erfolgt eine Reflexion darüber.
Repräsentationsebene: Es wird mit den Eltern eigenen Sozialisationserfahrungen nachgegangen und „erforscht", welche sich auf den Umgang mit den eigenen Kindern auswirken und welche Rolle sie spielen.
Soziale Unterstützung: Inbegriffen im STEEP-Programm ist ein Gruppenangebot, das fachlich begleitet ist und Müttern und Vätern die Möglichkeit zum Erfahrungsaustausch und dem Kontaktaufbau zu anderen Eltern bietet.
Beratende Beziehung: STEEP ist beziehungsorientiert und ist Modell für Zuverlässigkeit und Konstanz in Beziehungen.
Zielgruppe sind risikobelastete, werdende Eltern oder Familien mit Kindern bis zu drei Jahren. STEEP wird unter anderem von einigen Kommunen und Beratungsstellen angeboten.

* Verantwortungsgemeinschaft Jugendhilfe und Psychiatrie
(Psychiatrisches Zentrum Nordbaden und Landratsamt
Rhein-Neckar-Kreis, „Hand in Hand")
Das interdisziplinäre Kompetenznetz zwischen Gesundheitshilfe und Jugendhilfe unterstützt psychisch belastete und junge Mütter und deren Kinder nach der Geburt. Zielgruppe sind Mütter, die mit psychischen Erkrankungen belastet sind oder unter psychosozialen Belastungen und ersten Anzeichen psychischer Erkrankung leiden. Gerade in der Zeit nach der Geburt ist für Mütter das Risiko an einer post-

partalen (nachgeburtlichen) Depression oder an einer postpartalen Psychose zu erkranken signifikant erhöht. Es ist Ziel des Kompetenznetzes niederschwellig Hilfen im Verbund von psychiatrischer Gesundheitshilfe und Jugendhilfe anzubieten.
Entwicklungsrisiken und Kindeswohlgefährdung soll mit frühzeitiger Unterstützung präventiv begegnet werden.

Fallbeispiel

Die 23-jährige Marlene trennt sich wenige Tage vor der Entbindung ihrer Tochter von ihrem Partner. Die Geburt verläuft unkompliziert und Anja ist ein völlig gesundes Baby. In den folgenden Wochen macht sich Marlene zunehmend Sorgen um Anja. Sie befürchtet ständig, es fehle Anja etwas, sie würde krank sein oder krank werden oder sie könne keine gute Beziehung zu ihrer Tochter aufbauen. Unter der Woche holt sich Marlene fast täglich Rat beim Kinderarzt. Am Wochenende sucht sie Kontakt zur Kinderklinik. Anja entwickelt sich gut und ist ein kräftiges, gesundes Kind. Schließlich verweist der Kinderarzt Marlene an das Jugendamt und bittet sie, Hilfe anzunehmen. Die Mutter-Kind-Gruppe für allein erziehende Mütter, in die Marlene nun geht, wird von einer Sozialpädagogin angeleitet. Zu den anderen Müttern kann Marlene schnell Kontakt aufnehmen und über ihre Lebensumstände offen berichten. In früheren Zeiten habe sie sich durch Ritzen selbst verletzt und sei häufig in Auseinandersetzungen mit ihren Eltern geraten. Nun fühle sie sich nach der Trennung vom Partner zwar befreit, andererseits aber auch allein gelassen. Anja ist drei Monate alt, als Marlene eine Entwicklungspsychologische Beratung durch die Sozialpädagogin angeboten wird. Ziel ist, sie in ihrer Mutterrolle zu stärken, ihr darin Sicherheit zu vermitteln und sie erleben zu lassen, dass sie gut für Anja sorgen kann. Marlene nimmt die Gruppe sowie die Entwicklungspsychologische Beratung aktiv an und arbeitet gut mit. Sie zeigt sich Anja gegenüber feinfühlig, ihre intuitive Elternkompetenz ist gut ausgeprägt. Allerdings verspürt Marlene zunehmend Unsicherheit in sich selbst und fängt an Kontakte zu anderen Menschen zu meiden. Sie fehlt nun auch immer wieder in der Gruppe. An einem Wochenende gewinnen ihre inneren Spannungen und Ängste so die Oberhand, dass sie in einer psychiatrischen Klinik Hilfe sucht. Den Ärzten dort erscheint Marlene verwirrt und verängstigt. Es ist unklar, ob sie in diesem Zustand gut für ihr Kind sorgen kann. Schließlich entscheiden sie, Marlene gemeinsam mit Anja sofort stationär aufzunehmen. Marlene kann sich nun wieder beruhigen und richtet sich im Mutter-Kind-Zimmer der Klinik ein. In den ersten Wochen zeigt sich Marlene weiterhin instabil. Es wird eine Angststörung, die sich bereits generalisiert hat, diagnostiziert. Der Klinikarzt, die zuständige Sozialarbeiterin, die Sozialarbeiterin, die für die Entwicklungspsychologische Beratung zuständig ist, der Kinderarzt wie auch Marlene setzen sich zusammen und besprechen, welche Unterstützung Marlene nach dem Klinikaufenthalt benötigen wird. Verschiedene Möglichkeiten werden diskutiert. Vorhandene und zu erschließende Ressourcen bei Marlene werden in die Überlegungen mit einbezogen. Zum einen steht das Angebot Marlene in ein stationäres betreutes Wohnen für junge Mütter zu vermitteln, zum anderen das Angebot eine Sozialpädagogische Familienhilfe einzusetzen zur Auswahl. Nach wie vor ist Marlene ängstlich und verunsichert, sie traut es sich noch nicht zu für ihre Tochter alleine zu sorgen. Der Klinikaufenthalt wird verlängert und es werden psychotherapeutische Maßnahmen begonnen. In den folgenden Wochen findet immer wieder der Austausch, meist telefonisch, mit den Beteiligten statt. Die Sozialarbeiterin des Jugendamtes hat die Verantwortung und die Steuerungsfunktion für diesen Hilfeprozess. Marlene zeigt sich interessiert und meldet sich zwischendurch öfter bei der Sozialarbeiterin. Noch bevor Marlene mit Anja aus der Klinik entlassen wird, fällt die Entscheidung, dass sie für die nächsten drei Monate in eine Einrichtung für junge Mütter zieht, wo sie noch intensive Unterstützung in ihrer Mutterrolle wie auch den Umgang mit ihrer psychischen Störung lernt. Nach Ablauf dieser drei Monate sieht der Stufenplan vor, dass Marlene in eine eigene Wohnung zieht, wo sie durch eine intensive Sozialpädagogische Familienhilfe begleitet werden soll. Begleitend wird vereinbart, dass Marlene wieder in die Mutter-Kind-Gruppe geht und sich in ihrem Beruf als Altenpflegehelferin eine Teilzeitstelle sucht. Eine niedergelassene Psychiaterin deckt die psychiatrische Versorgung ab. Marlene ist damit einverstanden, bei einem Psychotherapeuten in Therapie zu gehen.

Fragen zur eigenen Reflexion

- Was berichtet meine Mutter über die Zeit mit mir als Neugeborenes? Was war ihr damals wichtig? Wie ging es ihr in dieser Zeit? Welche Ressourcen haben ihr geholfen?

- Wie ging es mir nach der Entbindung der eigenen Kinder? Was hat mich beschäftigt? Was war leicht, was war schwieriger? Gab es Situationen der Hilflosigkeit? Was habe ich gefühlt, wie bin ich damit umgegangen?

- Was haben mir Mütter, Bekannte, Freundinnen mit einem „Schreikind" berichtet? Wie ist es ihnen ergangen? Was hat ihnen geholfen?

- Aufgabe: Sich bietende Gelegenheiten nutzen und beobachten, wie Eltern mit ihrem Neugeborenen umgehen. Kann ich feinfühliges und intuitives Elternverhalten beobachten? Wie reagiert das Baby?

8
Kooperation und Netzwerkarbeit

Ein umfassender und nachhaltiger Kinderschutz ist nicht ohne gelingende Kooperation und funktionierende Netzwerkarbeit möglich. Es ist außerordentlich sinnvoll, dass das Sozialgesetzbuch VIII (z.B. §§ 4, 5, 8a, 27, 36) ausdrücklich und rechtsverbindlich anführt, dass sowohl Eltern, Kinder und Jugendliche an der Risikoeinschätzung für eine Gefährdung als auch an Hilfeprozessen beteiligt werden müssen und die Einbindung von mehreren Fachkräften bei der Gefährdungseinschätzung erforderlich ist. Kinder vor Misshandlung und Vernachlässigung effektiv zu schützen ist eine gesamtgesellschaftliche Aufgabe, die in gemeinsamer Verantwortung wahrgenommen werden muss. Staat und Gesellschaft sind für die Rahmenbedingungen zum Kinderschutz verantwortlich. Verschiedene Professionen und Fachdisziplinen sind dabei in die Pflicht genommen Hand in Hand zum Wohle von Kindern zusammenzuarbeiten. Dies ist bei zunehmender Spezialisierung von Institutionen und immer detaillierterer Ausdifferenzierung von Hilfeangeboten und -möglichkeiten eine anspruchsvolle Aufgabe, die so manchen Schwierigkeiten unterworfen ist. Somit ist es auch keine Selbstverständlichkeit, dass Kooperation „einfach so" gelingt. Vielmehr ist es notwendig, dass sich alle im Kinderschutz Beteiligten über Kooperation mitsamt ihren Entstehungswegen, Prozessen und Dynamiken verständigen um miteinander gute Wege im Sinne von Abstimmung und Verzahnung zu finden.

8.1 Was ist Kooperation?

„Kooperation, das allgemeine gesellschaftliche Verhältnis, in dem Menschen aufeinander angewiesen sind: Produkte und Dienstleistungen können nur in Zusammenarbeit mehrerer Menschen erstellt werden" (Fuchs-Heinritz u.a. 1994). In der Sozialpsychologie wird Kooperation als die Zusammenarbeit mehrerer Menschen bei der Lösung einer Aufgabe oder der Befriedigung eines sozialen Bedürfnisses gesehen (Fuchs-Heinritz u.a. 1994).

Beide Definitionen implizieren, dass es darum geht, ein gemeinsames Ziel in Zusammenarbeit oder auch gegenseitiger Unterstützung zu erreichen.

8.2 Kooperationspartner im Kinderschutz

Zu einem besseren Verständnis von Kooperationsprozessen und deren möglicher Hindernisse verhilft der Blick auf den systemtheoretischen Ansatz. Wie bereits ausgeführt (s. Kap. 1) haben sozialer Systeme folgende Kriterien: Entwicklung von eigener Dynamik, Autopoietik – sich selbst organisierend, Grenzen und Regeln beinhaltend, Interdependenz – Wechselwirkungen innerhalb des Systems, Kommunikation – es findet Austausch statt. Aufgrund dieser Merkmale können wir die beteiligten Institutionen im Kinderschutz als soziale Systeme mit all den ihnen innewohnenden Funktionsweisen begreifen. Mit diesem Blick kann nachvollzogen werden, dass in jeder Institution, bei jedem Träger eigene Regeln und Grenzen vorliegen. Diese können bei jeder Einrichtung unterschiedlich sein und es kann nicht von einer Einrichtung auf die andere geschlossen werden. Jedes im Kinderschutz beteiligte Helfersystem hat genauso auch seine eigene interne Dynamik und Autopoietik. Das heißt also für die Partner dieser Akteure es zu respektieren, dass Eingriffe und Zugriffe in deren System nicht möglich sind, sondern, dass sich dies selbst auf seine eigene Weise reguliert und organisiert. Manchmal, besonders wenn es um Hindernisse in der Kooperation geht, wird deutlich, dass alle Akteure innerhalb ihrer Systeme Wechselwirkungen haben, die eine Rolle, auch in der Kooperation mit Außenstehenden, spielen. Dies kann bedeuten, dass auf gewisse interne Angelegenheiten Rücksicht genommen werden muss oder es Aspekte gibt, die nicht von außen zu steuern oder zu beeinflussen sind. Diese Punkte weisen bereits auf Haken und Ösen in Kooperationsprozessen hin. Je besser und je offener die jeweiligen Partner damit umgehen, desto leichter und effektiver kann die Kooperation gestaltet werden. Je bewusster wir uns die Eigenheiten von Kooperationssystemen machen, desto besser können wir einander verstehen. Dies ist eine Grundlage jeder funktionierenden Zusammenarbeit. Im Folgenden beziehe ich mich hauptsächlich auf die Kooperation mit Fachkräften. Jedoch gelten die meisten der hier getroffenen Aussagen, in angepasster Form, auch für die Zusammenarbeit mit Familiensystemen. Dies gilt im Besonderen für die angeführten Grundsätze für eine gelungene Kooperation.

Folgende institutionellen Systeme kooperieren unter anderen
im Kinderschutz:

Jugendämter als Träger der öffentlichen Jugendhilfe
Freie Jugendhilfeträger
Gesundheitsämter
Kinder- und Jugendpsychiatrie
Kinderärzte, Frauenärzte, Psychiater
Psychologische Beratungsstellen, Erziehungsberatungsstellen
Frühförderstellen
Kindergärten
Schulen
Familiengerichte
Polizei

Gemeinsamkeiten dieser Kooperationspartner

Global lassen sich einige Gemeinsamkeiten aller dieser Partner im Kinderschutz feststellen. Das erste Ziel ist, das Wohl der Kinder zu sichern
oder es wieder herzustellen; Familien, Kinder und Jugendliche in schwierigen Lebenslagen so zu unterstützen, dass diese entlastet sind, ihre
Schwierigkeiten bewältigen können und wieder unabhängig von Helfersystemen werden. Dabei sind alle bestrebt zusammenzuarbeiten und
maßgeschneiderte Hilfen anzubieten. Ziel der Kooperationspartner ist,
dass diese Hilfen aufeinander abgestimmt sind, sich ergänzen und ver-
zahnen. Die meisten dieser Partner arbeiten auf der Beziehungsebene mit
den Familien, was die Erarbeitung, soweit möglich, einer gemeinsamen
Vertrauensbasis erfordert. Dazu ist die konsequente Einhaltung der
Schweigepflicht notwendig. Wenn die Kinderschutzakteure miteinander
bezüglich einer konkreten Familie kooperieren wollen benötigen sie eine
Schweigepflichtsentbindung der Eltern. Diese Erlaubnis der Eltern, dass
die Kinder und Jugendlichen sich mit den verschiedenen Beteiligten auszutauschen, ist die Basis jeder Kooperation zum Schutz von Kindern. Nur
in Fällen einer akuten Kindeswohlgefährdung kann die Schweigepflichtsentbindung entfallen. Die meisten der angeführten Partner sind an
den § 8a des SGB VIII gebunden. In den Schulgesetzen finden sich ver-
gleichbare Bestimmungen. Es gehört zu den Voraussetzungen für eine
gelingende Kooperation, sich aller Gemeinsamkeiten bewusst zu sein
und diese auch zu benennen. Im Falle des Kinderschutzes ist es besonders

wichtig, bevor das grundsätzliche Rahmenziel des Schutzes von Kindern aus dem Fokus zu geraten droht, dieses und die sich anschließenden Grob- und Feinziele im konkreten Fall differenziert zu benennen und sich gemeinsam darauf zu einigen.

8.3 Grundhaltungen in der Kooperation

Es ist selbstverständlich, mit welchen Grundhaltungen wir dem Kooperationspartner gegenüber treten sollten, um einen förderlichen Arbeitsprozess zu initiieren. Trotzdem ist es sinnvoll, sich diese immer wieder bewusst zu machen. Gerade auch dann, wenn die Kooperation nicht zustande kommt, sie stagniert oder sie zu scheitern droht, lohnt es sich Gedanken darüber zu machen, was genau hinderlich wirkt. Es könnte sein, und das ist nicht selten der Fall, dass wir eine der folgenden grundlegenden Werthaltungen aus dem Blick verloren haben. Roger Fisher und Daniel Shapiro, beide Harvard-Professoren, haben ein Konzept zur Gesprächsführung bei Verhandlungen in der Wirtschaft vorgelegt (Schmitz 2006). Sie gehen davon aus, dass negative Emotionen bei den miteinander Verhandelnden ein ungutes, wenig förderliches Klima schaffen und damit ein erfolgreiches Ergebnis verhindern können. Aus ihrer Sicht sind, wenn sie einmal auftreten, negative Haltungen und Emotionen nur schwer wieder aufzulösen. Sie schlagen vor, sich zunächst fünf menschliche Kernanliegen bewusst zu machen und diese anzuerkennen. Als Basis für eine gelingende Kooperation sind diese Kerngedanken durchaus sinnvoll und hilfreich.

Fünf Kernanliegen eines jeden Menschen nach Fisher und Shapiro (in Schmitz 2006)

1. Jeder Mensch braucht Anerkennung.	Gefühle, Haltungen, Gedanken und Hoffnungen beim anderen gilt es wahrzunehmen und anzuerkennen. Dies kann Wertschätzung vermitteln und dem anderen zeigen, dass seine Anwesenheit für uns wertvoll ist.

2. Jeder Mensch braucht emotionale Nähe.	Dieser Satz fordert dazu auf, dem anderen als persönlichen, fühlenden Menschen zu sehen. Emotionslose Distanz ist die Abwesenheit von Nähe. Häufig sind es die kleinen Zwischentöne, mimisch und verbal, die auch in einer fachlichen Kooperation emotionale Nähe herstellen.
3. Jeder Mensch braucht ein gewisses Maß an Unabhängigkeit.	Die Autonomie des anderen muss stets respektiert werden. Jeder hat das Recht als Persönlichkeit mit seinen Eigenheiten respektiert zu werden. Dazu gehört das Recht, dass jeder seine Meinung vertreten darf.
4. Jeder Mensch hat ein Statusgefühl.	Alle Kooperationsbeteiligten haben eine eigene berufliche Identität. Diese muss im jeweiligen Kontext der Profession anerkannt und geachtet werden.
5. Jeder Mensch spielt in Kooperationsprozessen eine bestimmte Rolle.	Prinzipiell kann jede übernommene Rolle ein wichtiger Beitrag zum Kooperationsprozess sein. Verschiedene, den Partnern eigene Rollen, können in ihrer Vielfältigkeit anregend wirken und Synergieprozesse auslösen. Sobald sie jedoch störend und hinderlich auf die Kooperationsakteure wirken, müssen die Rollen geklärt werden.

Grundsätze für eine gelingende Kooperation

Achtende, wertschätzende Grundhaltung

Unter den Kooperationsbeteiligten muss eine von gegenseitigem Respekt geprägte Haltung gepflegt werden. Dies gilt auch gegenüber den einzelnen beteiligten Institutionen. Deren Werthaltungen und Regeln müssen anerkannt und respektiert werden. Dabei ist immer zu bedenken, dass sich jede Fachkraft mit ihrem Arbeitgeber, mit ihrem Träger identifiziert und sich unter Umständen angegriffen fühlen kann, wenn die eigene Institution abgewertet wird. Allen Beteiligten sollte bewusst sein, dass jeder Einzelne für den Prozess in seiner Individualität wichtig ist und eine Rolle spielt. Nicht zuletzt, sollte die professionelle Identität und das berufliche Selbstverständnis eines jeden Kooperationspartners anerkannt und wertgeschätzt werden.

Kenntnis über die Arbeitsaufträge der Kooperationspartner

Sowohl die von Institution zu Institution unterschiedlichen Arbeitsaufträge als auch deren unterschiedliche fachliche Orientierung müssen allen Kooperierenden bekannt sein. Dies ist Grundlage für die gegenseitige Akzeptanz und das Verstehen von Sichtweisen und Möglichkeiten im Handeln. Ärzte und Therapeuten haben zum Beispiel einen anderen Arbeitsauftrag als eine Sozialarbeiterin beim Jugendamt. Eine Sozialpädagogische Familienhelferin hat andere Möglichkeiten mit der Familie zu arbeiten als eine Erzieherin. Jede Profession in einem interdisziplinären Kooperationsprozess bringt ihre eigenen Erklärungs- und Problemdeutungsmuster mit. Dies zu beachten und als befruchtend anzuerkennen ist besonders wichtig, wenn es um eine interdisziplinäre Kooperation geht. Gerade aus der Unterschiedlichkeit heraus können sich Synergieeffekte von großem Wert ergeben. Es gehört ebenfalls dazu, die unterschiedlichen fachlichen Orientierungen und Aufträge mit ihrem Berufsethos zu kennen. Sowie es in der eigenen Institution Regeln und Grenzen gibt, so sind diese auch bei denen der Kooperationspartner für das berufliche Handeln maßgeblich.

Gleichberechtigter Informationsaustausch und -stand

Informationen müssen für alle Beteiligten offen sein und allen zugänglich gemacht werden. Nur dann, wenn alle auf dem demselben Informationsstand sind, kann ein gleichberechtigter, gelingender Kooperationsprozess erfolgen. Deutlich muss für alle sein, welche Informationen für diesen Prozess von Bedeutung sind und wirklich benötigt werden. Die Kooperationspartner sollten sich darüber einig sein, welche Informationen erforderlich sind und wie mit ihnen, auch zum Schutze zum Beispiel betroffener Familien, damit umgegangen werden soll.

Verbindliche Absprachen und Vereinbarungen

Um Unklarheiten und Unsicherheiten in der Frage, wer macht was, zu vermeiden ist es wichtig, dass Absprachen und Vereinbarungen klar und deutlich formuliert und genau abgesprochen werden. Es darf nicht dazu kommen, dass Aufträge vermischt oder gar verwischt werden. Jeder soll genau wissen, was seine Aufgabe im Prozess der Zusammenarbeit ist und wofür jeweils wer Verantwortung übernimmt. Die Beendigung einer Kooperation sollte immer mit klaren Vereinbarungen, wie es nun weitergeht und wer im Weiteren wofür die Zuständigkeit übernimmt, erfolgen.

Klärung von Auftrag, Ziel und Nutzen

Kooperation ist in der Regel nur dann erfolgreich, wenn alle Beteiligten davon profitieren können. Jeder soll einen Nutzen für seine Arbeit im Sinne einer Win-Win-Situation von der Kooperation haben. Der Auftrag muss zu Beginn und immer wieder auch während der Kooperation geklärt werden. Dazu gehört, das gemeinsame Ziel zu definieren und eine gemeinsame Ausgangsbasis im Hinblick auf das zu erreichende Ziel zu erarbeiten. Verbindlich geklärt werden muss auch, wann das Ziel erreicht ist und wie die Kooperation für die bestimmte vorliegende Situation enden soll. Auftrag, Ziel und Nutzen sollen für alle Beteiligten nachvollziehbar und einvernehmlich erarbeitet sein.

Prozessoffenheit

Ziel von Zusammenarbeit ist in der Regel ein *gemeinsames* Ergebnis. So ist es ungünstig für einen gelingenden Kooperationsprozess, wenn Beteiligte bereits starre Überzeugungen und Vorstellungen mitbringen, wie das Ergebnis aussehen muss. Die Kooperationspartner müssen sich achtsam aufeinander einlassen und sich darüber einig sein, dass es ein gemeinsamer Problemlösungs- oder Entwicklungsprozess ist, auf den sie sich einlassen. Veränderungen und Störungen in der Bearbeitung des Auftrages und in der vorliegenden Problemlage sollten als Anregung und nicht als Hindernis begriffen werden.

Konfliktbereitschaft und Konfliktfähigkeit

Auf der Suche nach angemessenen Lösungsstrategien kann es immer wieder zu Konflikten kommen. Auch wenn die Grundsätze zur gelingenden Kooperation nicht genügend beachtet werden, kann sich eine konflikthafte Entwicklung anbahnen. Konfliktfähigkeit bedeutet dann, dass diese Konflikte offen angesprochen und ausgetragen werden. Gerade Konflikte können, wenn sie mit Rücksicht und Respekt ausgetragen werden, fruchtbare Impulse und neue Entwicklungen auslösen.

Metaebene

Erfolge und Positives im Kooperationsprozess sollten benannt werden und von allen Beteiligten wertgeschätzt werden. Eine abschließende Reflexion zusammen mit allen Kooperationsbeteiligten fördert die weitere Zusammenarbeit und kann positive Wechselwirkungen untereinander auslösen. Sobald Unstimmigkeiten oder Unverständnis unter den Beteiligten auftreten, sollten sie auf der Metaebene zu Klärung gelangen und sich erneut gemeinsam auf das Ziel und den erwarteten Nutzen der Kooperation besinnen. Wichtig ist, dass sich Kooperationspartner regelmäßig zu Kooperationstreffen verabreden, um auf der Metaebene über die Kooperationsqualität zu sprechen und die Kooperation an sich zu reflektieren. Dabei können auch Neuigkeiten in den verschiedenen Arbeitsfeldern und Institutionen ausgetauscht werden. Kooperationsgespräche auf der Metaebene fördern das Miteinander und damit auch ein konstruktives, befriedigendes Kooperieren.

Persönliche Nähe

Nicht zu unterschätzen ist der persönliche, individuelle Aspekt in der Zusammenarbeit. Im Lauf von wiederholten, gelungenen Kooperationen lernt man sich immer besser kennen und es ergeben sich oft auch persönliche Bezüge untereinander. Gefördert werden diese durch klar benannte Anerkennung und Sympathiebekundungen, durch das kleine persönliche Gespräch nach dem Arbeitsprozess, durch eine entspannte Atmosphäre während der Zusammenarbeit. Manchmal entwickeln sich auch Rituale, die für die Kooperationsbeteiligten identitätsstiftend wirken und Gemeinsamkeiten verstärken.

Was tun, wenn es mit der Kooperation doch einmal nicht klappt?

Schweizer-Rothers (2000) schlägt für diesen Fall verschiedene Aspekte zur Selbstsupervision vor. Dies sind: „Überblick gewinnen, Eigendynamik des anderen verstehen, positive Konnotation, meine Lösungsideen überprüfen, Helfersystem verkleinern oder vergrößern". Es lassen sich aus diesen Anregungen Fragen für die Supervision im Team oder mit sich selbst entwickeln.

Überblick gewinnen

Wer spielt welche Rolle in der Kooperation? Welche Rolle nehme ich selbst im gesamten Helfer-System oder unter den Kooperationsbeteiligten ein? Wie ist die Zielformulierung? Sind die Ziele gemeinsam und einvernehmlich erarbeitet worden? Wer hat welchen Nutzen von der Kooperation? Gibt es Vertrauen unter den Beteiligten? Ist die Zusammenarbeit verlässlich?

Eigendynamik des anderen verstehen

Wie sind die jeweiligen Arbeitsaufträge und beruflichen Rollen der beteiligten Professionen? Worin unterscheiden sich die verschiedenen Fachdisziplinen? Welchem Regelwerk, welchen Arbeitsbedingungen, welchen institutionellen Rahmenbedingungen sind die Beteiligten unterworfen? Gibt es Konkurrenz untereinander?

Positive Konnotation

Kommt es zu Vernachlässigung von Achtung und Respekt unter den Kooperationsbeteiligten? Kommt es zu Abwertungen? Fühle ich mich anerkannt? Bringe ich den anderen ausreichend Wertschätzung entgegen? Empfinden die Beteiligten die Kooperation als nützlich? Wenn nein, warum nicht? Gibt es schon Regeln, Rituale und Gewohnheiten im Verbund der Kooperierenden? Werden alle in ihrer beruflichen Identität anerkannt und als wertvoll betrachtet?

Meine Lösungsideen überprüfen

Habe ich Vorstellungen und Ideen über Lösungsmöglichkeiten, von denen ich nicht abweichen möchte? Kann ich mich auf einen gemeinsamen Kooperationsprozess einlassen, auch wenn dies Arbeit und Zeitaufwand bedeutet? Sind meine Ansprüche zu hoch?

Helfersystem verkleinern oder vergrößern

Ist die Zusammensetzung der Helfer angemessen? Sind es zu viele Helfer oder zu wenig? Sind alle notwendigen Professionen vertreten? Bin ich hier richtig? Ist meine Anwesenheit wirklich erforderlich und nutzbringend?

8.4 Was ist ein soziales Netzwerk?

Ein Netz, zum Beispiel ein Fischernetz, besteht aus vielen miteinander verbunden Knoten. Die zum Knüpfen des Netzes benutzte Leine verbindet die Knoten. Zwischen den Knoten liegt beim Netz der immer gleiche Abstand. Soziale Netzwerke sind ein Geflecht aus Beziehungs- und

Handlungsstrukturen zwischen verschiedenen Akteuren (Kruse 2005). Die Knotenpunkte bestehen aus Akteuren, Institutionen und Organisationen. Allerdings geht es nicht um einzelne Personen, sondern um die Beziehungs- und Interaktionsstrukturen, die auf der Verbindung – den Kanten – zwischen den Knoten liegen (Kruse 2005).

Wenn wir Netzwerke aus der individuellen Warte betrachten, können Verbindungen zu verschiedenen anderen Einzelnen erkannt werden. Beim genauen Hinsehen zeigt sich, das diese Einzelnen auch wieder eigene Netzwerke mit anderen Menschen haben. Somit ergibt sich schnell ein riesiges Geflecht aus Verbindungen und Beziehungen. Budde und Früchtel (2005) schreiben, dass jeder Durchschnittsbürger in Deutschland etwa tausend Kontaktpersonen in seinen Netzwerken hat.

Im Vordergrund eines sozialen Netzwerkes stehen nicht die einzelnen Interessen, sondern das Gesamtanliegen des Netzwerkes. Soziale Netzwerkarbeit ist vor allem „vernetzende Arbeit oder arbeitende Vernetzung" (Kruse 2005). Netzwerkarbeit ist also mehr als Kooperation und Arbeiten am Einzelfall. Sie ist ebenen- und ressortübergreifend, interdisziplinär und meist regional orientiert. Allerdings kann sie auch überregional sein, wenn sie die Arbeit an einer bestimmten Thematik festmacht. Allgemeines Ziel von Netzwerkarbeit ist immer der Austausch von Informationen, die gegenseitige Unterstützung und Nutzung der verschiedenen eingebrachten Kompetenzen. Ressourcen werden zusammengetragen und zur Nutzung bereitgestellt. Neue Ressourcen können durch *Synergieeffekte* erschlossen werden und damit den fachlichen Blickwinkel und Handlungsmöglichkeiten erweitern. Das Netzwerk kann aufgrund seiner Vielschichtigkeit und der Beteiligung verschiedener Fachkompetenzen ein Anliegen oder ein Thema besser öffentlich machen als eine einzelne Fachdisziplin. Es hat eine durch seine Gewichtigkeit mehr Möglichkeiten überzeugend auf brisante Themen hinzuweisen und die Öffentlichkeit dafür zu interessieren. Die Effektivität in der Arbeit von einzelnen beteiligten Institutionen oder Fachdisziplinen kann gesteigert werden, da Kooperationswege etabliert und verkürzt sind. Ziele können gemeinsam besser vertreten und verfolgt werden und das Erreichte ist umfassender verankert.

Allgemeine Ziele von sozialer Netzwerkarbeit

- Versorgungslücken schließen
- Schulterschluss
- Ressourcenaktivierung

- Vernetzung
- Bündelung von sozialen Unterstützungsleistungen
- Lebensweltorientierung
- Öffentlichkeitsarbeit

Netzwerke organisieren sich zumeist in Arbeitskreisen und Runden Tischen. Diese Treffen können jeweils stets am selben Ort, in derselben Institution stattfinden. Es erhöht allerdings die Kenntnis über die verschiedenen beteiligen Disziplinen und verstärkt das gegenseitige Kennen lernen, wenn die Treffen abwechselnd bei den Beteiligten veranstaltet werden. Je nachdem wie sich der Arbeitskreis einigt, wird eine hohe oder niedrigere Frequenz der Zusammenkünfte vereinbart. Je nach Anliegen sollte jedoch mindestens ein Treffen im Jahr stattfinden. Viele Arbeitskreise kommen in monatlichem oder zweimonatlichem Rhythmus zusammen. Bei Bedarf können sich im Arbeitskreis auch Untergruppen bilden, die beispielsweise ein bestimmtes Thema vorbereiten oder sich mit bestimmten Fragestellungen beschäftigen, um die Ergebnisse dann wieder ins Gesamtgremium einzubringen.

8.5 Beteiligte in Netzwerken zum Kinderschutz

Jugendämter

Originäre Aufgabe der Jugendämter/Allgemeiner Dienst ist die Kinderschutzarbeit. In einigen Städten und Landkreisen gibt es im Rahmen des Jugendamtes Kinderschutzstellen oder wie in Bayern Koordinierende Kinderschutzstellen.

Einrichtungen der Jugendhilfe

Dazu gehören alle Jugendhilfeeinrichtungen, die Leistungen nach dem SGB VIII erbringen. Dies sind zum Beispiel Erziehungsberatungsstellen, Kindertageseinrichtungen, Wohngruppen, Soziale Gruppenarbeit. Häufig sind in diesen Einrichtungen Multiplikatoren zum Kinderschutz oder insoweit erfahrene Fachkräfte benannt.

Gesundheitshilfe

Von den öffentlichen Trägern sind dies die Gesundheitsämter oder auch Krankenhäuser mit Kinderabteilungen und Entbindungsabteilungen, Kinder- und Jugendpsychiatrische Kliniken, Zentren für Psychiatrie und

Frühförderstellen, die in öffentlicher Trägerschaft geführt sind. Von Seiten der privaten Gesundheitshilfe sind dies niedergelassene Kinderärzte, Gynäkologen, Kinder- und Jugendpsychiater, Erwachsenenpsychiater, Beteiligte in Netzwerken zum Kinderschutz.

Justiz

Dazu gehören Vertreter der Familiengerichte, Staatsanwälte und Rechtsanwälte. Ihre Teilnahme an Arbeitskreisen zum Kinderschutz darf keinesfalls vernachlässigt werden.

Schulen

In den Schulen gibt es Beratungslehrer oder Beauftragte zum Kinderschutz, die als Multiplikatoren tätig sind und Ergebnisse aus dem Arbeitskreis ins Kollegium weiter tragen können.

Polizei

Die Polizei hat Jugendbeauftragte, die als Multiplikatoren fungieren können und sie übernimmt in besonderen Situationen und Fällen Aufgaben des Kinderschutzes.

Sonstige Einrichtungen

Schwangerschaftsberatungsstellen, Vertreterinnen von Frauenhäusern und Suchtberatungsstellen können unter anderem zum Kinderschutznetzwerk dazu gehören.

8.6 Ziele und Aufgaben von Netzwerkarbeit im Kinderschutz

Das Netzwerk, der Arbeitskreis zum Kinderschutz, sollte sich verbindlich auf bestimmte Ziele und Aufgaben einigen. Es ist wichtig, sich dabei auf Themen und Prioritäten zu konzentrieren um akzentuiert an bestimmten Aufgabenstellungen arbeiten zu können. Wenn Ergebnisse vorliegen, kann das nächste Thema bearbeitet werden. Allerdings folgt der Prozess der Netzwerkarbeit selten linear den einmal gesetzten Vorstellungen, sondern ist immer wieder zu korrigieren. Störungen haben Vorrang, wenn zum Beispiel durch die Medien oder durch besondere Ereignisse ein Thema in den Fokus gerät, sollte dies im Arbeitskreis aufgenommen und bearbeitet werden. Flexibilität ist erforderlich, wenn sich zeigt, dass ein Ziel zu hoch gegriffen ist oder über einen anderen als den geplanten Weg besser erreicht werden kann.

Grundlegende Ziele sollten auf jeden Fall sein

- Weiterentwicklung des Kinderschutzes
  Bisher Bestehendes muss kontinuierlich evaluiert werden und an neuen Entwicklungen und neuen Erkenntnissen gemessen werden. Wenn erforderlich sollte gemeinsam an einer Anpassung und Entwicklung gearbeitet werden. Nicht unerheblich ist auch die Erarbeitung einer „gemeinsamen Sprache". Damit ist die Verständigung über Einschätzungsstandards und über das Verständnis und die Definition von Risiko- und Schutzfaktoren gemeint.

- Informationsaustausch
  Es bietet sich als Regel an, dass bei jedem Arbeitstreffen berichtet wird, wer welche Neuigkeiten erfahren hat, wer auf wichtige Erkenntnisse gestoßen ist, was es Neues in der Fachliteratur gibt, welche neuen Studien und Ergebnisse es in der Forschung gibt. Sinnvoll ist auch zu thematisieren, wenn etwas in der praktischen Arbeit des Kinderschutzes gut funktioniert hat oder wenn Hindernisse vorgelegen haben. Beteiligte Institutionen lernen ihre Anliegen und Arbeitsweisen kennen und können diese im Bedarfsfall besser nutzen.

- Reflexion des Kinderschutzgeschehens
  Dazu gehört ein Blick auf regionale als auch auf überregionale Ebene. Welche neuen Gesetze sind in der Planung? Dies erfordert Diskussion und Reflexion darüber, welche Auswirkungen sich daraus ergeben und inwiefern sie für die Praxis förderlich sind. Beobachtet werden sollte auch, wie die Haltung der Bundes- und der Landesregierungen zum Kinderschutz ist und welche Unterstützung und Förderung geboten wird. Auf regionaler Ebene muss immer wieder reflektiert und überprüft werden, ob die bestehenden Angebote ausreichen und ob sie angemessen ausgestaltet sind. Der Arbeitskreis sollte daher immer auch die Versorgung in der Region mit Angeboten und Unterstützungsmöglichkeiten sowie unzureichend abgedeckte Bedarfe im Blick haben.

- Verbesserung der Kooperationsstrukturen
  Auch dies ist eine kontinuierliche Aufgabe. Welche Kooperationen funktionieren gut und wo gibt es Sand im Getriebe? Was kann verbessert, wo kann die Effektivität gesteigert werden? Häufig ist es hilfreich, sich gemeinsam immer wieder einmal damit zu beschäftigen, ob

im Netzwerk die Grundprinzipien für eine gelingende Kooperation durchgängig umgesetzt werden. Zu bedenken ist, dass eine funktionierende Zusammenarbeit sowohl einer Kontinuität in den Strukturen als auch der beteiligten Personen bedarf. Die Verständigungswege zwischen den Kinderschutzakteuren werden durch die Netzwerkbildung kürzer und effektiver.

- Bearbeitung fallübergreifender Problemstellungen
Im Arbeitskreis kann jede vertretene Fachdisziplin von der anderen profitieren. In der gemeinsamen Betrachtung bestimmter Problemstellungen oder der Besprechung von anonymisiert dargestellten Fallkonstellationen können Perspektivenwechsel und neue Blickwinkel weiterbringen. Durch das interdisziplinäre Besprechen von konkreten Problemlagen können alle vorliegenden Aspekte in ihrer Unterschiedlichkeit mit den verschiedenen fachlichen Blickrichtungen angesehen werden und dann wie bei einem Puzzle zu einem Gesamtgebilde zusammengefügt werden. Dies kann ganz erheblich zum Verständnis von komplexen Multiproblemlagen beitragen.

- Interdisziplinäre Fortbildungen
Fortbildungen zu einem gemeinsamen Thema oder einer bestimmten Fragestellung im Netzwerk können interdisziplinär stattfinden. Dies ist in der Regel für alle Beteiligten ein Gewinn, sorgt für Verständnis untereinander und fördert die Kooperationsstrukturen. Eine Möglichkeit ist auch, dass der interdisziplinäre Arbeitskreis Fortbildungen für Fachkräfte im Kinderschutz Fortbildungen und Veranstaltungen organisiert oder selbst anbietet.

- Öffentlichkeitsarbeit
Zum einen kann das Netzwerk selbst an die Öffentlichkeit treten und diese für das Thema des Kinderschutzes interessieren und dazu informieren. Zum anderen kann das Netzwerk auf Berichte in den Medien Einfluss nehmen. Ist die Zusammenarbeit mit den Medien gut, ist sogar ein „guter Draht" zum Beispiel zur regionalen Presse hergestellt, kann dies für die Kinderschutzarbeit förderlich sein. Es können noch nicht gedeckte Bedarfe der Öffentlichkeit bekannt gemacht werden, es kann Information über die Kinderschutzarbeit in angemessener Weise erfolgen und es können Bürger und Bürgerinnen für diese Arbeit interessiert werden. Dies hätte maßgebliche Auswirkungen auf das Bewusstsein der Bevölkerung zum Kinderschutz und damit auch auf die politische Landschaft. Die Öffentlichkeit wird somit für den Kinder-

schutz sensibilisiert. Dies kann Auswirkungen auf das Wahrnehmen von Gefährdungen haben oder auch in Familien selbst ein Nachdenken auslösen. Die Darstellung von Hilfeangeboten und Unterstützungsmöglichkeiten für von Misshandlung betroffene Familien kann Teil der Öffentlichkeitsarbeit sein. Präventiv kann wirken, wenn Familien gut darüber informiert sind, wo sie sich in Überlastungs- und Überforderungssituationen Hilfe erhalten.

Das Netzwerk kann selbst Presseerklärungen verfassen oder Beiträge in den Medien veröffentlichen. Zur Öffentlichkeitsarbeit gehören auch das Organisieren von Veranstaltungen und Aktionen zum Kinderschutzthema.

8.7 Aufbau eines Netzwerkes zum Kinderschutz

Das Rad muss nicht immer neu erfunden werden. Deshalb steht allen Überlegungen die Frage voran, was es bereits an Arbeitskreisen, Runden Tischen oder Netzwerken zum Kinderschutz in der Region gibt. Bestehendes sollte genutzt und dann nach Bedarf ausgebaut werden. Vielleicht gibt es schon Arbeitskreise zum Beispiel zu Gewalt in Familien, zu sexueller Misshandlung, zu Kindeswohlgefährdung, zu Häuslicher Gewalt oder Ähnlichem. Diese Überlegungen führen zum nächsten Schritt, alles was es bereits zum Thema gibt oder was zum Kinderschutz dazu gehört auf einem großen Blatt Papier aufzuzeichnen. Mit Verbindungslinien kann verdeutlicht werden, wer mit wem in Beziehung, in Kooperation steht. Mit einer anderen Farbe wird dann hinzugefügt, welche Institutionen und welche im Kinderschutz Beteiligten noch zu einem Netzwerk dazu gehören sollen. Damit ist graphisch gut sichtbar, was bereits existiert und wer noch für eine Beteiligung am Kinderschutznetzwerk gewonnen werden muss.

Im nächsten Schritt sollten die Initiatoren mit den wichtigen möglichen Teilnehmern ins persönliche Gespräch kommen und sie dazu motivieren ihre Fachdisziplin und ihre Kompetenzen in ein Netzwerk einzubringen. Zu diesem Schritt gehört die Analyse der Beziehungen unter den Kinderschutzkooperationspartnern, wer mit wem bereits Kontakte hat, wie diese bisher genutzt werden und wo es schon Schnittstellen gibt. Welche weiteren Partner sind wichtig für die Kinderschutzarbeit und wie können sie für ein Netzwerk gewonnen werden? Wer erhofft sich welche Unterstützung und welchen Gewinn vom Netzwerk?

Für ein erstes Treffen oder die Diskussion in einem bereits ähnlichen Arbeitskreis, der sich weiterentwickeln möchte, sind folgende Leitfragen hilfreich:

- Was ist Ziel und Zweck eines Netzwerkes zum Kinderschutz?
  Was wollen wir gemeinsam erreichen? Wozu brauchen wir das Netzwerk? Welche Ideen und Visionen bewegen uns? Was soll und kann das Netzwerk leisten, wenn es aufgebaut ist? Was soll erreicht werden? Woran ist zu erkennen, dass das Netzwerk gut arbeitet?

- Welche Ressourcen sind bereits vorhanden? Welche fehlen?
  Was bringen die Beteiligten an Kompetenzen mit? Welche Akteure im Kinderschutz fehlen noch mit ihrer Fachdisziplin? Was genau kann wer einbringen? Welche Ressourcen sind notwendig, welche weniger bedeutend für den Kinderschutz?

- Wer hat welches Anliegen an das Netzwerk?
  Welches konkrete Anliegen hat jeder einzelne Beteiligte im Netzwerk? Was erhoffen sich die unterschiedlichen Akteure vom Netzwerk? Wer kann viel vom Netzwerk profitieren, wer weniger? Wer ist bereit was in das Netzwerk einzubringen?

- Wer wird welche Rolle im Netzwerk haben?
  Wie ist die berufliche Rollenverteilung im Netzwerk? Welche Berufsgruppen haben welches Gewicht und welchen Auftrag im Kinderschutz? Wie schätzen sich die Kooperationspartner gegenseitig ein? Was ist über die beruflichen Aufträge, Kompetenzen und Arbeitsbedingungen bei den anderen bekannt?

- Welche formellen und informellen Strukturen sind notwendig?
  Wie oft soll sich der Arbeitskreis treffen? Wo soll er sich treffen? Wer ist für die Treffen verantwortlich? Ist es immer ein Akteur oder alle im Wechsel? Gibt es Protokolle? Welche Regeln müssen eingeführt werden? Wer macht was? Was hilft dabei sich im Arbeitskreis wohl zu fühlen und ihn nicht als lästige Pflicht zu erleben? Was kann dazu getan werden, damit sich die Beteiligten mit dem Arbeitskreis und seinen Zielen identifizieren?

Fragen zur eigenen Reflexion

- Welche Bedeutung hat für mich die Beteiligung in einem interdisziplinären Arbeitskreis? Was verspreche ich mir persönlich davon? Was beruflich?

- Bereitet es mir Freude mich fachlich auszutauschen? Bin ich bereit meinen Arbeitsauftrag von anderen in Frage stellen zu lassen? Bin ich diskussionsfreudig?

- Welche Auswirkungen könnte es auf meinen beruflichen Alltag haben, an einem Kinderschutznetzwerk beteiligt zu sein? Hätte dies auch Folgen für meine Kolleginnen und Kollegen?

9
Hilfe für Fachleute
bei Stress und Burnout

Kinderschutzarbeit ist immer mit besonderen Herausforderungen für die Helferinnen und Helfer verbunden. Einerseits bedeutet dies einen Zuwachs an Erfahrungen und Kompetenz, andererseits bringt diese Arbeit ein erhebliches Maß an Belastung und Stress mit sich.

Es ist eine hohe Verantwortung das Wohl von Kindern zu sichern, Gefährdungslagen rechtzeitig zu erkennen, zu bewerten und dann angemessen zu handeln. Damit ist häufig die Angst verbunden, es auch richtig zu machen und sich nicht wegen fehlerhaftem Handeln verantworten zu müssen. Bei den meisten bezieht sich diese Angst nicht in erster Linie auf eine strafrechtliche Verantwortung, sondern vor allem auf die moralisch-ethischen Aspekte. Der Anspruch von Helfern an sich selbst ist deswegen gerade in der Kinderschutzarbeit besonders hoch. Die Unsicherheit, ob fachlich richtig gehandelt wurde, ob die Einschätzung einer Gefährdungslage gelungen ist und ob die Intervention ausreichend und angemessen war, ist eine ständige Begleiterin in dieser Arbeit. Dies führt oft auch zum Gefühl hilflos zu sein. Wir wünschen uns, es wäre leichter und wir hätten eine Messlatte, an der wir ablesen könnten was richtig und was falsch ist. In Situationen großer Unsicherheit, Angst, Hilflosigkeit oder Mitleids wird unsere eigene emotionale Betroffenheit deutlich und manchmal quälend. Ganz besonders schwer auszuhalten ist jedoch, wenn wir mit ausgeprägtem kindlichem Leid konfrontiert sind. Wenn Kinder Misshandlungen und Vernachlässigungen ausgesetzt sind und wir über das Ausmaß und die Folgen erschrecken, aber auch wenn Eltern verzweifelt sind, den Teufelskreis nicht erkennen, in den sie geraten sind oder auch heftig in Abwehr gehen und kämpfen. Zu all diesen Belastungsfaktoren kommt die hohe Erwartung der Helfer und Helferinnen an sich selbst besonders gute Arbeit zu leisten und Kindern so zu helfen, dass schlimme Situationen definitiv beendet sind, dass sie kein Leid mehr erleben müssen und sich gut entwickeln können. Oftmals werden die Grenzen dieser Arbeit nicht gesehen und nicht anerkannt, so dass sich die Helfenden veranlasst sehen ihr Engagement noch weiter zu erhöhen. Dies kann hilfreich sein und zum Erfolg beitragen, birgt jedoch auch die Gefahr, sich selbst zu überfordern und zu verausgaben. Aus diesem Grund besteht für alle, die in der Sozialen Arbeit besonderen Herausforderungen ausgesetzt sind, die Notwendigkeit, sich ihre eigenen Kraftquellen zu erschließen. Helfer und Helferinnen, die sich selbst als hilflos erleben und deren Kraftressourcen erschöpft sind, können für ihre Klienten nicht mehr hilfreich sein.

9.1 Was ist Stress?

Hans Seyle führte 1936 den Begriff Stress in die Motivationspsychologie ein. Stress definiert er zunächst wertfrei. Mit Stress sind Belastungen oder Reize des Organismus gemeint, die eine körperliche Aktivierung auslösen. Zunächst versucht sich der Körper anzupassen, indem er zum Beispiel Kraftreserven mobilisiert, mit muskulärer Anspannung reagiert, Müdigkeit oder Unlust zeigt. Wenn der Stress andauert, keine Bewältigungsmuster gefunden werden oder keine Entspannung mehr eintritt, kann er zu psychischen und physischen Störungen oder Erkrankungen führen. Entscheidend dafür, wie Stressoren auf ein Individuum einwirken, sind die Häufigkeit, die Vielfalt, die Dauer, die Intensität und die individuelle Bewertung einer Situation. Stressoren sind alle Ereignisse und Situationen, die in uns Stress auslösen (Litzcke/Schuh 1999). Stress kann jedoch auch positiv wirken, indem Körper und Seele aktiviert werden. Positiver Stress kann beflügeln und gerade dann förderlich sein, wenn besondere Leistungen anstehen. Zum Beispiel hat man ein außerordentlich schwieriges Gespräch vor sich und bereitet sich deswegen besonders ausführlich darauf vor. In dieser Situation stellt man sich bewusst der Herausforderung. Wenn diese gut bewältigt wird, können Stolz und Erleichterung empfunden werden. Aus salutogenetischer Sicht weist Antonovsky (1997) immer wieder nachdrücklich darauf hin, dass Stressoren allgegenwärtig sind, und nicht zwangsläufig pathologisch wirken. Sie können nach Antonovsky auch gesund sein, was dann jedoch abhängig ist vom Coping (der Bewältigung) bezüglich der Auflösung von Anspannung.

Wie Stressoren genau wirken ist individuell abhängig. Es kommt darauf an, wie Stressoren bewertet werden. Dabei spielen unsere eigenen Erfahrungen, Einstellungen, verinnerlichte Werte und Normen, Persönlichkeitsmerkmale, Fähigkeiten und die momentane persönliche Verfassung eine Rolle. Das Stressempfinden ist subjektiv.

Litzcke und Schuh (1999) beschreiben fünf Ebenen der Stressreaktion:

Kognitive Ebene
Auf dieser Ebene wird die Situation wahrgenommen und bewertet. Dauerstress kann die Wahrnehmung einengen.

Emotionale Ebene

Auf dieser Ebene liegen die Gefühle und emotionalen Befindlichkeiten. Hier wird entschieden, wie die Stress-Situation emotional bewertet wird. Macht sie zum Beispiel Angst, löst sie Aggression aus oder gibt den Impuls zur Flucht.

Vegetativ-hormonelle Ebene

Durch die Ausschüttung der Stresshormone Adrenalin, Noradrenalin, Testosteron und Cortisol wird die Atmung beschleunigt, Herz und Kreislauf arbeiten stärker, die Blutgefäße verengen sich. Es können Schweißausbrüche, Durchfall und Erbrechen auftreten.

Muskuläre Ebene

Die Muskeln spannen sich an. Dies verbraucht mehr Energie und führt zu schnellerer Ermüdung. Es können sich chronische Verspannungen entwickeln.

Behaviorale Ebene

Die Reaktionen auf dieser Ebene sind, im Gegensatz zu den anderen Ebenen, individuell verschieden. Möglichkeiten der Reaktion auf Stressoren: verändern des Stressors, den Stressor ertragen, den Stressor leugnen, Flucht, noch mehr Anstrengung.

Unser autonomes Nervensystem setzt sich aus zwei Nervensträngen zusammen. Sympathikus und Parasympathikus agieren als Gegenspieler. Der aktivierende Sympathikus versetzt den Körper, sobald Stressoren wirksam werden in Alarmbereitschaft. Der Körper schüttet Stresshormone aus. Diese können Aufmerksamkeit, Gedächtnisleistung und Entscheidungsschnelligkeit verbessern. Der Parasympathikus übernimmt, wenn der Stresszustand vorbei ist, die Regie, Körper und Seele entspannen sich und kommen wieder auf ihr normales Niveau (Unger/Kleinschmidt 2006). Wenn unser Stressniveau steigt, können wir Entspannung wieder bewusst herbeiführen, indem wir den Parasympathikus aktivieren. Dies ist zum Beispiel durch unsere kognitive und emotionale Bewertung von Stressoren oder durch Entspannungsübungen möglich. Es eignen sich dafür Atemübungen, Autogenes Training oder Meditation. Wenn der Körper und die Psyche allerdings unter Dauerstress stehen und es nicht mehr zur Entspannung kommt, dann stellen sich Erschöpfung, physische oder psychische Krankheiten ein (Litzke/Schuh 1999, Unger/

Kleinschmidt 2006). Nicht selten ist, dass sich aus der Erschöpfungsspirale eine Depression entwickelt. Ebenso kann ein Burn-out-Syndrom, also der totale Erschöpfungszustand, die Folge von dauerhaftem Stress sein.

Stresstypen

Es gilt also sich damit zu beschäftigen, wie wir persönlich mit Stress umgehen und über welche Bewältigungsmechanismen wir verfügen, um es nicht bis zu einem Erschöpfungszustand kommen zu lassen. Wenn wir verstehen, wie unser individueller Umgang mit Stress ist, können wir neue Bewältigungsformen entwickeln und Signale frühzeitig erkennen. Zumeist reagieren wir immer wieder nach einem ähnlichen Muster. Wenn daraus ein Kreislauf entsteht, ist es notwendig diesen zu erkennen und herauszufinden, wo und wie dieser Kreislauf unterbrochen werden kann. Dabei können Fragen dazu gestellt werden: Durch welche Stressoren fühlt man sich selbst besonders belastet? Wie passt die eigene Reaktion zu Erfahrungen aus der Lebensgeschichte? Wo sind persönliche emotional verletzbare Stellen, die zu Verunsicherung und Irritation beitragen? Was sind die wirklichen Gefühle, die hinter dem Gefühl des Gestresstseins stehen? Dabei kann es hilfreich sein, herauszufinden welcher Stresstyp man ist. Mit dieser Erkenntnis können Schwachstellen in der eigenen Persönlichkeit besser reflektiert und entsprechend an einer Modifizierung gearbeitet werden.

Es können drei Stresstypen charakterisiert werden (vgl. Unger und Kleinschmidt 2006):

1. Dieser Typus setzt sich ständig neuen Stress-Situationen aus. Er möchte seine Arbeit möglichst perfekt machen und sucht immer neue Herausforderungen die ihn jedoch unter Stress setzen. Um Bestätigung zu bekommen und sich selbst immer wieder etwas zu beweisen, setzt er sich permanent Stressoren aus und gerät so in einen Teufelskreis.

2. Dieser Typus wird auch dann nicht gelassener, wenn er die Stress-Situation bereits aus Erfahrung oder Wiederholung kennt. Jedes Mal erreicht er wieder ein hohes Stressniveau. Er ist unsicher und ängstlich und möchte es den Vorgesetzten recht machen. Veränderungen im beruflichen Umfeld oder in den Arbeitsstrukturen versetzen ihn in Verunsicherung, Angst und Stress. Er braucht das Gefühl, alles unter

Kontrolle zu haben und ängstigt sich vor Kontrollverlust. Gerade das setzt ihn unter Druck und er gerät wie der erste Typus in einen Stress-Kreislauf.

3. Dieser Typus kann nach Stress-Situationen nicht abschalten. Sein Stressniveau bleibt auch nach der akuten Situation noch hoch. Er kann nachts nicht schlafen oder einschlafen, da sich seine Gedanken drehen und er nicht aus diesem Gedankenkarussell herauskommt. Kränkungen oder Erschütterungen seines Selbstwertgefühls sind für ihn Stressoren, die ihn dann regelrecht überrollen. Schuldgefühle plagen ihn und er kann solche Gefühle schlecht bewältigen.

9.2 Das Burnout-Syndrom

Wem es nicht gelingt, rechtzeitig besonders negative Stressoren zu erkennen und entsprechende Entspannungsmöglichkeiten zu entwickeln, kann in die totale Erschöpfung – in ein Burnout geraten.

Was ist ein Burnout?

Der ICD-10, Internationale Klassifikation der Erkrankungen, hat Burnout nicht als eigenständige Krankheit aufgenommen. Burnout findet sich in Kapitel Z unter 73.0. Kapitel Z des ICD-10 sind „Faktoren, die den Gesundheitszustand beeinflussen und zur Inanspruchnahme des Gesundheitswesens führen". Burnout wird dort definiert als „Zustand totaler Erschöpfung".

Es liegen zahlreiche Definitionen zum Burnout vor. Hier seien einige Ausschnitte und Aspekte aus verschiedenen Definitionen angeführt.[17]

Burnout ...

- entwickelt sich prozesshaft,
- ist die Unfähigkeit negative Emotionen wie Unlust, Ängste, Enttäuschung, Scham oder Ärger erfolgreich zu regulieren,
- erhält sich wegen ungünstiger Bewältigungsstrategien, die im Syndrom liegen, selbst aufrecht,

---

[17] www.swissburnout.ch – Dialog Plattform für Gesundheitsfachleute, Organisationen und Individuen über alle Fragen bezüglich des Burnout. Diese Plattform ist aus der Zusammenarbeit von Psychiatern und Psychologen entstanden.

- ist ein dauerhafter negativer Zustand, der geprägt ist von Erschöpfung, von Unruhe, Anspannung, dem Gefühl verringerter Effektivität und der Sinnlosigkeit,
- wird von den Betroffenen oft selbst lange nicht erkannt. Die Wahrnehmung von ersten Symptomen wird meist verleugnet,
- ist anfangs kontextbezogen, zum Beispiel auf das Arbeitsleben, breitet sich dann jedoch auf alle Lebensbereiche aus,
- kann im fortgeschrittenen Stadium kaum noch von einer Depression unterschieden werden,
- ist das Gefühl in einem Hamsterrad zu stecken und die Kontrolle verloren zu haben,
- ist nicht an bestimmte Berufsgruppen gebunden. Es können Hausfrauen und Arbeitslose genauso betroffen sein, wie Ärzte, Juristen und alle anderen. Zu Beginn der Burnout-Forschung wurde davon ausgegangen, dass vor allem Berufstätige in sozialen Berufen und Bereichen, in denen viel mit Menschen gearbeitet wird, betroffen sind.

Burnout entwickelt sich schleichend. Die Situation wird von Betroffenen als zunehmend verfahrener und hoffnungsloser empfunden. Die beiden Psychoanalytiker Freudenberger und North (1992 zitiert in Müller/Torben) beschreiben zwölf Phasen oder Stufen, die in ein Burnout führen können:

Stufe 1

Der Zwang sich zu beweisen
Die Arbeit wird mit Engagement und Begeisterung bewältigt. Immer wieder werden eigene Bedürfnisse in den Hintergrund gestellt und vernachlässigt.

Stufe 2

Verstärkter Einsatz
Es wird noch mehr Engagement aufgebracht. Die eigenen Ansprüche steigen. Es stellt sich das Gefühl ein unentbehrlich zu sein. Aufgaben werden nur selten delegiert.

Stufe 3

Vernachlässigung eigener Bedürfnisse
Eigene Bedürfnisse wie die nach Schlaf, Regeneration, Ruhe werden übergangen. Oft nimmt der Konsum an Koffein, Alkohol und Nikotin zu.

Stufe 4

Verdrängung von Konflikten
Eigene Bedürfnisse werden nicht mehr wahrgenommen oder ausgeblendet. Es kommt zu Fehlleistungen wie Unpünktlichkeit, Vergesslichkeit.

Stufe 5

Umdeutung von Werten
Alte Grundsätze gelten nicht mehr viel. Freundschaften und berufliche Beziehungen werden als Belastung erlebt. Mit dem Partner kommt es zu Konflikten. Die Wahrnehmung stumpft ab.

Stufe 6

Verstärkte Verleugnung von Problemen
Es entstehen Schwierigkeiten, die sich aus dem Verhalten in den vorherigen Phasen ergeben haben. Die Schwierigkeiten werden verdrängt. Die Betroffenen gehen nicht mehr gerne zur Arbeit, sie fühlen sich nicht mehr anerkannt. Erstmals leiden sie unter körperlichen Beschwerden und unter ihren deutlichen Leistungsschwächen.

Stufe 7

Rückzug
Orientierungs- und Hoffnungslosigkeit breiten sich aus. Ersatzbefriedigung wird in Alkohol, Medikamenten und Essen gesucht. Das soziale Umfeld wird als bedrohlich und überfordernd empfunden.

Stufe 8

Deutliche Verhaltensänderung
Die Betroffenen werden im Denken und Verhalten unflexibel. Auch wohlgemeinte Kritik wird nicht mehr akzeptiert und als Angriff erlebt. Der Rückzug schreitet voran.

Stufe 9

Verlust des Gefühls für die eigene Persönlichkeit
Das Gefühl der Entfremdung vom eigenen Selbst und das Gefühl des Abgestorbenseins stellt sich ein. Betroffene erleben sich, als würden sie nur noch wie eine Maschine funktionieren.

Stufe 10

Innere Leere
Der Alltag wird nur noch mutlos und ausgezehrt bewältigt. Oft entwickeln sich in dieser Phase Ängste und Panikattacken.

Stufe 11

Depression
Die Verzweiflung und Niedergeschlagenheit ist nun dauerhaft. Spätestens auf dieser Stufe kommen die ersten Suizidgedanken auf.

Stufe 12

Völlige Burnout-Erschöpfung
Die nachhaltige, totale geistige, körperliche und seelische Erschöpfung lähmt und gefährdet das Immunsystem, die Gesundheit von Herz, Kreislauf, Magen und Darm erheblich. Die Suizidgefahr steigt erheblich.

9.3 Salutogenese, Kohärenz, Coping

Aaron Antonovsky (1923–1994), (1997), regte mit seinem Konzept der Salutogenese einen Blickrichtungswechsel in der Medizin an. Seine Fragestellung ist: „Wie wird ein Mensch mehr gesund und weniger krank." Gesundheit ist aus seiner Sicht kein normaler, passiver Gleichgewichtszustand, sondern ein labiles, aktives und sich dynamisch regulierendes Geschehen (BzgA 2001). Antonovsky arbeitet mit dem systemtheoretischen Ansatz, indem er die Ressourcen des Menschen betrachtet, die ihn widerstandsfähig machen. Diese Ressourcen sind in der Lebensgeschichte des Individuums, in seiner Sozialisation wie auch in seinem Umfeld begründet.

Aus seinen Überlegungen und Forschungen heraus hat Antonovsky das Konzept des Kohärenzgefühls[18] entwickelt. Ein ausgeprägtes Kohärenzgefühl ist eine Determinante für Gesundheit. Das Kohärenzgefühl bestimmt, wie Stressoren und Reize bewertet werden. Je nachdem werden Reize als neutral oder spannungserzeugend erlebt.

---

[18] Kohärent – zusammenhängend, Kohärenz – Zusammenhang alles Seienden (Duden 1998)

Kohärenzgefühl:

(Antonovsky 1997)

„Das Kohärenzgefühl ist eine globale Orientierung, die ausdrückt, in welchem Ausmaß man ein durchdringendes, andauerndes und dennoch dynamisches Gefühl des Vertrauens hat, dass

- die Stimuli, die sich im Verlauf des Lebens aus der inneren und äußeren Umgebung ergeben, strukturiert, vorhersehbar und erklärbar sind;
- einem die Ressourcen zur Verfügung stehen, um den Anforderungen, die diese Stimuli stellen, zu begegnen;
- diese Anforderungen Herausforderungen sind, die Anstrengung und Engagement lohnen."

Grundlegend für die Ausbildung des Kohärenzgefühls sind drei Komponenten: Verstehbarkeit, Handhabbarkeit und Bedeutsamkeit (Antonovsky 1997, BzgA 2001).

- Verstehbarkeit
  Das Ausmaß wie Reize als geordnete, konsistente, strukturierte und klare Information und nicht als chaotisch, ungeordnet willkürlich und zufällig wahrgenommen werden können. Stimuli werden als erklärbar erlebt und können in einen Zusammenhang gestellt werden. Der Umgang damit ist rational.

- Handhabbarkeit/Bewältigbarkeit
  Das Ausmaß wie man wahrnimmt, dass eigene Ressourcen zur Bewältigung zur Verfügung stehen, ebenso die Überzeugung, dass Schwierigkeiten lösbar sind. Es ist damit auch der Glaube gemeint, mit schwierigen, belastenden Situationen umgehen zu können und Lösungen zu finden.

- Bedeutsamkeit/Sinnhaftigkeit
  Das Ausmaß, in dem man das Leben emotional als sinnvoll empfindet und die Lösung der gestellten Anforderungen und Probleme als lohnend.

Ein stark ausgeprägtes Kohärenzgefühl führt dazu, dass ein Mensch angemessen und flexibel mit Stressoren umgehen und Ressourcen mobilisieren kann. Das heißt, dass diese Menschen eine *Copingstrategie* [19] auswählen, die am besten geeignet erscheint, um den vorliegenden Stressor zu bewältigen. Wustmann (2004) nennt folgende Hauptaufgaben des Bewältigungsverhaltens: den schädigenden Einfluss von Umweltbedingun-

---

[19] Coping: Art des Umgangs mit Belastungen oder Herausforderungen

gen zu verringern, Möglichkeiten und Gegebenheiten für Erholung und Regeneration zu verbessern, emotionales Wohlbefinden und soziale Kontakte aufrecht zu erhalten und ein positives Selbstbild zu sichern. Coping ist ein Bewältigungsverhalten, das sich sowohl auf die kognitive als auch auf die emotionale Ebene bezieht. Zum einen kann es problemlösend sein, zum anderen dafür sorgen, dass Gefühle reguliert und ausbalanciert werden. Ein gelungenes Coping entlastet und stärkt für neue schwierige Situationen. Coping und Selbstwirksamkeitsglaube stehen in einem engen Wechselspiel. Wer über ein starkes Selbstwirksamkeitsgefühl verfügt, kann bessere Bewältigungsstrategien entwickeln und umgekehrt.

9.4 Was hilft bei Dauerstress und Burnout?

Wenn ein Burnout oder auch eine Überlastung durch Stress aufgrund von Symptomen wie Erschöpfung, Müdigkeit, Schlafstörungen, Unkonzentriertheit, etc. vermutet wird, sind die Anregungen von Swiss Burnout (siehe Fn. 16) zur ersten Hilfe unterstützend:

- Schuldzuweisungen müssen vermieden werden. Sie sind nicht hilfreich oder zielführend.
- Selbstanklagen sollen unterlassen werden. Sie würden den Abwärtsprozess nur beschleunigen.
- Keine unumkehrbaren Entschlüsse wie Kündigung des Arbeitsplatzes, Abbruch von sozialen Kontakten, Trennung von Partner oder Partnerin, treffen. In Zeiten der seelischen Überlastung und Erschöpfung verengt sich die Wahrnehmung und der differenzierte Blick ist blockiert. Häufig kommt es zu einer Schwarz-Weiß-Perspektive.
- Bei Erschöpfung und dem Gefühl ein Burnout zu haben muss der Arzt aufgesucht werden. Für die auftretenden Symptome gibt es auch eine Vielzahl von körperlichen Ursachen. Wenn abgeklärt ist, dass diese nicht zu den Stresserscheinungen führen und das Burnout oder der belastende Stress das Grundproblem ist, sollte ein Psychiater oder Psychologe aufgesucht werden.

Je früher die dauerhafte Belastung durch Stress oder das Burnout bemerkt werden und Maßnahmen dagegen ergriffen werden, desto besser. Wenn sich Betroffene schon weit in der Abwärtsspirale – dies gilt vor allem bei Burnout – befinden, wird Hilfe immer schwieriger und der Erfolg wird erst nach einiger Zeit sichtbar werden. Manches hat sich dann bereits chronifiziert und ist nur mit großem Bemühen und therapeutischer Hilfe aufzulösen. Es gibt nicht „die" Therapie bei Burnout, da es eine Vielzahl an Symptomen in unterschiedlichen Ausprägungen gibt. Angepasst an das Ausmaß des Burnout, an die Bedürfnisse und Wünsche der Betroffenen werden in die Therapie verschiedene Methoden einbezogen. Es kann eine Kombination aus psychoanalytischer und verhaltenstherapeutischer Methoden genutzt werden. Mit Hilfe eines systemischen Ansatzes können die Wechselbeziehungen und Wechselwirkungen mit engen Bezugspersonen, Familie und dem sozialen als auch dem beruflichen Umfeld der Betroffenen reflektiert und modifiziert werden. Vor allem geht es darum, ungünstige eingeschliffene Verhaltensmuster aufzulösen und neue, den Begebenheiten angemessene Verhaltensweisen zu entwickeln. Auch der Blick auf die Erschließung von Ressourcen ist gewinnbringend.

9.5 Selbstcoaching

Soziale Arbeit fordert uns nicht nur in fachlicher Hinsicht, sondern auch in unserer ganzen Persönlichkeit. Arbeit mit Menschen findet immer auf der Beziehungsebene statt. Der Erfolg dieser Arbeit wie auch die eigene Befriedigung mit dieser Tätigkeit sind sehr stark davon abhängig, wie Fachkräfte ihre sozialen und individuell-persönlichen Kompetenzen einsetzen können. Dazu gehören nicht nur Beziehungskompetenzen und die Fähigkeit empathisch zu sein, sondern auch wie gut wir uns selbst kennen, wie wir mit uns selbst umgehen und wie wir uns gesund erhalten. Nur dann verfügen wir über die notwendige Standfestigkeit und können trotz starker Beanspruchung gesund bleiben und Zufriedenheit in der Arbeit erleben. Spätestens dann, wenn wir uns belastet fühlen und die Arbeit immer weniger Freude bereitet, ist es notwendig Inventur zu machen und uns auf uns selbst zu besinnen. Das Selbstcoaching ist eine gute Methode dafür, immer wieder innezuhalten und sich selbst zu reflektieren.

„Selbstcoaching bedeutet, die eigene Entwicklung an einem bestimmten Punkt gezielt und systematisch selbst in die Hand zu nehmen und bewusst zu steuern. Im Dreieck des persönlichen Erfolgs gesprochen, heißt das: sich die richtigen Ziele setzen, die Ressourcen und Potenziale der Ausgangssituation nutzen und den Weg zum Ziel so zu gestalten, dass unsere Motivation und Leistungsbereitschaft erhalten bleiben oder besser noch gefördert werden (Fischer-Epe/Epe 2009)".

Selbstcoaching ist also ein bewusster, eigenverantwortlicher Prozess, seine eigenen Denk- und Handlungsstrukturen in Frage zu stellen, um gesetzte Ziele zu erreichen. Bisherige Ziele werden überprüft, ob sie noch angemessen sind und wie sie modifiziert werden müssen oder auch beibehalten werden sollen. In unserem Kontext sind damit berufliche Anliegen in Verbindung mit der persönlichen Entwicklung gemeint. Es heißt also, einen Schritt neben sich selbst zu treten und quasi von „außen" betrachten, wie stehe ich in Beziehung zu mir selbst, wie stehe ich Beziehung zu meinem Umfeld und den an mich gestellten Anforderungen. Selbstcoaching kann auch als zirkulärer, nicht endender Prozess verstanden werden. Maturana und Bunnell (2001a in Radatz 2009) stellen dies im „Reflexionsrad" dar: Zurücktreten und Schauen auf die eigene Situation – Mag ich das, wo ich bin beziehungsweise was ich tue? – Entscheidung über die Richtung der eigenen weiteren Vorgangsweise – Praktizieren des neuen Verhaltens.

Schritte beim Selbstcoaching

- Standortbestimmung, Situationsanalyse
  Wo stehe ich gerade?
  Was beschäftigt mich besonders? Was sind meine Themen?
  Wie geht es mir? Wie zufrieden bin ich?
  Was ist veränderbar? Was kann aufgrund äußerer Bedingungen nicht verändert werden?
- Zielfindung, Zieldefinition
  Wo will ich hin? Was ist das Endziel? Welche Zwischenziele sind notwendig?
  Was genau will ich erreichen?
  Ist das gewünschte Ziel erreichbar?
  An was würde ich merken, dass mein Ziel erreicht ist?
  In welchem Zeitraum möchte ich das Ziel erreicht haben?
- Ressourcen, Ressourcenaktivierung
  Wo habe ich Stärken, Fähigkeiten, die mir helfen das Ziel zu erreichen?
  Welche Ressourcen können noch wie aktiviert werden?
  Was hat in der Vergangenheit geholfen?
- Lösungen, Lösungswege
  Welche Lösungswege sehe ich? (Alle Ideen, auch wenn sie nicht umsetzbar oder verrückt erscheinen sammeln und zunächst ernst nehmen.)
  Inwiefern ist die Umsetzung möglich?
  Ist der für den Lösungsweg notwendige Einsatz angemessen?
  Wie gut passt der gefundene Lösungsweg zu meinen inneren Haltungen und Überzeugungen?
- Umsetzung
  Was brauche ich für die Umsetzung? Was kann dabei helfen?

Was hilft mir dabei, die Umsetzung konsequent umzusetzen?
Mit welchen Hindernissen oder Schwierigkeiten muss ich rechnen?
Was gibt mir Zuversicht?
Was ist, wenn die Umsetzung erfolgreich abgeschlossen ist? Gibt es Anerkennung, eine Belohnung, ein Ritual etc.?

Diese Schritte können zu den verschiedensten Fragestellungen und Entwicklungswünschen genutzt werden. Sinnvoll ist sich diese Fragen schriftlich zu beantworten und pro Schritt in einem Resümee kurz zusammenzufassen oder den Kern in einem Satz zu formulieren. Wer eher ein visueller Typ ist, möchte sich vielleicht ein großformatiges Blatt Papier nehmen und sich alle Schritte übersichtlich angeordnet aufzeichnen und graphisch ergänzen.

Um sich über seine Lebensziele klar zu werden oder wieder Ordnung in einer Krise zu finden, kann man sich eine *Time-Line* legen. Ein dickes Seil wird in den Raum gelegt und soll den chronologischen Lebensweg symbolisieren. Den Anfang mit der Geburt kann man mit einer Kerze kennzeichnen. Die verschiedenen Lebensetappen, die formalen wie Schuleintritt, Umzug, Berufseintritt usw., aber auch wichtige emotionale Erfahrungen, Erlebnisse und Entwicklungsschritte werden im Lauf des Seiles gekennzeichnet. An die verschiedenen Stationen kann ein beschriftetes Blatt gelegt werden oder auch ein Symbol. Höhen und Tiefen im Leben können durch Schlangenlinien im Seil oder auch durch Symbole auf Papier oder mit Farben gekennzeichnet werden. In das Anlegen werden auch die Zukunft und Vorstellungen eingebunden. Es können auch im Laufe der Zeit gewonnene Ressourcen dazu gelegt werden. Die gesamte Linie soll am Ende des Lebens ruhig abgelaufen werden und an den verschiedenen Stationen eine besinnliche Pause eingelegt werden. Mit einem Blick auf das Ganze vom Standpunkt am Ende des Seils aus, kann die Aktion abgeschlossen werden. Der Kreativität in der Ausgestaltung dieser Aktion sind keine Grenzen gesetzt.

Selbstcoaching bei Belastung und Stress

- Standortbestimmung, Situationsanalyse
  Was will ich beruflich und privat erreichen? Was sind meine Prioritäten? Wonach strebe ich?
  Was genau belastet mich? Was sind äußere Faktoren und welche liegen in mir selbst? Wann ist die Belastung am schlimmsten?
  Inwieweit passen meine Wertvorstellungen zu den Anforderungen, Arbeits- und Lebensbedingungen?

Ist mein Beruf, mein Arbeitsplatz, mein Privatleben so wie ich mir das vorgestellt habe?

Was erlebe derzeit ich als hinderlich?

Welche inneren Glaubenssätze bewegen mich? („Wenn ich viel Stress habe, bin ich wertvoll." „Je mehr Arbeit, desto mehr Anerkennung." „Das werde ich niemals schaffen." „Ich möchte von allen geliebt sein." „Ich will es allen recht machen.")

Was würden meine Eltern zu meiner Situation sagen? Welche Prägungen wirken sich auf die jetzige Situation wie aus?

In welche Verhaltenskreisläufe, Gedankenabläufe gerate ich immer wieder?

Wie zuversichtlich bin ich?

Wie freundlich bin ich zu mir selbst?

Wo und welche sozialen Kontakte habe ich? Wie pflege ich diese?

- Zielfindung, Zieldefinition

  Was genau möchte ich erreichen?

  Welche Handlungsmuster möchte ich durchbrechen?

  Wie viel Spielraum möchte ich? Wo genau brauche ich Freiräume?

  Was habe ich früher als entlastend erlebt? Was hat mir schon einmal geholfen?

  Welche kleinen Ziele muss ich mir setzen, um das Endziel zu erreichen?

  Was sind meine „geheimen" Wünsche, Träume? Was habe ich immer schon mal machen wollen?

  Welche Aktivitäten oder Beschäftigungen möchte ich wieder aufnehmen?

  Brauche ich neue Anreize? Was passt gut in meinem Tagesablauf, in meinem Leben?

  Was wäre, wenn ich mich nicht mehr gestresst und belastet fühlen würde? Was würde ich dann tun?

  Was waren vor 20, vor zehn, vor fünf Jahren und vor einem Jahr mein Lebensziel? Was könnte in fünf Jahren mein Ziel sein?

- Ressourcen, Ressourcenaktivierung

  Welche persönlichen Stärken habe ich? Auf welche Hobbys, Interessen kann ich zurückgreifen? Was liegt bei mir schon lange brach?

  Wobei fühle ich mich am meisten entspannt?

  Wer kann mir helfen mich aus der Belastung heraus zu bewegen? Wer wirkt positiv auf mich?

  Ist mein Glas halb voll oder halb leer? Neige ich dazu die Welt schwarz oder weiß zu sehen?

- Lösungen, Lösungswege
  Welche Neuerungen in meiner Zeiteinteilung, in meiner Alltagsorganisation sind zur Erreichung des Ziels notwendig?
  Welche Interessen sollen wieder mehr Raum bekommen?
  Wie genau kann ich mich im Beruf besser abgrenzen?
  Welchen Schritt mache ich zuerst?
  Wie kann ich mein Team dazu gewinnen, gemeinsam für weniger Stress zu sorgen?
  Wer von meinen Kollegen und Freunden hat welche Stressbewältigungsstrategien?
- Umsetzung
  Wer kann mich in meinem Entwicklungsprozess begleiten und unterstützen? Wer möchte sich auch aus der Stress-Spirale bewegen – mit wem kann ich mich zusammentun?
  Wie sichere ich Erfolg in meinem Anliegen?
  Für welchen Rahmen muss ich sorgen, dass mir die Umsetzung gelingt?
  Wer oder was hilft mir, wenn ich „rückfällig" werde?
  In welchem Zeitraum möchte ich welche Ziele erreicht haben?
  Was ist für mich der größte Anreiz für diesen Entwicklungsprozess?

9.6 Weitere Methoden zur Gesunderhaltung und Entspannung

Es gibt viele Möglichkeiten eine ausgewogene Work-Life-Balance oder Entspannung zu finden, Ratgeberliteratur und andere Medien vermitteln uns eine Fülle davon. Nur tun müssen wir es selbst! Was wir nutzen, was uns hilft und was wir gerne mögen, um uns gesund zu erhalten und mit Belastung angemessen umzugehen, ist sehr individuell. Wie unterschiedlich Bewältigungsstrategien bei Stress und Belastung sein können, zeigen die nachfolgenden Aussagen. Dabei wird deutlich, dass jeder seine eigene Form oder seine eigenen Rituale finden muss, um sich zu entspannen.

- „Mein Team ist für mich ganz wichtig. Wir haben gemeinsam eine Kultur des Füreinanderdaseins und der gegenseitigen Hilfe entwickelt. Das müssen wir aber auch pflegen und nutzen. Jeder von uns weiß, dass er im Notfall auf die Unterstützung der Kollegen rechnen kann. Und wenn es mal nur zum Jammern ist."
- „Tagsüber bin ich ständig am Rotieren. Von einem Familiengespräch zum nächsten. Vor ein paar Wochen habe ich mich entschieden, in einem Chor zu singen. Das war schon lange ein großer Wunsch. Das Singen beseelt mich regelrecht, ich fühle wieder bewegt und leicht."

- „Während Zeiten besonders großer Belastung geriet ich häufig abends im Bett ins Grübeln. Die Gedanken und Sorgen, vor allem, wenn es um prekäre Kinderschutzfälle ging, wollten mich nicht mehr loslassen. Irgendwann habe ich beschlossen: Nein, ich lasse in mein Bett niemanden mehr hinein, außer meinem Mann. Das hat mir richtig geholfen, mit einem mentalen Bild eine klare Grenze zu ziehen."

- „Ich hätte nicht gedacht, dass mir die Arbeit beim Jugendamt so nahe gehen wird. Als Berufsanfängerin nach dem Studium fühle ich mich nach Monaten noch total überfordert. Ich kann überhaupt nicht mehr von der Arbeit loslassen. Nach der letzten Supervision habe ich für mich eine Entscheidung getroffen. Wenn ich bis in zwei Monaten nicht gelassener werde, suche ich mir eine neue Arbeitsstelle. Dass ich mir jetzt eingestehen kann, dass diese Arbeit nicht mir entspricht und ich mich nicht weiter dazu zwingen muss, entlastet mich."

- „Irgendwann hatte ich das Gefühl, dass ich abstumpfe und im alltäglichen Wahnsinn versumpfe. Mit großem Kraftaufwand habe ich mich dann zu einer längerfristigen Fortbildung entschlossen. Nun habe ich bei demselben Arbeitgeber neue Aufgaben und fühle mich wieder up-to-date. Für mich ist klar geworden, ich brauche immer wieder neue Impulse, zum Beispiel durch Fortbildungen, Lernen ist für mich Leben."

- „Der Beruf als Erzieherin kostet mich viel Kraft. Die Kinder sind schwieriger geworden und die Eltern haben immer größere Ansprüche an uns. Dazu kommen die hohen Erwartungen des Arbeitgebers. Trotz des interessanten Berufes ist es manchmal einfach zu viel. Wenn ich abends nach Hause komme, gehe ich erst mal auf meine Insel. Ich mache mir einen Kaffee, lege eine schöne Musik auf und gönne mir eine halbe Stunde nur für mich alleine. Mein Mann und meine Kinder lassen mich in dieser Zeit inzwischen in Ruhe."

- „In der letzten Fortbildung hat uns die Referentin dazu ermutigt, sich selbst nach einem schwierigen Gespräch oder einem anstrengenden Tag zu belohnen. Das möchte ich jetzt mal ausprobieren. Ausgedacht habe ich mir schon, wie ich mich belohnen werde: abends ausgiebig in der Badewanne baden, mit einem Glas Wein einen Kitschfilm im Fernsehen ansehen, spontan mit einer Freundin ins Kino gehen, in der Buchhandlung schmökern und mir ein Buch kaufen. Auf all dies freue ich mich schon jetzt."

„Die Kunst des Ausruhens ist ein Teil der Kunst des Arbeitens."
John Steinbeck

10
Literaturempfehlungen
zu den einzelnen Kapiteln

Kapitel 1   Grundlagen

Fachliteratur

Deegner, Günther/Körner, Wilhelm (Hg.) (2005):
Kindesmisshandlung und Vernachlässigung – Ein Handbuch, Göttingen

In diesem umfangreichen Handbuch finden sich zu nahezu allen Themenbereichen rund um den Kinderschutz Beiträge von zahlreichen Autoren aus unterschiedlichen Professionen. Die Beiträge widmen sich jeweils speziellen Themen aus folgenden Bereichen: Kindesmisshandlung in Formen, Folgen und Häufigkeiten, Rechtliche Aspekte, Bedingungen und Ursachen von Misshandlung, Handlungskonzepte bei Kindesmisshandlung und der Prävention. Das ausführliche Sachwortverzeichnis ist hilfreich beim Nachschlagen bestimmter Termini. Das Buch eignet sich bestens zur umfassenden Orientierung und zum Nachschlagen.

Kinder, Heinz/Lillig, Susanna/Blüml, Herbert/Meysen, Thomas/Werner, Annegret (Hg.) (2006): Handbuch Kindeswohlgefährdung nach § 1666 BGB und Allgemeiner Sozialer Dienst (ASD) München: Deutsches Jugendinstitut

Dieses Handbuch ist ebenfalls ein sehr umfangreiches Werk, dessen Schwerpunkt auf dem praktischen Umgang mit dem Verdacht oder einer vorliegenden Kindeswohlgefährdung liegt. Den 130 meist kurzgefassten Beiträgen liegen Ergebnisse aus der Forschung und Erkenntnisse aus der Praxis bei den Jugendämtern zugrunde. Zu bestimmten Fragestellungen in der Kinderschutzarbeit können hier schnell und unkompliziert Antworten gefunden werden. Während der aktuellen Fallbearbeitung kann das Handbuch Impulse für das praktische Vorgehen geben. In den Beiträgen wird in den Anmerkungen häufig auf Forschungsergebnisse hingewiesen. Das Handbuch Kindeswohlgefährdung nach § 1666 BGB ist als CD-ROM über das Deutsche Jugendinstitut e.V. zu beziehen: DJI, Abteilung Familie, Nockherstraße 2–4, D-81541 München, Tel. +49 89 623 06-0 oder ASD-handbuch@dji.de

von Schlippe, Arist/Schweitzer, Jochen (1999, 6. Auflage): Lehrbuch der systemischen Therapie und Beratung, Göttingen

Dieses Buch ist schon fast ein Klassiker zu Grundlagen der systemischen Theorie und Beratung. Ergiebig beschreibt es praxisorientiert und gut nachvollziehbar systemische Prozesse sowie Gesprächsführung unter systemischen Gesichtspunkten. Wer sich in die systemische Gesprächsführung fundiert einarbeiten und sie in der Praxis anwenden möchte, dem sei dieses Buch zur Grundlage empfohlen.

IzKK-Nachrichten, Informationszentrum Kindesmisshandlung/Kindesvernachlässigung, Hg. Deutsches Jugendinstitut e.V. Die Nachrichten können über das Deutsche Jugendinstitut, Nockherstraße 2, D-81541 München, Tel. 0 89 / 6 23 06-2 29 oder izkk@dji.de abonniert werden.

Das Informationszentrum ist am Deutschen Jugendinstitut angesiedelt und wird vom Bundesministerium für Familie, Senioren, Frauen und Jugend finanziert. Jede Ausgabe widmet sich einem Schwerpunktthema aus dem Bereich Kinderschutz, informiert über Neues aus Forschung und Praxis und informiert über Veranstaltungen und Neuerscheinungen.

Roman

Bukowski, Charles (2008, 3. Auflage). Das Schlimmste kommt noch oder Fast eine Jugend, München

Bukowski erzählt seine Kindheit und Jugend während der zwanziger und dreißiger Jahre in den USA. Unsentimental und doch bewegend werden die Gewalt, die Erniedrigungen und Kränkungen durch seinen Vater beschrieben. Seine Mutter hält sich hinter dem Vater versteckt und ist mit der Situation überfordert. Die gesamte Familie ist durch die damaligen Lebensumstände, Armut und Arbeitslosigkeit auf der persönlichen Seite, der drohende Krieg auf der anderen Seite belastet. Bukowski lässt uns, bis zu seinem jungen Erwachsensein, daran teilhaben, wie sich die erlebten Misshandlungen auf seine gesamte Entwicklung und sein emotionales Erleben auswirken. Ein anrührendes Buch, das trotzdem auch humorvoll ist und zeigt wie der Autor sich immer wieder aufrappelt und seine persönlichen Stärken nutzt.

Jugendbuch

• Hanika, Beate Teresa (2009). Rotkäppchen muss weinen

Sehr sensibel und einfühlsam erzählt Hanika in der ersten Person die Geschichte von Malvina, deren Großvater ihr gegenüber zunehmend sexuell übergriffig wird. Was mit eingeforderten Küssen beginnt endet für Malvina in einer schlimmen Erfahrung der sexuellen Misshandlung. Subtil wird für die Leser erlebbar, wie die Misshandlung Schritt für Schritt immer mehr Raum gewinnt und Malvina zunehmend unter Druck gerät. Sie möchte die Situation beenden, ihr Leid jemandem mitteilen, doch in ihrer Familie trifft sie auf eine Mauer des Schweigens. Schließlich beginnt Malvina ihren Gefühlen zu trauen und findet Menschen denen sie ihre schreckliche Erfahrung anvertrauen kann. Sowie sie den Mut dazu gefasst hat, kann sie ihre Empfindungen zulassen und beschließt sich der Situation zu stellen. Dieses Buch für Leserinnen und Leser ab 13 Jahren, aber auch für alle, die sich mit dem Thema aus fachlicher Sicht beschäftigen, zeigt wie diese Form der Misshandlung mitten unter uns in der Familie stattfinden kann und wie wichtig es ist Gefühle ernst zu nehmen. Dazu macht es Mut vor schwierigen Erlebnissen nicht wegzulaufen, sondern seinen eigenen Weg zu finden und zu gehen.

Kapitel 2:   Umgang mit Krisen

Fachliteratur

Kunz, Stefanie/Scheuermann, Ulrike/Schürmann, Ingeborg (2007, 2. Auflage): Krisenintervention – Ein fallorientiertes Arbeitsbuch für Praxis und Weiterbildung, Weinheim/München

An Beispielen aus der psychosozialen Beratung werden Fälle aus verschiedenen Arbeitsfeldern aufgezeigt. Zu jedem Fallbeispiel werden dann Interventionsprinzipien vorgestellt. Ein Literaturexkurs vermittelt Grundlagenwissen zur Thematik des dargestellten Beispiels. Ein Buch, das sensibel macht für die Arbeit mit Menschen in Krisen und die dafür notwendigen Handlungsmethoden vermittelt.

Kapitel 3: Risikoeinschätzung

Internet-Adressen

http://www.duesseldorf.de/jugendamt/dwu/kinderschutzbogen_info.pdf
Informationen für Interessenten zum EDV-gestützten Kinderschutzbogen der Stadt Stuttgart und Düsseldorf.

Eine Demoversion des Programms wie auch der Kinderschutzbogen
als Runtime-Version können über Herrn Reismann, Firma GFI-it
media Consult GmbH, Heilbronner Straße 86, D-70191 Stuttgart,
Tel. 07 11 /960 21 56 oder reismann@gfi-itmedia.de erworben werden.

Der Kinderschutzbogen mit Altersmodulen und der Projektbericht der
Stadt Stuttgart sind gegen eine Schutzgebühr von 5 Euro bei Wulf-
hild.Reich@Stuttgart.de zu bestellen.

Literatur: Der Stuttgarter Kinderschutzbogen – ein Diagnoseinstru-
ment in: Heiner, Maja (Hg.): Diagnostik und Diagnosen in der sozialen
Arbeit, Verein für öffentliche und private Fürsorge

http://sfbb.berlin-brandenburg.de/sixcms/media.php/5488/11

Ein Orientierungskatalog zum Kinderschutzbogen und Ankerbeispiele
nach dem Stuttgarter Kinderschutzbogen, redaktionell überarbeitet
von der AG Berlin Kinderschutzbogen

Broschüre

- Bundesministerium für Familie, Senioren, Frauen und Jugend (Hg.)
  (2008): Lernen aus problematischen Kinderschutzverläufen – Mach-
  barkeitsexpertise zur Verbesserung des Kinderschutzes durch syste-
  matische Fehleranalyse. Autoren: Fegert, J.M./Schnoor, K./Kleidt, S./
  Kindler, H./Ziegenhain, U.

Differenziert beschäftigt sich diese Veröffentlichung mit den Ursachen, wenn etwas in der Kinderschutzarbeit schief läuft und Fehler
passieren. Anliegen der Broschüre ist es, darauf hinzuweisen, dass es
eine Vielzahl von Faktoren sind, die dazu führen. Das Gewicht wird
vor allem darauf gelegt, aus bisherigen problematischen Kinderschutzverläufen zu lernen. Die Broschüre öffnet den Blickwinkel für
den Umgang mit dem Kinderschutz, wie Fehler bewertet und welche
Konsequenzen aus den Fehlern gezogen werden müssen die Broschüre ist zu beziehen über: Publikationsversand der Bundesregierung,

Postfach 48 10 09, D-18132 Rostock, Tel. 0 18 05 / 77 80 90 oder pu-
blikationen@bundesregierung.de

Kapitel 4: Gesprächsführung

Fachliteratur

- Berg, Insoo Kim (1999, 6. Auflage): Familien – Zusammenhalt(en),
  ein kurz-therapeutisches und lösungsorientiertes Arbeitsbuch, Dortmund

  Sehr praxisorientiert zeigt dieses Buch Methoden der Gesprächsführung für die Arbeit mit Familien auf. Das Vorgehen im Kontakt mit Familien wird detailliert Schritt für Schritt vorgestellt. Dabei stehen Ressourcen, Fähigkeiten, Respekt und Kooperation immer im Fokus.
  Berg begreift die Beachtung dieser Aspekte als Schlüssel um mit Familien in einen konstruktiven Kontakt zu kommen. Ein hilfreiches
  Buch für alle, die mit Familien lösungsorientiert arbeiten.

- Delfos, Martine E. (2008, 5. Auflage): Sag mir mal . . .,
  Gesprächsführung mit Kindern, Weinheim

  Unter der Berücksichtigung von Alter und Entwicklungsstufen der
  Kinder widmet sich Delfoss einfühlsam der Gesprächsführung. Die
  erfahrene Kindertherapeutin geht unter anderem auf Kommunikati-
  onsbedingungen im Gespräch mit dem Kind, auf Metakommunikation
  und Gesprächstechnik ein. Fragen, wie eine offene Gesprächssituation mit dem Kind hergestellt werden und wie das Kind ermutigt werden kann im Gespräch Vertrauen zu fassen, geht Delfoss ausführlich
  nach und gibt praxisnahe Antworten. Das Buch gibt wichtige Anregungen und Impulse für alle, die mit Kindern arbeiten.

- Prior, Manfred (2006, 6. Auflage): MiniMax-Interventionen, Heidelberg

  Es werden 15 Möglichkeiten der Intervention in der Gesprächsführung vorgestellt. Mit minimalem Aufwand maximale Wirkung ist das
  selbst erklärte Ziel des Autors. Chancen und Fallstricke in der Gesprächsführung werden hier in kurzen Kapiteln kurzweilig vorgestellt.
  Ein kleines Buch, das durch seine besondere Aufmachung und Sprache Freude macht und dazu noch hilfreich ist. Empfehlenswert für alle, die mit Beratung, Sprache und Kommunikation zu tun haben.

Kinderbücher

Als Hilfsmittel für das Gespräch mit Kindern können verschiedene Bilderbücher genutzt werden. Anhand von Texten, Bildern oder Ausschnitten aus diesen Büchern kann es Kindern erleichtert werden über ihre Gefühle oder Erlebtes zu sprechen. Beispielgebend sind hier zwei geeignete Bücher angeführt.

- Aliki (1987): Gefühle sind wie Farben, Weinheim

  In ansprechenden Zeichnungen und Texten werden Gefühle, Gefühlszustände und Spielszenen dargestellt. Sie regen zum Gespräch, zur Diskussion und zur Weiterentwicklung an. Durch die kindnahe Sprache und die alltagsnahen Bildsequenzen werden Kinder zum Erzählen angeregt. Die Wahrnehmung und Benennung von eigenen Gefühlen wird auf spielerische Weise initiiert.

- Snunit, Michal/Golomb, Na'ama (1991): Seelenvogel, Hamburg

  Das kleine Büchlein mit seinen sparsamen Zeichnungen des Seelenvogels und den kurzen Texten hilft Gefühle ernst und wichtig zu nehmen. Verständlich kann Kindern mit diesem Buch erklärt werden, was die Seele ist und was sie für den Menschen beziehungsweise für das Kind selbst bedeutet.

Kapitel 5:   Kinder psychisch kranker Eltern

Fachliteratur

- Mattejat, Fritz/Lisofsky, Beate (Hg.) (2008, Neuauflage): Nicht von schlechten Kindern, Kinder psychisch Kranker, Bonn

  Schwerpunkt des Buches ist, die Situation von betroffenen Eltern und Kindern aus ihrer Sicht darzustellen und neue Erkenntnisse zum Thema bekannt zu machen. Im letzten Kapitel des Buches werden verschiedene Projekte und Angebote für Betroffene vorgestellt. Daraus können Anregungen für eigene Vorhaben und Projekte gewonnen werden. Das Buch kann auch Eltern mit psychischer Krankheit und Angehörigen eine wertvolle Hilfe sein.

- Lenz, Albert (2008): Interventionen bei Kindern psychisch kranker Eltern – Grundlagen, Diagnostik und therapeutische Maßnahmen, Göttingen

Lenz richtet sowohl den Fokus auf Bewältigungsprozesse und den Umgang mit Stress im Kindesalter, als auch auf eine adäquate Stress- und Bewältigungsdiagnostik. Umfangreich werden Interventionen und Unterstützungsmaßnahmen vorgestellt und Impulse zur eigenen Initiative gegeben. Basis bildet immer die theoretische Diskussion und Darlegung von Fachwissen. Besonders hilfreich sind die vielen praxisnahen und übersichtlich gestalteten Hinweise zur Arbeit mit den betroffenen Kindern.

Internet-Adressen

● www.netz-und-boden.de

Diese Seite der Initiative für Kinder psychisch Kranker enthält zahlreiche Informationen, Adressen und Austauschmöglichkeiten. Die Initiative macht es sich zum Ziel, die Lage von Kindern psychisch kranker Eltern bekannter zu machen, Öffentlichkeit herzustellen und Netzwerke anzuregen.

● www.bapk.de

Der Bundesverband der Angehörigen psychisch Kranker e.V. (BapK) bietet auf seiner Seite viele hilfreiche Informationen für Familien und Fachkräfte, die mit Betroffenen arbeiten.

Es können auch verschiedene Broschüren bestellt werden: „Psychisch krank und jetzt?" – Erstinformationen für Familien mit psychisch Kranken (auch in türkischer und russischer Sprache), „Jetzt bin ich dran" – Informationen für Kinder von 8 bis 12 Jahren, „It's my turn" – Informationen für Jugendliche.

● www.kipsy.net

Hier finden sich Informationen, die sich direkt an Kinder psychisch kranker Eltern richten. Außerdem beinhaltet dieser Link eine umfangreiche Liste von Adressen mit Angeboten und Projekten für betroffene Kinder. Familien können sich direkt an diese Adressen wenden. Fachkräfte können sich informieren und darüber Anregungen für eigene Projekte erhalten.

Kinderbücher

● Homeier, Schirin (2006): Sonnige Traurigtage – Kinderfachbuch für Kinder psychisch kranker Eltern, Frankfurt

Das Buch gliedert sich in drei Teile. Im ersten Teil wird die Geschichte von Mona und ihrer Mutter mit vielen Bildern und kleinen Texten erzählt. Monas Mutter leidet unter Depressionen. Im Laufe der Erzählung können Leser und Leserinnen mit Mona gemeinsam etwas über psychische Krankheiten lernen und was das für die Kinder von erkrankten Eltern bedeutet. Der zweite Teil des Buches gibt einfache, ehrliche Antworten auf wichtige Fragen dieser Kinder. Im dritten Teil gibt es Hinweise und Informationen für Eltern und Bezugspersonen. Sonnige Traurigtage ist ein wunderbares Buch, das Kindern auf einfühlsame Weise Mut macht mit ihrer besonderen Situation umzugehen und trotzdem Kind sein zu dürfen. Fachleute und Eltern werden ermutigt und angeleitet mit Kindern offen und trotzdem kindgerecht über die psychische Erkrankung der Eltern zu sprechen. Ein Buch, das alle, die mit dem Thema in irgendeiner Weise zu tun haben, zur Hand nehmen sollten. Das Buch ist für Kinder im Grundschulalter geeignet.

- Boie, Kirsten (1990): Mit Kindern redet ja keiner, Hamburg

Charlotte versteht die Welt nicht mehr. Ihre Mutter ist plötzlich so anders, so fremd geworden und nichts ist mehr so wie es einmal war. Sie vernachlässigt den Haushalt und unternimmt nichts mehr mit Charlotte. Die Eltern streiten sich. Die Klassenkameraden von Charlotte sagen, ihre Mutter sei verrückt. Charlotte macht sich Gedanken, ob sie vielleicht schuld ist an allem. Erst als Charlotte mit verständnisvollen Menschen spricht, beginnt sie zu verstehen. Als die Mutter zu viele Tabletten nimmt und in die Klinik kommt, muss auch der Vater mit Charlotte über die Depression der Mutter sprechen. Es ist schwer für Charlotte, doch sie weiß, dass sie es schaffen wird, dass alles wieder gut wird.

Das einfühlsam geschriebene Buch macht Mut zum offenen Umgang mit psychischer Krankheit und ermutigt zum Gespräch darüber. Es ist für Kinder ab acht Jahren und alle Erwachsenen, die nachempfinden wollen, welche Gefühle Kinder von psychisch kranken Eltern beschäftigen.

- Mosch, Erdmute von (2009, 2. Auflage): Mamas Monster, Bonn

Ein Bilderbuch für Kinder im Kindergartenalter. Rike fühlt, dass die Mutter traurig ist und fühlt sich schuldig. Als die Mutter ihr erklärt, dass die Depression ihr Gefühle und Energie klaut, wundert sich Rike und fragt: „Ist es so etwas wie ein Monster?" „Ja, so ungefähr!", antwortet die Mutter. Rike lernt die Krankheit zu begreifen und dass sie nicht schuld ist, wenn die Mutter traurig ist. Die klaren, einfachen Zeichnungen und der kindgerechte, kurze Text erleichtern Kindern das Verstehen der Krankheit und vermitteln Zuversicht.

Im Buch findet sich eine kurze Erklärung zur Depression und was sie für Kinder von betroffenen Eltern bedeutet.

Roman

- Oz, Amos (2006): Eine Geschichte von Liebe und Finsternis, Frankfurt

  Der israelische Autor beschreibt seine Jugend in den 1940er Jahren und die Geschichte seiner Eltern. Eindrucksvoll und bewegend wird geschildert, wie er als Junge die psychische Krankheit seiner Mutter erlebt. Er drückt seine Ängste, seine Besorgnis, seine Verantwortungsgefühle, aber auch die Wut und den Ärger über die Mutter aus. Es ist eine liebevolle Familie, in der sich alle sehr nahe stehen und doch gerät ihr Leben zu einer Wanderung zwischen Hoffnung und Enttäuschung. Oz findet immer die richtige Distanz zu Vergangenheit und lässt trotz all dem Bedrückenden, Leichtigkeit, Humor und Feingefühl nie zu kurz kommen. Damit ist Oz ein fesselndes und eindrucksvolles Buch gelungen.

Kapitel 6:   Resilienz – was macht Kinder stark?

Fachliteratur

- Opp, Günther/Fingerle, Michael (Hg.) (2008, 3. Auflage): Was Kinder stärkt – Erziehung zwischen Risiko und Resilienz, München

  Die Beiträge gehen mit jeweils unterschiedlichen Schwerpunkten auf Aspekte zum Thema Resilienz ein. Der erste Teil des Buches ist den Grundlagen der Resilienzforschung gewidmet. Neueste Forschungsergebnisse aus der Resilienzforschung wie auch die Resilienz als Arbeitskonzept in sozialen Arbeitsfeldern werden vorgestellt. Ein Buch. dessen Vielfalt den Blickwinkel zur Resilienz erweitert und zum Schmökern anregt.

- Wustmann, Corinna (2004): Resilienz – Widerstandsfähigkeit von Kindern in Tageseinrichtungen fördern, Mannheim

  Wustmann geht zunächst auf die Grundlagen zur Resilienz ein, um dann ausführlich das Risiko- und Schutzfaktorenkonzept im Zusammenhang mit Resilienz vorzustellen. Praxisnah und gut nachvollziehbar wird dann auf die Umsetzung der theoretischen Erkenntnisse in die Praxis von Kindertageseinrichtungen eingegangen. Hier werden zahlreiche nutzbringende Anregungen gegeben, die Impulse für die praktische Erprobung auslösen. Das Buch ist wegen seiner Übersichtlichkeit auch als Lehrbuch nutzbar. Es ist allen Erzieherinnen und anderen pädagogisch Tätigen ans Herz zu legen.

Lebensbericht

- Viktor E. Frankl (2006, 27. Auflage): „... trotzdem Ja zum Leben sagen – Ein Psychologe erlebt das Konzentrationslager", München

  Frankl, der spätere Begründer der Logotherapie, berichtet von seinem Überleben im Konzentrationslager. Trotz schwerster, ständig lebensbedrohender Umstände verliert er nicht den Glauben an den Sinn des Lebens und bleibt sich selbst treu. In diesem bewegenden Buch beschreibt Frankl, wie es ihm und seinen Kameraden möglich war und welche Einstellungen ihnen geholfen haben das Lager als aufrechte Menschen wieder zu verlassen. Ohne das Leiden zu leugnen oder zu bagatellisieren, stellt er sich dem Leiden und erkennt auch darin eine Sinnhaftigkeit. Ein sehr menschliches, lehrreiches Buch, in dem wir viel über Menschen und was sie schützt erfahren können.

Kapitel 7:   Frühe Hilfen

Internet-Adressen

- www.fruehehilfen.de

  Dies ist die Adresse des Nationalen Zentrums für Frühe Hilfen. Hier finden sich Hinweise und Informationen zu Neuigkeiten, zu Veröffentlichungen und Veranstaltungshinweise. Über diese Adresse kann auch der Newsletter des Nationalen Zentrums bestellt werden.

- www.schatten-und-licht.de

  Die Selbsthilfeorganisation Schatten und Licht e.V. stellt auf dieser Webseite umfangreiche Informationen zu perinatalen und postnatalen psychischen Störungsbildern zur Verfügung. Es finden sich Adressen von Einrichtungen und zu Möglichkeiten der weiteren Hilfe und Unterstützung.

- www.marce-gesellschaft.de

  Hier finden sich Informationen und ein Fragebogen zu postpartalen Depressionen und postpartalen Psychosen. Des Weiteren sind Adressen von Einrichtungen angegeben, die eine entsprechende Behandlung von Müttern gemeinsam mit dem Kind anbieten.

Fachliteratur

- Grossmann, Karin/Grossman, Klaus E. (2004): Bindungen – das Gefüge psychischer Sicherheit, Stuttgart

  Ein umfassendes Buch zu Bindungen. Karin und Klaus Grossmann haben darin ihre Erkenntnisse aus 30 Jahren Bindungsforschung zusammen getragen. Hier haben alle, die sich intensiv mit Bindungen und den Ergebnissen der Bindungsforschung beschäftigen wollen eine wahre Fundgrube vorliegen.

- Ziegenhain, Ute/Fries, Mauri/Bütow, Barbara/Derksen, Bärbel (2006, 2. Auflage): Entwicklungspsychologische Beratung für junge Eltern – Grundlagen und Handlungskonzepte für die Jugendhilfe, Weinheim/München

  Die Autorinnen orientieren sich am Dreischritt Sehen – Verstehen – Handeln. Zunächst werden zur Entwicklungspsychologie und zur Bindungstheorie ausführliche Grundlagen dargestellt. Diese zu verstehen ist notwendig um Abweichungen in der kindlichen Entwicklung und Störungen in der Eltern-Kind-Interaktion erkennen zu können. Im Buch wird in diesem Zusammenhang auch nachdrücklich auf die Besonderheiten bei Vernachlässigung und Misshandlungen im Säuglings- und Kleinkindalter hingeführt. Schließlich wird die Entwicklungspsychologische Beratung ausführlich und praxisorientiert dargestellt. Die praktischen Anregungen können in die Arbeit mit Eltern von Säuglingen und Kleinkindern umgesetzt werden. Ein wichtiges Buch für Fachkräfte, die im Bereich Frühe Hilfen tätig sind.

Für Eltern

- Bundeszentrale für gesundheitliche Aufklärung (Hg.) (2006): Gesund groß werden – Der Elternordner zum Früherkennungsprogramm

  Der Elternordner beinhaltet, geordnet nach Alter des Kindes, Beiträge zur gesunden Entwicklung des Kindes. Eltern finden hier konkrete Hinweise, welche Entwicklungsschritte wann und wie erfolgen müssen um von einer gesunden Entwicklung auszugehen. Auf Fragen zu Schwierigkeiten im Elternalltag, zu Auffälligkeiten beim Kind, besonderen Belastungen gibt der Ordner übersichtlich, klar und deutlich hilfreiche Antworten und praktischen Rat. Gleichzeitig verweist er Eltern auch auf weitere Möglichkeiten der Beratung und Hilfe und gibt entsprechende Adressen an. Einfühlsam wird auch auf Anliegen und Bedürfnisse von Eltern eingegangen. Für die Säuglingszeit finden sich zum Beispiel Hinweise auf Hilfen für Mütter mit psychischen postpartalen Störungen.

  Dieser Ordner ist für alle Eltern mit Kleinkindern geeignet, die schnell, einfach und eindeutig Informationen, Hilfe und Anleitung zur Erziehung und allen möglichen Schwierigkeiten in dieser Altersspanne suchen.

  Zu beziehen ist der Ordner für einen Kostenbeitrag von 4 Euro bei der Bundeszentrale für gesundheitliche Aufklärung: www.bzga.de

- Margot, Sunderland (2006): Die neue Elternschule, Kinder richtig verstehen – ein praktischer Erziehungsratgeber, München

  Das Buch ermutigt Eltern zu einem fürsorglichen, empathischen und förderlichen Umgang mit ihren Kindern. Sunderland begründet ihre Ratschläge, Hinweise und Aufforderungen mit den neuen Erkenntnissen aus der neurobiologischen Forschung. Diese Forschungsergebnisse beschreibt sie in leicht verständlicher Sprache und verdeutlichenden Graphiken. Die Bedürfnisse des Kindes und was Eltern konkret zu deren Befriedigung tun können, werden nachdrücklich geschildert. Bemerkenswert ist, dass es nicht nur um die Beachtung der kindlichen, sondern auch um die Notwendigkeit der Befriedigung elterlicher Bedürfnisse geht. Sunderland zeigt auf, dass nur Eltern, denen es gut geht und die auf sich selbst achten, gute Eltern sein können. Das Buch ist übersichtlich gestaltet und verfügt über ein umfangreiches Sachwortregister.

Literaturverzeichnis

A

Adler, Helmut (2004): Das Person-in-Environment-System (PIE), Vorteile einer eigenständigen standardisierten Diagnostik in der sozialen Arbeit in: Heiner, Maja (Hg.) (2004): Diagnostik und Diagnosen in der sozialen Arbeit, Berlin

Antonovsky, Aaron (1997): Salutogenese – Zur Entmystifizierung der Gesundheit, Tübingen

Ariès, Philipp (1975): Geschichte der Kindheit, München

Armbruster, Meinrad Matthäus (Hg.) (2000): Misshandeltes Kind – Hilfe durch Kooperation, Freiburg

B

Bange/Deegener (1996) in Unterstaller, Adelheid: Wie wirkt sich sexueller Missbrauch auf Kinder aus? In: Kindler u.a. (2006) a.a.O., Kap. 27

Beatson, J. u.a. (2003): Predispsition to depression: the role of attchement in: The Australian and New Zealan Journal of Psychiatry , Apr. 37; (2): 219–25 nach Sunderland, M. (2007)

Benasayag, Miguel/Schmit, Gérard (2007): Die verweigerte Zukunft – Nicht die Kinder sind krank, sondern die Gesellschaft, die sie in Therapie schickt, München

Bender, Doris/Lösel, Friedrich: Risikofaktoren und Resilienz bei bei Misshandlung und Vernachlässigung in: Egle/Hoffmann/Joraschky. (2005). a.a.O.

Berg, Kim Insoo (1999): Familien – Zusammenhalt(-ten), Ein therapeutisches und lösungsorientiertes Arbeitsbuch, Dortmund

Blunt Bugental, D. u.a. (2003): The hormonal costs of subtle forms of infant matreatment, in: Hormones and Behaviour Jan. 43, S. 237–44 nach Sunderland, M. (2007)

Boszormenyi-Nagy, Ivan/Spark, M. Geraldine (Hg.) (2001): Unsichtbare Bindungen, Stuttgart

Braun, Anna Katharina/Helmeke, Carina/u.a.; Tierexperimentelle Befunde zu den hirnstrukturellen Folgen früher Stresserfahrungen in: Egle/Hoffmann u.a. (2005). a.a.O.

Brisch, Karl Heinz (1999): Bindungsstörungen. Von der Bindungtheorie zur Therapie, Stuttgart

Bundesministerium für Familie und Senioren (Hg.) (1993): Kindesmiss-
handlung – Erkennen und Helfen, Kinderschutzzentrum Berlin, Bonn
Bundeszentrale für gesundheitliche Aufklärung (BzgA) (Hg.) (2009):
Gesund groß werden – Der Elternordner zum Früherkennungspro-
gramm, Köln
Bundeszentrale für gesundheitliche Aufklärung (BzgA). (Hg.) (2001):
Was erhält den Menschen gesund?, Band 6, Forschung und Praxis der
gesundheitlichen Gesundheitsförderung, Köln

D

Delfos, Martine E. (2008): Sag mir mal ..., Gesprächsführung mit Kin-
dern, Weinheim, S. 78
Deegener, Günther/Körner, Wilhelm (Hg.) (2008): Risikoerfassung bei
Kindesmisshandlung und Vernachlässigung, Lengerich S. 81
Deneke, Christiane: Misshandlung und Vernachlässigung durch psy-
chisch kranke Eltern in: Deegener, Günther/Körner, Wilhelm (Hg.).
(2005): Kindesmisshandlung und Vernachlässigung, Göttingen. S. 149
Dornes, Martin (2007): Frühe Kindheit: Entwicklungslinien und Per-
spektiven in: Frühe Kindheit, 06/2007, Deutsche Liga für das Kind in
Familie und Gesellschaft (Hg.), Berlin
Dornes, Martin (2009, 12. Auflage): Der kompetente Säugling (39ff, 67),
Frankfurt a.M.

E

Egami, Y./Ford, D. E./Greenfield. S. F./Crum, R. M. (1996): Psychiatric
profile and sociodemonographic characteristics of adults who report
physically abusing or neglecting children. American Journal of Psychiatry, 153 (7), 921–928 in: Deneke (2005) a.a.O.
Egidi, Karin/Boxbücher, Marion: Von der Systemischen Krisenintervention zur Krisenbegleitung – eine systemisch-konstruktivisitsche Perspektive in: Egidi, Karin/Boxbücher, Marion (Hg.) (1996): Systemische Krisenintervention, Tübingen
Egle, Ulrich Tiber/Hardt, Jochen: Pathogene und protektive Entwick-
lungsfaktoren für die spätere Gesundheit in: Egle, Ulrich Tiber/Hoff-
mann, Sven Olaf/Joraschky, Peter. (Hg.) (2005) Stuttgart, S. 20f

Egle, Ulrich Tiber/Hoffmann, Sven Olaf/Joraschky, Peter. (Hg.) (2005): Sexueller Missbrauch, Misshandlung, Vernachlässigung, Stuttgart

Engfer, Anette (2005): Formen der Misshandlung von Kindern – Definitionen, Häufigkeiten, Erklärungsansätze in: Egle/Hoffmann/Joraschky (Hg.) (2005): Sexueller Missbrauch, Misshandlung, Vernachlässigung, Stuttgart, S. 7f

F

Feldmann, Harald (1984): Psychiatrie und Psychotherapie, Basel, S. 75f

Fegert, Jörg M./Schrapper, Chrisian (Hg.) (2004): Handbuch Jugendhilfe – Jugendpsychiatrie, Interdisziplinäre Kooperation, Weinheim/München

Fischer-Epe, Maren/Epe, Claus (2009, 2. Auflage): Selbstcoaching – Hintergrundwissen, Anregungen und Übungen zur persönlichen Entwicklung, Hamburg

Franz, Matthias:Langzeitfolgen von Trennung und Scheidung in: Egle/Hoffmann/Joraschky. (2005). a.a.O.

Fuchs-Heinritz, Werner/Lautmann, Rüdiger u.a. (Hg.) (1994): Lexikon zur Soziologie, Opladen

Fürniss, Tilman: Geschichtlicher Abriss zur Kindesmisshandlung und Kinderschutzarbeit von C. H. Kempe bis heute in: Deegener, Günther/Körner, Wilhelm (Hrsg). (2005): Kindesmisshandlung und Vernachlässigung, Göttingen, S. 19f

G

Grawe, Klaus (2000): Psychologische Therapie, Göttingen, S. 34f

Grossmann, Karin/Grossmann, Klaus E. (2004):Bindungen – das Gefüge psychischer Sicherheit, Stuttgart

H

Happe, Günter/Sengling, Dieter in: Fachlexikon zur Sozialen Arbeit, Deutscher Verein für öffentliche und private Fürsorge (Hg.) (1986)

Harnach-Beck, Viola (1997): Psychosoziale Diagnostik in der Jugendhilfe, Weinheim/München, S. 18f

Heim, Christine: Psychobiologische Folgen früher Stresserfahrungen in: Egle/Hoffmann/u.a. (2005) a.a.O:, S. 59f

Hillmeier, Hans: Sozialpädagogische Diagnose, Eine Arbeitshilfe des Bayerischen Landesjugendamtes in: Heiner, Maja (Hg.)(2004): Diagnostik und Diagnosen in der sozialen Arbeit, Berlin

Hüther, Gerald (2008): Resilienz im Spiegel entwicklungsneurobiologischer Erkenntnisse in: Opp, Günther/Fingerle, Michael (Hg.): Was Kinder stärkt, München

J

Jungnitsch, Georg (1999): Klinische Psychologie, Stuttgart, S. 61

K

Kasten, Hartmut (2008): Soziale Kompetenzen, Mannheim

Kindler, Heinz: Was ist unter psychischer Misshandlung zu verstehen? In: Kindler, Heinz/Lillig, Susanna/Blüml, Herbert/Meysen, Thomas/Werner, Annegret (Hg.) (2006): Handbuch Kindeswohlgefährdung nach § 1666 und Allgemeiner Sozialer Dienst (ASD), München Deutsches Jugendinsititut, 4–3

Kindler, Heinz: Was ist unter physischer Misshandlung zu verstehen? In: Kindler, Heinz u.a. (Hg.). (2006), 5, a.a.O.

Kindler, Heinz: Verfahren zur Einschätzung der Gefahr zukünftiger Misshandlungen in: Deegener/Körner (Hg.) (2005): Kindesmisshandlung und Vernachlässigung, Göttingen, S. 388

Kinder, Heinz/Sann, Alexandra: Frühe Hilfen zur Prävention von Kindeswohlgefährdung in: Kind Jugend Gesellschaft – Zeitschrift für Kinder- und Jugendschutz, 52. Jg, 2/2007

L

Landua, Detlef/Arlt, Maja/Sann, Alexandra (2009): Ergebnisbericht zum Projekt „Bundesweite Bestandsaufnahme zu Kooperationsformen im Bereich Früher Hilfen", Deutsches Institut für Urbanistik GmbH (Hg.) im Auftrag von Nationales Zentrum Frühe Hilfen, Deutsches Jugendinstitut, Bundeszentrale für gesundheitliche Aufklärung, Berlin

Lenz, Albert (2008): Interventionen bei Kindern psychisch kranker Eltern, S. 7f

Lösel, Friedrich/Bender, Doris. (2008): Von generellen Schutzfaktoren zu spezifischen protektiven Prozessen, München

Litzcke, Sven/Schuh, Horst (1999): Stress am Arbeitsplatz, Köln

Luhmann, Niklas. (1975) in: Treibel, Annette. (Hg.) (1995): Einführung in soziologische Themen der Gegenwart, Stuttgart, S. 30

M

Maslow, Adam (1978): Motivation und Persönlichkeit, Freiburg

Mattejat, Fritz/Lisofsky, Beate (Hg.) (2008): Nicht von schlechten Eltern, Bonn, S. 9f

Mattejat, Fritz: Kinder mit psychisch kranken Eltern in: Mattejat, Fritz/Lisofsky, Beate (Hg.) (2008) a.a.O., S. 74f

de Mause, Lloyd (1980): Hört ihr die Kinder weinen, Frankfurt a.M.

De Mause, Lloyd: Gequält, missbraucht, ermordet in: Sonderheft Psychologie heute (Hg.): Kindheit ist nicht kinderleicht, Weinheim

Meysen, Thomas (2008): Familiengerichtliche Massnahmen bei Gefährdung des Kindeswohls in: Das Jugendamt, 2008/05

Meysen, Thomas (2008): Das Recht zum Schutz des Kindes in: ISS – Institut für Sozial und Sozialpädagogik e.V. (Hg.) (2008): Vernachlässigte Kinder besser schützen, München, S. 27

Miller, William R./Rollnick, Stephan (2009): Motivierende Gesprächsführung, Freiburg

Müller, Burkhard (2009): Sozialpädagogisches Können, Freiburg

N

Nawarra, Sabine: Das Münchhausen-by-proxy-Syndrom in: Deegener/ Körner (2005). a.a.O.

Nationales Zentrum Frühe Hilfen (NZFH) (Hg.) (2008): Frühe Hilfen – Modellprojekte in den Ländern

O

Oerter, Rolf/Montada, Leo (Hg.) (1998, 4. Auflage): Entwicklungs-psychologie, Weinheim

Opp, Günther/Fingerle, Michael (Hg.) (2008): Was Kinder stärkt – Erzie-hung zwischen Risiko und Resilienz, München

P

Papousek, Mechthild: Intuitive elterliche Kompetenzen in: Frühe Kind-heit 01/2001, Deutsche Liga für das Kindin Familie und Gesellschaft (Hg.), Berlin

R

Radatz, Sonja (2009, 3. Auflage): Einführung in das systemische Coaching, Heidelberg

Rauh, Hellgard (1998): Frühe Kindheit in: Oerter, Rolf/Montada, Leo (Hg.) (1998, 4. Auflage): Entwicklungspsychologie, Weinheim

Rimpau, Wilhelm: Ärztliche Anamnese in: Forum Psychosomatik, 9. Jg., 1. Halbjahr 2000, Berlin

Röchling, Walter (2007): Neue Aspekte zu Kinderschutz und Kindes-wohl? In: Zeitschrift für das Familienrecht, 2007/21

Rosenberg (1987), zitiert nach Nowara, Sabine (2005): Das Münchhau-sen-by-proxy-Syndrom in: Deegener/Körner (2005) a.a.O., S. 128

S

Salgo, Ludwig: § 8a SGB VIII – Anmerkungen und Überlegungen zur Vorgeschichte und den Konsequenzen der Gesetzesänderung in: Ziegenhain, Ute/Fegert, Jörg, M. (Hg.) (2007): Kindeswohlgefährdung und Vernachlässigung, München, S. 16

Schmidbauer, Wolfgang (1998): Die hilflosen Helfer, Reinbek

Schmidt, Martin: Begutachtung von Kindern und Jugendlichen in: Egle, Ulrich Tiber/Hoffmann, Sven Olaf/Joraschky, Peter (2005): Sexueller Missbrauch, Misshandlung, Vernachlässigung, Stuttgart, S. 663f

Schmidtchen, Stefan (1989): Kinderpsychotherapie – Grundlagen, Ziele, Methoden, Stuttgart

Schmitz, Gregor Peter (2006): Verhandeln ist Gefühlssache, Süddeutsche Zeitung vom 25./26. März 2006, München

Schone, Reinhold/Gintzel, Ulrich/Jordan, Erich/Kalscheuer, Mareike/Münder, Johannes (Hg.) (1997): Kinder in Not – Vernachlässigung im frühen Kindesalter und Perspektiven sozialer Arbeit, Münster, S. 21

Schrapper, Christian: Kinder vor Gefahren für ihr Wohl schützen in: Institut für Sozialarbeit und Sozialpädagogik e.V. (Hg.) (2008): Vernachlässigte Kinder besser schützen, München, S. 86

Schrapper, Chrisian: Diagnose oder Dialog? In: Schrapper, Christian (Hg.) (2004): Sozialpädagogische Diagnostik und Fallverstehen in der Jugendhilfe, München, S. 11

Schweizer-Rothers, Jochen (2000): Gelingende Kooperation: Über Selbstreflexion alltäglicher Zusammenarbeit in: Armbruster, Meinrad Matthäus (Hg.) (2000): Misshandeltes Kind – Hilfe durch Kooperation, Freiburg

Seus-Seberich, Elfriede: Welche Rolle spielt die soziale Benachteiligung in Bezug auf Kindeswohlgefährdung? In: Kindler/Lillig/u.a (Hg.) (2006), Kap. 21

Sonneck, Gernot (2000): Krisenintervention und Suizidverhütung, Wien, S. 97

Sunderland, Margot (2007): Die neue Elternschule, Kinder verstehen – ein praktischer Elternratgeber, München

T

Tschöpe-Scheffler, Sigrid (2003): Fünf Säulen der Erziehung, Mainz

U

Ulich, M. (1988): Risiko- und Schutzfaktoren in der Entwicklung von Kindern und Jugendlichen. Z Entwicklungspsycholo Pädagog Psyhol. 20: 146–66 zitiert in: Egle/Hoffmann/Joraschky (2005) a.a.O.

Unger, Hans-Peter/Kleinschmidt, Carola (2006): Bevor der Job krank macht, München

Unterstaller, Adelheid (2006): Wie wirkt sich sexueller Missbrauch auf Kinder aus? In: Kindler u.a. (2006) a.a.O.

W

Wagenblass, Sabine: Was ist bei psychisch kranken Eltern zu beachten? In: Kindler/Lillig u.a. (Hg.) (2006). Kap. 57

Walsh, C./McMillan, H./Jamieson, E. (2002): The relationships between parental psychiatric disorder and child physical and sexuel abuse: Findings from the Ontario Health Supplement. Child and Abuse and Neglect, 26, 11–22 in: Lenz (2008). a.a.O. und Deneke (2005) a.a.O.

Watzlawick, Paul (2010): Wie wirklich ist die Wirklichkeit? Wahn, Täuschung, Verstehen, München

Watzlawick, P./Beavin, Janet H./Jackson Don D. (2007): Menschliche Kommunikation: Formen, Störungen, Paradoxien, Bern

Welter-Enderlin, Rosmarie/Hildenbrand, Bruno (Hg.) (2006): Resilienz – Gedeihen trotz widriger Umstände, Heidelberg

Werner, Emmy E., Resilienz: ein Überblick über internationale Längsschnittstudien in: Opp, Günther/Fingerle, Michael (2008): Was Kinder stärkt. Erziehung zwischen Risiko und Resilienz, München

Werner, Emmy E. (2006): Wenn Menschen trotz widriger Umstände gedeihen – und was man daraus lernen kann in: Welter-Enderlin, Rosmarie/Hildenbrand, Bruno (Hg.) (2006) a.a.O.

Wiesner, Reinhard: Die Verbesserung des Schutzes von Kindern und Jugendlichen vor Gefahren für ihr Wohl durch das Kinder- und Jugendhilfeweiterentwicklungsgesetz (KICK) min: Jordan, Erwin (Hg.) (2008): Kindeswohlgefährdung, München, S. 9f

Wustmann, Corina (2004): Resilienz – Widerstandsfähigkeit von Kindern in Tageseinrichtungen fördern, Berlin, Düsseldorf, Mannheim

Z

Ziegenhain, Ute (2007): Stärkung elterlicher Beziehungs- und Erziehungskompetenzen – Chancen für präventive Hilfen im Kinderschutz in: Ziegenhain, Ute/Fegert, Jörg. M. (Hg.) (2007): Kindeswohlgefährdung und Vernachlässigung (121f), München

Ziegenhain, Ute/Fries, Mauri/Bütow, Barbara/Derksen, Bärbel (2006): Entwicklungspsychologische Beratung für junge Eltern, Weinheim/München

Ziegenhain, Ute/Gebauer, Sigrid/Ziesel, Birgit/Künster, Anne Katrin/Fegert, Jörg M. (2008): Die Chance der ersten Monate, Klinik für Kinder- und Jugendpsychiatrie/Psychotherapie, Universitätsklinikum Ulm (Hg.)

Anhang
Gesetzestexte

Die wichtigsten Gesetze im Überblick:

(Stand der Gesetze: Januar 2010)

1. Grundgesetz für die Bundesrepublik Deutschland

Art. 6 GG

(1) Ehe und Familie stehen unter dem besonderen Schutze der staatlichen Ordnung.

(2) Pflege und Erziehung der Kinder sind das natürliche Recht der Eltern und die zuvörderst ihnen obliegende Pflicht. Über ihre Betätigung wacht die staatliche Gemeinschaft.

(3) Gegen den Willen der Erziehungsberechtigten dürfen Kinder nur auf Grund eines Gesetzes von der Familie getrennt werden, wenn die Erziehungsberechtigten versagen oder wenn die Kinder aus anderen Gründen zu verwahrlosen drohen.

(4) Jede Mutter hat Anspruch auf den Schutz und die Fürsorge der Gemeinschaft.

(5) Den unehelichen Kindern sind durch die Gesetzgebung die gleichen Bedingungen für ihre leibliche und seelische Entwicklung und ihre Stellung in der Gesellschaft zu schaffen wie den ehelichen Kindern.

2. Bürgerliches Gesetzbuch:

§ 1631b BGB: Mit Freiheitsentziehung verbundene Unterbringung

Eine Unterbringung des Kindes, die mit Freiheitsentziehung verbunden ist, bedarf der Genehmigung des Familiengerichts. Die Unterbringung ist zulässig, wenn sie zum Wohl des Kindes, insbesondere zur Abwendung einer erheblichen Selbst- oder Fremdgefährdung, erforderlich ist und der Gefahr nicht auf andere Weise, auch nicht durch andere öffentliche Hilfen, begegnet werden kann. Ohne die Genehmigung ist die Unterbringung nur zulässig, wenn mit dem Aufschub Gefahr verbunden ist; die Genehmigung ist unverzüglich nachzuholen.

§ 1666 BGB: Gerichtliche Maßnahmen bei Gefährdung des Kindeswohls

(1) Wird das körperliche, geistige oder seelische Wohl des Kindes oder sein Vermögen gefährdet und sind die Eltern nicht gewillt oder nicht in der Lage, die Gefahr abzuwenden, so hat das Familiengericht die Maßnahmen zu treffen, die zur Abwendung der Gefahr erforderlich sind.

(2) In der Regel ist anzunehmen, dass das Vermögen des Kindes gefährdet ist, wenn der Inhaber der Vermögenssorge seine Unterhaltspflicht gegenüber dem Kind oder seine mit der Vermögenssorge verbundenen Pflichten verletzt oder Anordnungen des Gerichts, die sich auf die Vermögenssorge beziehen, nicht befolgt.

(3) Zu den gerichtlichen Maßnahmen nach Absatz 1 gehören insbesondere

1. Gebote, öffentliche Hilfen wie zum Beispiel Leistungen der Kinder- und Jugendhilfe und der Gesundheitsfürsorge in Anspruch zu nehmen,
2. Gebote, für die Einhaltung der Schulpflicht zu sorgen,
3. Verbote, vorübergehend oder auf unbestimmte Zeit die Familienwohnung oder eine andere Wohnung zu nutzen, sich in einem bestimmten Umkreis der Wohnung aufzuhalten oder zu bestimmende andere Orte aufzusuchen, an denen sich das Kind regelmäßig aufhält,
4. Verbote, Verbindung zum Kind aufzunehmen oder ein Zusammentreffen mit dem Kind herbeizuführen,
5. die Ersetzung von Erklärungen des Inhabers der elterlichen Sorge,
6. die teilweise oder vollständige Entziehung der elterlichen Sorge.

(4) In Angelegenheiten der Personensorge kann das Gericht auch Maßnahmen mit Wirkung gegen einen Dritten treffen

§ 1712 Beistandschaft des Jugendamts; Aufgaben

(1) Auf schriftlichen Antrag eines Elternteils wird das Jugendamt Beistand des Kindes für folgende Aufgaben:

1. die Feststellung der Vaterschaft,
2. die Geltendmachung von Unterhaltsansprüchen sowie die Verfügung über diese Ansprüche; ist das Kind bei einem Dritten entgeltlich in Pflege, so ist der Beistand berechtigt, aus dem vom Unterhaltspflichtigen Geleisteten den Dritten zu befriedigen.

(2) Der Antrag kann auf einzelne der in Absatz 1 bezeichneten Aufgaben beschränkt werden.

3. Sozialgesetzbuch (SGB) – Achtes Buch (VIII) – Kinder- und Jugendhilfe

§ 8a SGB VIII: Schutzauftrag bei Kindeswohlgefährdung

(1) Werden dem Jugendamt gewichtige Anhaltspunkte für die Gefährdung des Wohls eines Kindes oder Jugendlichen bekannt, so hat es das Gefährdungsrisiko im Zusammenwirken mehrerer Fachkräfte abzuschätzen. Dabei sind die Personensorgeberechtigten sowie das Kind oder der Jugendliche einzubeziehen, soweit hierdurch der wirksame Schutz des Kindes oder des Jugendlichen nicht in Frage gestellt wird. Hält das Jugendamt zur Abwendung der Gefährdung die Gewährung von Hilfen für geeignet und notwendig, so hat es diese den Personensorgeberechtigten oder den Erziehungsberechtigten anzubieten.

(2) In Vereinbarungen mit den Trägern von Einrichtungen und Diensten, die Leistungen nach diesem Buch erbringen, ist sicherzustellen, dass deren Fachkräfte den Schutzauftrag nach Absatz 1 in entsprechender Weise wahrnehmen und bei der Abschätzung des Gefährdungsrisikos eine insoweit erfahrene Fachkraft hinzuziehen. Insbesondere ist die Verpflichtung aufzunehmen, dass die Fachkräfte bei den Personensorgeberechtigten oder den Erziehungsberechtigten auf die Inanspruchnahme von Hilfen hinwirken, wenn sie diese für erforderlich halten, und das Jugendamt informieren, falls die angenommenen Hilfen nicht ausreichend erscheinen, um die Gefährdung abzuwenden.

(3) Hält das Jugendamt das Tätigwerden des Familiengerichts für erforderlich, so hat es das Gericht anzurufen; dies gilt auch, wenn die Personensorgeberechtigten oder die Erziehungsberechtigten nicht bereit oder in der Lage sind, bei der Abschätzung des Gefährdungsrisikos mitzuwirken. Besteht eine dringende Gefahr und kann die Entscheidung des Gerichts nicht abgewartet werden, so ist das Jugendamt verpflichtet, das Kind oder den Jugendlichen in Obhut zu nehmen.

(4) Soweit zur Abwendung der Gefährdung das Tätigwerden anderer Leistungsträger, der Einrichtungen der Gesundheitshilfe oder der Polizei notwendig ist, hat das Jugendamt auf die Inanspruchnahme durch die Personensorgeberechtigten oder die Erziehungsberechtigten hinzuwirken. Ist ein sofortiges Tätigwerden erforderlich und wirken die Personen-

sorgeberechtigten oder die Erziehungsberechtigten nicht mit, so schaltet das Jugendamt die anderen zur Abwendung der Gefährdung zuständigen Stellen selbst ein.

§ 42 SGB VIII: Inobhutnahme von Kindern und Jugendlichen

(1) Das Jugendamt ist berechtigt und verpflichtet, ein Kind oder einen Jugendlichen in seine Obhut zu nehmen, wenn

1. das Kind oder der Jugendliche um Obhut bittet oder
2. eine dringende Gefahr für das Wohl des Kindes oder des Jugendlichen die Inobhutnahme erfordert und

   a) die Personensorgeberechtigten nicht widersprechen oder
   b) eine familiengerichtliche Entscheidung nicht rechtzeitig eingeholt werden kann oder

3. ein ausländisches Kind oder ein ausländischer Jugendlicher unbegleitet nach Deutschland kommt und sich weder Personensorge- noch Erziehungsberechtigte im Inland aufhalten. Die Inobhutnahme umfasst die Befugnis, ein Kind oder einen Jugendlichen bei einer geeigneten Person, in einer geeigneten Einrichtung oder in einer sonstigen Wohnform vorläufig unterzubringen; im Fall von Satz 1 Nr. 2 auch ein Kind oder einen Jugendlichen von einer anderen Person wegzunehmen.

(2) Das Jugendamt hat während der Inobhutnahme die Situation, die zur Inobhutnahme geführt hat, zusammen mit dem Kind oder dem Jugendlichen zu klären und Möglichkeiten der Hilfe und Unterstützung aufzuzeigen. Dem Kind oder dem Jugendlichen ist unverzüglich Gelegenheit zu geben, eine Person seines Vertrauens zu benachrichtigen. Das Jugendamt hat während der Inobhutnahme für das Wohl des Kindes oder des Jugendlichen zu sorgen und dabei den notwendigen Unterhalt und die Krankenhilfe sicherzustellen. Das Jugendamt ist während der Inobhutnahme berechtigt, alle Rechtshandlungen vorzunehmen, die zum Wohl des Kindes oder Jugendlichen notwendig sind; der mutmaßliche Wille der Personensorge- oder der Erziehungsberechtigten ist dabei angemessen zu berücksichtigen.

(3) Das Jugendamt hat im Fall des Absatzes 1 Satz 1 Nr. 1 und 2 die Personensorge- oder Erziehungsberechtigten unverzüglich von der Inobhutnahme zu unterrichten und mit ihnen das Gefährdungsrisiko abzuschätzen. Widersprechen die Personensorge- oder Erziehungsberechtigten der Inobhutnahme, so hat das Jugendamt unverzüglich

1. das Kind oder den Jugendlichen den Personensorge- oder Erziehungs-berechtigten zu übergeben, sofern nach der Einschätzung des Jugend-amts eine Gefährdung des Kindeswohls nicht besteht oder die Perso-nensorge- oder Erziehungsberechtigten bereit und in der Lage sind, die Gefährdung abzuwenden oder

2. eine Entscheidung des Familiengerichts über die erforderlichen Maß-nahmen zum Wohl des Kindes oder des Jugendlichen herbeizuführen. Sind die Personensorge- oder Erziehungsberechtigten nicht erreich-bar, so gilt Satz 2 Nr. 2 entsprechend. Im Fall des Absatzes 1 Satz 1 Nr. 3 ist unverzüglich die Bestellung eines Vormunds oder Pflegers zu veranlassen. Widersprechen die Personensorgeberechtigten der Inob-hutnahme nicht, so ist unverzüglich ein Hilfeplanverfahren zur Ge-währung einer Hilfe einzuleiten.

(4) Die Inobhutnahme endet mit

1. der Übergabe des Kindes oder Jugendlichen an die Personensorge- oder Erziehungsberechtigten,

2. der Entscheidung über die Gewährung von Hilfen nach dem Sozial-gesetzbuch.

(5) Freiheitsentziehende Maßnahmen im Rahmen der Inobhutnahme sind nur zulässig, wenn und soweit sie erforderlich sind, um eine Gefahr für Leib oder Leben des Kindes oder des Jugendlichen oder eine Gefahr für Leib oder Leben Dritter abzuwenden. Die Freiheitsentziehung ist oh-ne gerichtliche Entscheidung spätestens mit Ablauf des Tages nach ihrem Beginn zu beenden.

(6) Ist bei der Inobhutnahme die Anwendung unmittelbaren Zwangs er-forderlich, so sind die dazu befugten Stellen hinzuzuziehen.

4. Gesetz über das Verfahren in Familiensachen und in den An-gelegenheiten der freiwilligen Gerichtsbarkeit

§ 157 FamFG: Erörterung der Kindeswohlgefährdung; einstweilige Anordnung

(1) In Verfahren nach den §§ 1666 und 1666a des Bürgerlichen Gesetz-buchs soll das Gericht mit den Eltern und in geeigneten Fällen auch mit dem Kind erörtern, wie einer möglichen Gefährdung des Kindeswohls, insbesondere durch öffentliche Hilfen, begegnet werden und welche Fol-

gen die Nichtannahme notwendiger Hilfen haben kann. Das Gericht soll das Jugendamt zu dem Termin laden.

(2) Das Gericht hat das persönliche Erscheinen der Eltern zu dem Termin nach Absatz 1 anzuordnen. Das Gericht führt die Erörterung in Abwesenheit eines Elternteils durch, wenn dies zum Schutz eines Beteiligten oder aus anderen Gründen erforderlich ist.

(3) In Verfahren nach den §§ 1666 und 1666a des Bürgerlichen Gesetzbuchs hat das Gericht unverzüglich den Erlass einer einstweiligen Anordnung zu prüfen.

§ 162 FamFG: Mitwirkung des Jugendamts

(1) Das Gericht hat in Verfahren, die die Person des Kindes betreffen, das Jugendamt anzuhören. Unterbleibt die Anhörung wegen Gefahr im Verzug, ist sie unverzüglich nachzuholen.

(2) Das Jugendamt ist auf seinen Antrag an dem Verfahren zu beteiligen.

(3) Dem Jugendamt sind alle Entscheidungen des Gerichts bekannt zu machen, zu denen es nach Absatz 1 Satz 1 zu hören war. Gegen den Beschluss steht dem Jugendamt die Beschwerde zu.

Sachwortregister

Die Autorin

Friederike Alle

Dipl. Sozialarbeiterin (Fh),
verheiratet, zwei Töchter,
Ausbildung zur Buchhändlerin,
Studium der Sozialarbeit.

Tätigkeit in der Einzelfallhilfe
und Gruppenarbeit mit allein-
erziehenden Müttern, seit 1998
Allgemeiner Sozialer Dienst/
Jugendamt Alb-Donau-Kreis;
Systemische Beraterin, Lehr-
beauftragte an der Dualen Hoch-
schule Baden-Württemberg (DHBW), Fortbildungen für Erzieherinnen
zum Kinderschutz, Schwerpunktaufgabe Weiterentwicklung des Kinderschutzes beim Jugendamt Alb-Donau-Kreis.

Studienbuch für die Soziale Arbeit

Die Lernbücher dieser Reihe dienen vorwiegend dem Selbststudium,
verstehen sich aber auch begleitend zu den Kompaktveranstaltungen.

Gastiger/Winkler (Hg.)

Recht der Sozialen Sicherung

Studienbuch für die Soziale Arbeit

2009, 190 Seiten, € 15,50/SFr 26,50
ISBN 978-3-7841-1843-7

Lerneinheit 1: Überblick zum
SGB II und SGB XII
(Prof. Dr. Kruse, Nürnberg)

Lerneinheit 2: Grundsicherung für
Arbeitsuchende (Prof. Dr. Kruse,
Nürnberg/Prof. Dr. Vor, Leipzig)

Lerneinheit 3: Sozialhilfe nach dem
SGB XII (RA Dr. Schwengers,
Freiburg/RA Dr. Tänzer, Berlin)

Die Autoren:
Prof. Dr. Jürgen Kruse, Evang. Fachhochschule Nürnberg
RA Dr. Clarita Schwengers, Deutscher Caritasverband Freiburg
Prof. Dr. Rainer Vor, HTWK Leipzig
RA Dr. Jörg Tänzer, Fachanwalt für Sozialrecht und Leiter
des Instituts für Recht und Ökonomie des Betreuungswesens, Berlin

---

Die Herausgeber:
Prof. Dr. Sigmund Gastiger, em. an der Katholischen Fachhochschule Freiburg
Prof. Dr. Jürgen Winkler, Katholische Fachhochschule Freiburg

---

Lambertus-Verlag GmbH | Postfach 10 26
D-79010 Freiburg | Telefon +49(0)761/3 68 25 25
Telefax +49 (0)761/3 68 25 33 | info@lambertus.de
www.lambertus.de

SOZIAL | RECHT | CARITAS

Studienbuch für die Soziale Arbeit

Die Lernbücher dieser Reihe dienen vorwiegend dem Selbststudium, verstehen sich aber auch begleitend zu den Kompaktveranstaltungen.

Gastiger/Winkler (Hg.)

Recht der Familienhilfe

Studienbuch für die Soziale Arbeit

Stand September 2008
2008, 196 Seiten, € 15,50/SFr 26,50
ISBN 978-3-7841-1835-2

Lerneinheit 1: Abstammungsrecht
(Prof. Dr. Bitz, Mainz)
Lerneinheit 2: Unterhaltsrecht
(Prof. Dr. Knödler, Nürnberg)
Lerneinheit 3: Elterliche Sorge
und Umgangsrecht
(Prof. Dr. Geissler-Frank, Freiburg)
Lerneinheit 4: Häusliche Gewalt
(RA Macor, Freiburg)
Lerneinheit 5: Vormundschaft/
Pflegschaft (Prof. Dr. Hoffmann,
Mannheim)
Lerneinheit 6: Betreuungsrecht
(Prof. Dr. Roggendorf, Aachen)

Die Autoren:

Prof. Dr. Hedwig Bitz, Kath. Fachhochschule Mainz
Prof. Dr. Christoph Knödler, Fachhochschule Nürnberg
Prof. Dr. Isolde Geissler-Frank, Evang. Fachhochschule Freiburg
RA Katja Macor, Freiburg
Prof. Dr. Birgit Hoffmann, Hochschule Mannheim
Prof. Dr. Peter Roggendorf, KFH NW, Abteilung Aachen

Die Herausgeber:

Prof. Dr. Sigmund Gastiger, em. an der Katholischen Fachhochschule Freiburg
Prof. Dr. Jürgen Winkler, Katholische Fachhochschule Freiburg

Lambertus-Verlag GmbH | Postfach 10 26
D-79010 Freiburg | Telefon +49(0)761/3 68 25 25
Telefax +49 (0)761/3 68 25 33 | info@lambertus.de
www.lambertus.de

SOZIAL | RECHT | CARITAS